王爱萍 ◎ 著

中国上市公司
不当行为问题研究

企业管理出版社
ENTERPRISE MANAGEMENT PUBLISHING HOUSE

图书在版编目（CIP）数据

中国上市公司不当行为问题研究/王爱萍著．—北京：企业管理出版社，2023.12
ISBN 978-7-5164-2978-5

Ⅰ．①中⋯ Ⅱ．①王⋯ Ⅲ．①上市公司—不良行为—影响因素—研究—中国 Ⅳ．① F279.246

中国国家版本馆 CIP 数据核字（2023）第 206104 号

书　　名：	中国上市公司不当行为问题研究
书　　号：	ISBN 978-7-5164-2978-5
作　　者：	王爱萍
策　　划：	侯春霞
责任编辑：	侯春霞
出版发行：	企业管理出版社
经　　销：	新华书店
地　　址：	北京市海淀区紫竹院南路 17 号　　邮编：100048
网　　址：	http://www.emph.cn　　电子信箱：pingyaohouchunxia@163.com
电　　话：	编辑部 18501123296　　发行部（010）68701816
印　　刷：	北京厚诚则铭印刷科技有限公司
版　　次：	2023 年 12 月第 1 版
印　　次：	2023 年 12 月第 1 次印刷
开　　本：	710 mm × 1000 mm　　1/16
印　　张：	19 印张
字　　数：	267 千字
定　　价：	88.00 元

版权所有　　翻印必究·印装有误　　负责调换

前　言

自上海和深圳证券交易所成立以来，上市公司不当行为就一直是困扰我国资本市场发展的重要问题。虽然监管层一再通过各类措施加强监管，媒体和投资者也给予极高的关注度，但上市公司不当行为案件仍然屡有发生。"十三五"规划纲要明确提出"积极培育公开透明、健康发展的资本市场，提高直接融资比重"。2020年，国务院发布《关于进一步提高上市公司质量的意见》，明确指出要提高上市公司及其相关主体的违法违规成本。但从实践来看，2014年起IPO提速，标志着我国资本市场进入了体量加速扩张的时期，而2019年科创板开板，并试点注册制改革，进一步强化了资本市场功能，将更多选择权交给市场和投资者，如果上市公司不当行为问题不能得到有效解决，就会孕育和积累较大的风险和隐患。2020年修订并实施的《证券法》中，已经大幅提高了对违规等不当行为的惩处力度，彰显了国家治理资本市场中公司不当行为的决心。从理论界看，尽管上市公司不当行为是一个广受关注的话题，但是对该问题的研究在国内学界并未获得充分的发展，与国外同类研究相比，存在不小的差距。理论界亟需有关上市公司不当行为问题的研究成果，为下一步我国资本市场的发展和监管方式的改革提供指导和借鉴。

为了从根源上及时甄别和有效遏制上市公司不当行为，首先需要了解上市公司不当行为的影响因素。因此，本书综合梳理了前人在相关领域的研究成果，深入剖析了不同理论的内涵，并将其整合为适于开展实证研究的新的理论框架，即从社会环境层面、企业治理层面和高管特征层面三个视角入手研究上市公司不当行为问题，进而结合理论重要性和中国现实需要，详细分析和实证检验了四个影响因素与上市公司不当行为的关系。最后，在研究结论的基础上，针对如何有效地防范上市公司不当行为提出相应的政策建议。

本书共分为八章。

第一章为绪论，介绍本书的研究背景及意义、研究内容与方法，凝练本书的主要创新点。

第二章对本书所研究的上市公司不当行为进行清晰界定。国内的研究样本多以数据库中记录的违规处罚作为判断依据，但是其中包含行为主体非主观故意的违规行为，将其粗略归入不当行为进行研究，有可能导致研究结论和政策建议的偏误。因此，为了更为精准地防范行为主体故意实施的不当行为，本书首先对上市公司不当行为进行明确的界定。本书指出，上市公司不当行为有四个特点：①实施主体存在主观上的故意性；②误导他人产生错误认识；③因为错误认识而产生不真实的意思表示；④行为具有不正当性。这四个特点也是上市公司不当行为与上市公司一般违规行为的区别所在。

第三章梳理了关于公司不当行为的国外最新研究进展，以期为本土研究提供借鉴。该部分从公司不当行为的动机、影响因素、识别、揭露、影响和后果等方面对代表性文献进行综述。理论与实证研究表明，管理层绩效薪酬契约是导致公司不当行为发生的主要诱导因素，但具体作用机制尚需探索，尤其是需要关注公司高管的个人特征、经历以及过度自信等非理性心理。公司治理机制和公司文化、社会关系以及经济周期、监管环境都是影响公司不当行为的重要因素。员工内部举报和媒体揭露是不当行为的主要识别机制。公司不当行为对公司价值、股东财富以及整个社会都会造成巨大的危害，估计公司不当行为的严重程度和社会成本时在数据和方法等方面面临诸多困难。重点关注公司高管的心理因素、外部不确定性、文化等对公司不当行为的影响，探讨公司不当行为的各国差异将是未来的研究方向。

第四章分析了经济政策不确定性与上市公司不当行为的关系。经济政策不确定性提高会恶化企业的经营环境,影响企业的微观行为,有可能导致企业采取极端的不当操作。围绕这一问题,本章利用2007—2017年中国经济政策不确定性与上市公司数据,从公司不当行为的视角探讨宏观经济政策不确定性冲击引致的经济后果。研究发现,经济政策不确定性的提高会增大公司发生不当行为的概率和风险。基于流动性约束和信息透明度的视角能够有效解释其背后的传导机制:在不确定性冲击下,企业的经营性现金流收窄,融资约束程度增大,信息披露质量和股价信息含量下降,进而显著增大公司发生不当行为的概率。在此基础上,本章进一步探讨了不同特征类型企业受到不确定性负面冲击的差异程度,从而发现通过改善公司治理水平、增强财务柔性、提高经营能力,能够有效缓冲不确定性冲击引致不当行为的风险,增强实体经济应对不确定性冲击的潜力和韧性。

第五章探讨了地方法治环境与上市公司不当行为的关系。法律是惩戒违规行为的有效手段,为此,中国近三十年来出台近百部法律法规以促进并维护资本市场的健康有序运行,并提高对上市公司不当行为的处罚力度。但与此同时,资本市场上的不当行为却没有明显收敛。那么,良好的法治环境是否有助于遏制上市公司不当行为?为了回答这一问题,本章以2004—2019年沪深两市A股上市公司为研究样本,探究地方法治环境对上市公司不当行为的影响。研究结果表明,地方法治环境的改善将显著抑制上市公司不当行为的发生。进一步区分企业类型,发现地方法治环境改善对上市公司不当行为的"抑制效应"在非国有企业和屡次发生不当行为的企业中更为显著。进一步构建"稽查间隔"来衡量上市公司实施不当行为的成本,发现中国上市公司不当行为约在1.835年后被稽查出来,而中国上市公司约在1.382年后再次实施不当行为,一定程度上解释了中国上市公司同年反复发生不当行为的现象,而且不当行为成本和公司透明度是法治环境与不当行为之间关系的传导路径。此外,儒家文化越深厚的地区,发生上市公司不当行为事件的可能性越低。但这一影响仅在法治环境较好的地区显著,表明良好的法治环境(正式制度)能够在一定程度上为儒家文化(非正式制度)发挥社会治理作用保驾护航。

第六章分析了企业社会责任披露与上市公司不当行为的关系。社会责任信息披露对公司治理的影响存在两种不同的效应："抑制效应"和"饰窗效应"。那么，对于我国资本市场中的公司不当行为现象而言，发布社会责任信息会产生何种影响呢？本书基于2009—2017年中国A股上市公司发布的社会责任报告，考察了上市公司发布社会责任报告对公司的不当行为动机、不当行为稽查和不当行为严重程度的作用效果。结果表明，上市公司进行社会责任信息披露主要表现出"抑制效应"，通过发布社会责任报告，提高了公司信息透明度，降低了掩饰和隐瞒负面信息的可能性。进一步研究显示，承担较多的社会责任反映了公司内部具有较高的企业道德文化，从而影响公司的经济活动和高管的决策行为，抑制不当行为的发生。

第七章研究了管理层过度自信对上市公司不当行为的影响。高管团队的性格是影响公司治理和表现的内在因素，过度自信的高管会高估自身的能力，进而对上市公司的决策行为产生影响。现有文献分析高管过度自信与公司不当行为的关系时往往基于高管个人，尚没有研究分析高管团队的过度自信水平与公司不当行为的关系，本书创新性地将这两者结合起来进行研究，并利用2004—2019年中国A股上市公司的数据进行检验。结果发现，管理层过度自信会显著增加上市公司不当行为发生的可能性。进一步区分不当行为类型，发现管理层过度自信会引致经营违规和信息披露违规，但对领导人违规并无显著影响。分析还发现，较为规范的外部审计有助于削弱管理层过度自信对上市公司不当行为的引致效应；股权制衡机制的改善，具体包括机构投资者持股比例的上升以及股权分散度的提高，也同样会削弱管理层过度自信对上市公司不当行为的引致效应。此外，本章从企业战略选择和企业风险承担两方面分析了管理层过度自信与上市公司不当行为之间的传导路径。

第八章对全书进行总结，在归纳本书主要结论的基础上，提出相应的政策建议，并总结本书研究存在的局限性及研究展望。

本书的创新性体现为以下几点。首先，对上市公司不当行为的内涵进行明确的定义和阐释，为国内相关研究提供统一的话语体系和数据基础。其次，对已有理论进行消化吸收，并据此提炼出研究此类问题的框架，将纷繁复杂的影响因素总结归纳为三个层面，为中国上市公司不当行为影响因素问题的研究构建了相对完整的分析框架。最后，由于对上市公司不当行为问题的研究天然存在较强的内生性，本书充分利用了多种计量方法来减轻此问题的影响，例如部分可观测 Bivariate Probit 估计、工具变量法等，而且部分章节由于考虑了不当行为实施和被揭露两个过程，得到的研究结论扭转了一些已有结论的错误认识。

  本书的完成和出版是许多人共同努力的结果。笔者要特别感谢北京师范大学经济与工商管理学院胡海峰教授以及北京师范大学经济与工商管理学院博士生白宗航、清华大学社会科学学院博士生窦斌、首都经济贸易大学马奔博士提供的帮助。对于书中的诸多不足和疏漏，笔者承担所有责任，敬请读者批评指正。

目 录

第一章 绪论 ··· 1
第一节 研究背景及意义 ·· 1
第二节 研究内容与方法 ·· 3
一、研究内容 ··· 3
二、研究方法 ··· 6
三、本书的研究思路与技术路线 ··· 7
第三节 本研究的主要创新点 ·· 8

第二章 上市公司不当行为的理论分析 ·· 12
第一节 不当行为的界定及上市公司不当行为的定义 ······························· 12
一、不当行为的含义及判定标准 ··· 12
二、上市公司不当行为的定义 ··· 13
第二节 上市公司不当行为的主要类型 ·· 15
一、虚假披露 ··· 16
二、隐瞒披露 ··· 17
三、延迟披露 ··· 19
四、违规交易 ··· 19
第三节 公司不当行为相关理论及本书逻辑构建 ··································· 21
一、GONE 理论 ··· 21

二、冰山理论 22
　　三、不当行为三角理论 23
　　四、舞弊风险因子理论 24
　　五、理性不当行为理论 25
　　六、委托代理理论 26
　　七、本书逻辑构建 26
　第四节　中国上市公司不当行为概述 28

第三章　文献综述 35
　第一节　公司不当行为动机的理论解释与实证检验 36
　　一、传统理论对公司不当行为动机的解释 36
　　二、绩效薪酬契约理论对公司不当行为动机的解释 37
　　三、绩效薪酬契约与公司不当行为关系的实证研究 42
　　四、行为金融学对公司不当行为动机的解释 46
　第二节　公司不当行为影响因素的理论解释与实证检验 48
　　一、公司治理结构与公司不当行为 48
　　二、公司内部环境因素与公司不当行为 52
　　三、公司外部环境因素与公司不当行为 53
　第三节　公司不当行为的识别和揭露 57
　　一、公司不当行为的识别方法 57
　　二、公司不当行为的揭露机制 59
　第四节　公司不当行为的影响和后果 62
　　一、从微观视角分析公司不当行为的影响和后果 63
　　二、从宏观视角分析公司不当行为的影响和后果 66
　第五节　公司不当行为实证研究面临的难题与进展 67
　第六节　本章小结 70

第四章 经济政策不确定性与上市公司不当行为 …………… 74
第一节 理论分析和研究假设……………………………… 76
一、经济政策不确定性与上市公司不当行为的关系 ………… 76
二、经济政策不确定性对上市公司不当行为的影响机制分析 … 80
第二节 研究设计……………………………………… 85
一、实证模型构建 …………………………………… 85
二、变量选取和指标构建 …………………………… 87
三、样本数据的统计分析 …………………………… 89
第三节 实证结果与分析……………………………… 92
一、经济政策不确定性对上市公司不当行为的直接效应检验 … 92
二、经济政策不确定性影响上市公司不当行为的传导机制检验 … 99
三、内生性讨论 ……………………………………… 115
第四节 稳健性检验…………………………………… 123
一、经济政策不确定性指数测算方法讨论 ………………… 123
二、中介效应机制的检验 …………………………… 130
三、关于样本选择偏误的检验 ……………………… 130
第五节 进一步讨论…………………………………… 136
第六节 本章小结……………………………………… 141

第五章 地方法治环境与上市公司不当行为 ……………… 143
第一节 理论分析和研究假设……………………………… 144
一、地方法治环境与上市公司不当行为 …………………… 144
二、地方法治环境与上市公司不当行为之间的传导路径 …… 148
第二节 研究设计……………………………………… 149
一、数据来源与样本选择 …………………………… 149
二、变量选择 ………………………………………… 150
三、模型设定 ………………………………………… 156

第三节　实证结果与分析·················· 156
　　一、地方法治环境与上市公司不当行为 ·········· 156
　　二、内生性检验 ····················· 161
　　三、稳健性检验 ····················· 170

第四节　进一步探讨····················· 182
　　一、地方法治环境与上市公司不当行为之间的传导路径 ····· 182
　　二、地方法治环境、儒家文化与上市公司不当行为成本 ····· 185
　　三、地方法治环境与上市公司不当行为：
　　　　基于省份层面的证据 ················ 189

第五节　本章小结······················ 191

第六章　社会责任报告披露与上市公司不当行为·········· 193

第一节　理论分析和研究假设················· 196
　　一、社会责任报告披露对上市公司不当行为的
　　　　"抑制效应"分析 ················· 196
　　二、社会责任报告披露对上市公司不当行为的
　　　　"饰窗效应"分析 ················· 198
　　三、对社会责任报告披露效应的进一步探讨 ········ 199

第二节　研究设计······················ 200
　　一、数据来源与样本选择 ················ 200
　　二、变量选择 ····················· 200
　　三、模型设定 ····················· 202

第三节　实证结果与分析··················· 204
　　一、描述性统计分析 ·················· 204
　　二、主要变量间的相关性分析 ·············· 206
　　三、假设检验结果分析 ················· 207

		第四节　稳健性检验·· 214

			一、社会责任报告披露质量的解释能力检验 ··············· 214

			二、对社会责任报告披露"抑制效应"的PSM检验 ······ 216

			三、Poisson模型对局部样本可观测性的解释 ············· 218

			四、控制年度效应和行业效应的检验 ······················· 219

		第五节　本章小结·· 220

第七章　管理层过度自信与上市公司不当行为·················· 222

		第一节　理论分析和研究假设··································· 223

			一、管理层过度自信与上市公司不当行为 ·················· 224

			二、管理层过度自信与上市公司不当行为之间的传导路径 ····· 225

			三、外部审计在管理层过度自信与上市公司不当行为之间的

				 缓解效应 ·· 226

			四、股权制衡机制在管理层过度自信与上市公司不当行为

				 之间的缓解效应 ··· 226

		第二节　研究设计·· 227

			一、数据来源与样本选择 ····································· 227

			二、变量选择 ·· 227

			三、模型设定 ·· 233

		第三节　实证结果与分析·· 234

			一、管理层过度自信与上市公司不当行为 ·················· 234

			二、内生性检验 ··· 236

			三、稳健性检验 ··· 243

		第四节　管理层过度自信与上市公司不当行为之间的

				 传导路径··· 249

			一、管理层过度自信与上市公司不当行为之间的传导路径：

				 战略选择 ·· 249

二、外部审计在管理层过度自信与上市公司不当行为之间的
　　　　缓解效应 ··· 251
　　三、股权制衡机制在管理层过度自信与上市公司不当行为
　　　　之间的缓解效应 ··· 252
　第五节　本章小结 ··· 255

第八章　结论与研究展望 ··· 257
　第一节　本书主要结论 ··· 257
　　一、上市公司不当行为的定义和类型 ····························· 257
　　二、经济政策不确定性与上市公司不当行为 ··················· 258
　　三、地方法治环境与上市公司不当行为 ························· 258
　　四、社会责任报告披露与上市公司不当行为 ··················· 259
　　五、管理层过度自信与上市公司不当行为 ······················ 259
　第二节　有效防范上市公司不当行为的政策建议 ················ 260
　　一、明确上市公司不当行为的界定，加大对上市公司
　　　　不当行为的惩罚力度 ··· 260
　　二、降低信息不对称性，维护外部环境的稳定 ················ 261
　　三、完善公司内部治理结构，提高公司不当行为的成本 ···· 262
　　四、关注高管个体特征，发挥道德文化在公司治理中的作用 ··· 264
　第三节　本书的局限性与研究展望 ·································· 265
　　一、上市公司不当行为的界定需要进一步明确 ················ 265
　　二、各因素对上市公司不当行为的影响机制研究
　　　　需要更加细化 ··· 266
　　三、部分可观测问题仍待彻底解决 ······························· 266
　　四、需要从更多角度探讨上市公司不当行为问题 ············· 266

参考文献 ·· 268

第一章 绪 论

第一节 研究背景及意义

1990年和1991年，上海和深圳两家证券交易所相继成立，标志着中国资本市场的建设正式拉开序幕。从无序生长的初创期，到有序规范的协调期，再到市场化、法治化、国际化的成熟期，中国资本市场栉风沐雨三十余载，目前已经形成了以主板、中小板、创业板、科创板、新三板为核心的多层次体系，为数以万计的企业提供了融资的平台和成长的土壤，成为中国经济建设和腾飞的助推器。然而，资本市场中的上市公司良莠不齐，在巨大的利益诱惑面前，不乏采取不当行为来谋取不当利益的现象。从21世纪初的亿安科技、蓝田股份、银广夏，到后来的绿大地、万福生科，再到博元投资、欣泰电气等事件，我国资本市场屡屡爆出令人震惊的上市公司不当行为丑闻。这些不当行为严重地破坏了市场秩序，损害了广大中小投资者的合法权益，打击了投资者对市场的信心，并且影响到了中国金融行业在国际社会的形象和声誉。"千里之堤，溃于蚁穴"，上市公司不当行为是资本市场上的"毒瘤"，相关部门必须予以高度重视、严厉打击，维护资本市场的健康有序运行。

事实上，为了遏制资本市场中的不当行为，中国监管部门多年来不遗余力地进行政策制度改革、强化监管措施、维护市场秩序，例如提高信息披露透明度、加强上市公司内控制度建设、对上市公司违规行为的处罚措施日趋严厉等。但由于惩戒力度不够，远远小于不当行为所带来的潜在利益，不法分子在权衡利益和成本之后仍然愿意铤而走险，导致上市公司不当行为事件屡有发生。从已经揭露和公布的不当行为案件统计情况来看，不当行为事件总数呈逐年递增趋势，并且超过一千家上市公司曾多次发生不当行为（详见本书第二章第四节）。2019年，科创板正式设立，并试点注册制，这是中国资本市场发展的里程碑事件，为全面推行注册制提供了试验田。在这种情况下，如果上市公司不当行为问题不能得到有效的治理，将意味着资本市场会孕育和积累更多的风险。2020年，国务院发布《关于进一步提高上市公司质量的意见》，明确指出要提高上市公司及其相关主体的违法违规成本，为建设规范、透明、开放、有活力、有韧性的资本市场，促进经济高质量发展提供有力支撑。同年4月，证监会表示，将重拳打击上市公司财务造假、欺诈等恶性违法行为，用足用好新《证券法》，集中执法资源，强化执法力度，从严从重从快追究相关机构和人员的违法责任，加大证券违法违规成本，涉嫌刑事犯罪的依法移送公安机关，坚决净化市场环境，保护投资者合法权益，切实维护市场纪律和市场秩序，促进资本市场健康稳定发展。因此，如何有效地防范、监管上市公司不当行为将是我国资本市场面对的重要也是首要的课题。解决该问题首先依赖于对上市公司不当行为进行系统的认识和全面的把握，只有对不当行为的引发原因、作用机制及如何监管等重要问题有深入的理解，才能促进各监管部门实施更加有效的改革措施，完善市场环境，推进资本市场的健康发展。

从学术研究的角度来看，有关公司不当行为的问题长期以来并没有被充分认识，直到21世纪初安然、世通等公司的丑闻被曝光后，公司不当行为问题才开始引起国外学术界的广泛关注，相关研究顿时进入白热化状态，逐渐形成了包括公司不当行为的原因分析、公司不当行为的影响因素分析、公司不当行为的识别与监管以及公司不当行为的后果分析等在内的比较系统的研究体系。与之相比，国内学术界在这个领域的研究较为滞后，并且少有研究直接针对不当行为本身展开，大多是围绕财务舞弊、公司违规、盈余管理等方面进行研究。因此，对我国上市公司不当行为问题进行深入的探讨和分析，不但是现实需要，也是补充和完善国内该领域学术研究的需要。

第二节 研究内容与方法

一、研究内容

本研究主要解决以下关键问题。

1. 上市公司不当行为的定义

上市公司不当行为是在媒体报道、投资者或监管层表述中使用频率较高的一个词语，但是在学术研究中，一直没有给出一个广泛认同、存在较少争议的定义。大部分相关研究以一些不容易引起争议的上市公司行为为研究样本，如财务舞弊，只要将关注点集中于企业公开披露的财务信息是否真实即可，又如违规行为，只需关注上市公司的行为是否违反法律、法规、条例即可。然而，这些研究不能完全等同于上市公司不当行为研究，尤其是当研究样本中包含行为主体非主观故意行为时，研究结论往往会产生误导。因此，本研究首要解决的问题是如何对上市公司不当行为进行准确的定义。在此基础上，就上市公司不当行为的主要表现形式逐一阐释。进一步地，关注上市公司不当行为背后的机理，梳理目前对相关问题的理论解释。最后，就有记录以来的中国上市公司不当行为事件进行整理，分析其演变特点。

2. 上市公司不当行为的影响因素

（1）经济政策不确定性与上市公司不当行为。经济政策不确定性对上市公司不当行为的影响分析可以从收益和成本角度来展开。一方面，当经济政策不确定性提高时，上市公司实施不当行为存在潜在收益。高管的薪酬受到公司业绩的直接影响，通过违规操作和实施不当行为能够掩饰公司负面信息，粉饰公司业绩，营造良好的融资经营环境，进而能够保证公司未来获得稳定的经营业绩和现金流量，高管也能借不当行为获得丰厚的利益（Zahra等，2016；Gilpatric，2011）。另一方面，经济政策不确定性上升，上市公司实施不当行为的风险和成本下降。主要原因有以下两点。其一，经济政策不确定性提高所造成的宏观经济环境恶化会波及各个行业的各个公司，这就意味着资本市场所有参与者都将受到不同程度的影响，公司会在经营管理、研发创新、投资融资等财务指标和财务决策等方面做出调整和变动，因此，实施不当行为的上市公司所表现出的经营和财务指标异常波动难以被辨识，这就增加了监管机构和部门的审查难度，降低了上市公司不当行为被稽查的概率，实施不当行为的风险随之下降。其二，经济政策不确定性上升提高了公司的信息不对称程度。当经济运行相对平稳时，公司的经营和融资环境保持较为稳定的状态，公司发展情况更容易为外部利益相关者所了解和熟知；当出现政策变动冲击时，公司面临的经营环境更加复杂，未来经营发展出现剧烈波动的可能性增大，外部难以评估公司未来的盈利水平和信用违约风险，信息不对称程度增大，公司实施不当行为的成本降低，实施不当行为的动机更加强烈。综合上述分析可知，经济政策不确定性上升提高了上市公司实施不当行为的潜在收益，降低了风险与成本，高管在公司战略决策制定和实施过程中具有实施不当行为的倾向。因此，经济政策不确定性提高是否会导致中国上市公司产生更多的不当行为，这种影响在不同类型的企业中是否存在差异等问题，值得在本研究中深入探讨。

（2）地方法治环境与上市公司不当行为。上市公司不当行为是一种违法违规行为，法律是对其进行惩处的依据，惩处的目的在于对上市公司实施不当行为形成警示和震慑。然而，从中国的实践来看，尽管法治建设在不断进步，但上市公司不当行为事件却有增无减，那么法律是否能够有效抑制上市公司不当行为事件的发生值得深思。中国作为世界上经济增长最快的国家之一，其法律体系和投资者保护制度相对滞后（Porta等，2006）。当公司所在地的法治环境较差或法律体系不完善时，建立政治关联便成为弥补地方法治缺位的重要替代机制，帮助公司获得充足的信贷资源，但同时削弱了证监会等监管机构对公司欺诈等违法行为的监管，延长了违法行为的稽查间隔并降低了公司面临的处罚成本，使执法效率大打折扣（许年行等，2012）。为此，我国分别于 2008 年和 2013 年开展了省级高院院长异地任职交流活动，对提高司法效率和打破司法地方保护主义具有积极作用。但对于参与异地交流的法官而言，需要花费大量精力来了解当地文化和工作环境，这一过程无益于司法效率的提高（陈刚，2012）。面对中国各地法治环境差异较大，上市公司不当行为屡禁不止的现实情况，对地方法治环境与上市公司不当行为的关系这一问题进行探讨具有重要的现实意义，厘清其中的传导机制对健全中国资本市场司法体系和提高法律效率具有一定的指导作用。

（3）社会责任报告披露与上市公司不当行为。目前，学术界对于社会责任信息披露效应存在着两种相互对立的观点。一种观点是"抑制效应"，即一家公司投入较多的资源承担社会责任并按照规定及时发布社会责任报告，不仅反映了公司具备良好的企业文化和较高的道德标准（Graafland，2006），而且降低了对投资者隐瞒负面消息的概率，使得公司内部的治理更加透明，削弱了管理层内部隐瞒不当行为的动机，降低了盈余操纵的可能性（宋献中等，2017）。另一种观点是"饰窗效应"，即公司发布社会责任报告是为了粉饰管理层在公司治理中的不当操作，向公众塑造公司主动承担社会责任的良好形象，隐匿公司高管的失德行为（Hemingway 和 Maclagan，2004）。因此，对高层管理者而言，利用社会责任信息披露的"饰窗效应"，将社会责任报告作为一种掩饰公司内部负面消息的工具，可以转移社会公众和监管机构的注意力，增加公司违规被查处和曝光的难度（Jo 等，2012）。可见，社会责任信息披露会对公司不当行为产生截然不同的影响，"抑制效应"的观点是发布社会责任信息与公司不当行为呈负相关，"饰窗效应"的观点是发布社会责任信息与公司不当行为呈正相关。那么，在我国资本市场中，发布企业社会责任报告对上市公司不当行为是产生"抑制效应"还是产生"饰窗效应"，值得我们深入探讨。

（4）管理层过度自信与上市公司不当行为。高管不可观察的心理因素

（认知基础和价值观）对上市公司治理及公司财务信息披露有不可忽视的影响。行为人在进行相关决策时，往往高估自己的能力，这种"高于平均"的心理导致行为人将成功归于自己的能力，而将失败归于时运不济。心理学研究表明，过度自信会带来欺骗（Deception）和自我欺骗（Self-deception），而且人们的过度自信水平会随着时间和练习的增加不断提高，这种提高最终会带来更多的欺骗行为。管理者的过度自信现象更加普遍，这种过度自信会促使其在进行决策时产生偏差，甚至是做出有意或者无意的不当行为。尤其是在中国，儒家思想影响深远，企业管理者倾向于树立绝对权威，"一言堂"现象比较常见，这种文化背景使得管理者拥有更高水平的自信程度。根据高层梯队理论的修正模型，可以将管理层视作一个整体来研究，高管团队的心理或性格特点会通过战略选择的途径影响公司绩效。而高管团队的过度自信是否会诱发上市公司的不当行为？这二者之间存在怎样的传导机制？哪些因素能够加重或者减弱这种效应？这些都是值得我们探究的问题。

二、研究方法

1. 通过理论分析构建研究框架

上市公司不当行为事件频发是国内外资本市场普遍的现象，严重影响着资本市场的健康运行，然而，针对该问题的研究却并不充分。目前，围绕公司欺诈（Corporate Fraud）、公司违规（Corporate Misconduct）、财务舞弊（Fraudulent Financial Reporting）等概念，国外学者提出了一系列理论，用来解释这些现象，主要有GONE理论、冰山理论、不当行为三角理论、舞弊风险因子理论、理性不当行为理论、委托代理理论等。然而，这些理论都难以指导实证研究和现实监管。本书系统梳理了相关理论，归纳总结后提出了公司不当行为三因素理论，较好地解决了该领域研究框架缺失的问题，从理论层面推进了该问题的研究。

2. 规范分析和实证分析相结合

笔者对上市公司不当行为问题的国内外研究进展进行了较长时间的追踪，试图全面、准确地把握相关研究的理论演变、实证方法的发展、前沿理论方向等。通过阅读大量文献，笔者对已有成果和研究趋势进行了总结，在此基础上构建了本书研究的理论框架，从公司外部环境、公司内部治理和管理层特征三个层次对上市公司不当行为的影响因素进行规范分析，注重逻辑性，并提出合理假说。在理论分析的基础上，本书根据中国上市公司数据进行实证分析，对提出的理论假说予以检验，做到规范分析与实证分析相辅相成，互相验证。

3. 多种实证方法并用

首先，结合研究主题以及为了有效解决部分可观测问题，本书在多个章节采用了 Bivariate Probit 估计方法，将研究目标分解为两个阶段，即所有能观测到的不当行为案例是发生不当行为与发现不当行为两个过程共同作用的结果。而两个过程也并非完全相互独立：一方面，两个过程有各自不同的作用机制和影响因素；另一方面，两个过程又可能相互影响，有些因素可能同时影响两个过程，从而导致不当行为的发生和发现是互相依赖的两个阶段。Bivariate Probit 估计方法在一定程度上解决了部分可观测问题。其次，为了尽可能保证计量结果的稳健性，本研究也注重多种计量方法相结合，采用了基于样本配对的条件 Logit 法、Probit 估计、OLS 估计等方法，以验证结论是否稳健。

三、本书的研究思路与技术路线

目前关于公司违规、财务舞弊、公司不当行为等问题的研究理论，主要有 GONE 理论、冰山理论、不当行为三角理论、舞弊风险因子理论、理性不当行为理论、委托代理理论等。仔细分析已有理论的内涵和逻辑发现，影响公司不当行为发生的关键因素包括两个层面，即不当行为主体内部因素和不当行为主体外部因素。也就是说，不当行为的发生需要至少满足两个条件，一方面是行为主体自身有内在需要，另一方面是外界恰好能够提供这样的机会和可能性。这两方面的因素既相互独立，又相互关联、互为补充。在这种理论思想的指导下，本书认为，行为主体内在需要主要来自高管团队或者高管个人的特质，而外界机会和可能性主要来自宏观层面的社会环境和中观层面的公司治理情况。因此，本书将从社会环境层面、公司治理层面和高管特征层面三个角度对上市公司不当行为的影响因素展开分析。

具体的研究思路为：第一章论述本书的研究背景、研究意义，并对国内外学界相关研究进行梳理；第二章讨论不当行为的界定、上市公司不当行为的定义以及上市公司不当行为与违规等其他相关行为的区别和联系，并在此基础上构建中国上市公司不当行为的样本，对中国上市公司不当行为进行描述与总结；第三章讨论国外对于公司不当行为问题的最新研究进展，并形成本书的研究思路和框架；第四章讨论经济政策不确定性与上市公司不当行为的关系；第五章讨论地方法治环境与上市公司不当行为的关系；第六章讨论社会责任报告披露与上市公司不当行为的关系；第七章讨论管理层过度自信与上市公司不当行为的关系；第八章对本书的主要结论进行总结，在此基础上提出相应的政策建议，并指出本书的局限性和研究展望。

第三节　本研究的主要创新点

本书在系统回顾和总结上市公司不当行为相关研究的基础上，从社会层面、企业层面和个体层面系统分析了上市公司不当行为的影响因素及作用机理，其创新主要体现在以下五个方面。

1. 明确上市公司不当行为的定义，首次对资本市场不当行为进行系统和精准的研究

本书首先对上市公司不当行为的定义及判定要素进行了充分和详细的讨

论，并梳理和总结了关于不当行为的理论解释。相较于研究一般违规问题，聚焦在不当行为上能够更加精准地指向资本市场中的不当行为。本书构建了研究上市公司不当行为的系统框架，并且勾勒出中国资本市场中上市公司不当行为的历史演变趋势，使得本书成为国内为数不多真正意义上关于上市公司不当行为的研究著作。

2. 吸收已有研究理论，构建研究此类问题的统一框架

在本研究之前，国内缺乏对上市公司不当行为相关问题的系统研究。在国外，关于公司违规、财务舞弊等已经形成了被广泛接受的几种理论，例如GONE理论、冰山理论、不当行为三角理论等。仔细研究和对比这几种传统理论会发现，不同的理论侧重的角度不同，总体而言，不当行为的发生需要满足两方面条件，分别是内部动机和外部机会。本研究将这两个因素进一步解析为可操作的三个层次，提出公司不当行为三因素理论，三因素分别是社会环境因素、公司治理因素和高管特征因素。首先，公司存在于特定的环境中，资源依赖理论表明，其经营发展与周围环境存在着互动，也就是说，宏观经济运行水平及环境变化带来的不确定性都会影响公司的决策制定，也就形成了公司不当行为发生的外在推动因素；其次，企业自身的特点，尤其是内部公司治理因素构成了公司不当行为发生的内源性因素；最后，由于公司的决策由人制定，尤其是管理层在其中发挥着至关重要的作用，因此，管理层或者是高管个人的特征，诸如性格、文化等，是公司不当行为形成的内在基因。本书从这个理论框架出发，将相关重要影响因素纳入进来，对上市公司不当行为的影响因素进行系统研究。自此构建了上市公司不当行为影响因素的完整研究框架，后续研究可以在此基础上进一步深入。

3. 多种计量方法并用，有效地解决了研究中的内生性问题

对于公司不当行为、公司违规相关问题的研究，天然存在着难以克服的较强的内生性。本研究在每一个部分综合使用多种计量方法，尽可能有效

降低内生性。例如，采用考虑部分可观测问题的 Bivariate Probit 估计、工具变量法、PSM-DID 等。其中，考虑部分可观测问题的 Bivariate Probit 估计是近年来刚刚开始流行的，在本研究之前，国内已有少数学者开始采用该方法研究公司违规等问题。本书充分借鉴了这些国内研究，并在此基础上采纳了更加丰富的变量和模型设定，在实证检验环节也试图从更多角度验证研究结论。相比传统单一变量的 Probit 估计等，考虑部分可观测问题的 Bivariate Probit 估计由于估计结构更加复杂，有可能出现无法收敛等状况。本书对变量进行了详细研究和选择，构造出的模型可以有效估计上市公司不当行为事件的发生和发现两个过程，实证结果显著且均予以合理的现实解释。研究结论有效降低了部分可观测问题带来的偏误，更加贴近现实情境。

4. 对当前关于公司不当行为问题的研究进行了全面梳理，指明了未来的研究方向

公司不当行为已经成为各国资本市场的一种普遍现象，是学术界关注的热门话题之一。本书从公司不当行为的动机、影响因素、识别、揭露、影响和后果等方面对代表性文献进行综述。理论与实证研究表明，管理层绩效薪酬契约是导致公司不当行为发生的主要诱导因素，但具体作用机制尚需探索，尤其是需要关注公司高管的个人特征、经历以及过度自信等非理性心理。公司治理机制和公司文化、社会关系以及经济周期、监管环境都是影响公司不当行为的重要因素。员工内部举报和媒体揭露是不当行为的主要识别机制。公司不当行为对公司价值、股东财富以及整个社会都会造成巨大的危害，估计公司不当行为的严重程度和社会成本时在数据和方法等方面面临诸多困难。重点关注公司高管的心理因素、外部不确定性、文化等对公司不当行为的影响，探讨公司不当行为的各国差异将是未来的研究方向。

5. 对上市公司不当行为的发生和发现两个过程进行研究，扭转了已有研究的错误认识

本书在部分章节同时考察了上市公司不当行为的发生和发现两个过程，从而在研究内容上同时涵盖了上市公司不当行为的原因和监管两大问题，使得本书的研究结论扭转了一些已有的错误认识，帮助广大普通投资者更加有效地解读上市公司的信息，并给监管部门改革以一定的启示。

第二章　上市公司不当行为的理论分析

上市公司不当行为在世界各国资本市场普遍存在，不但发生频率高，而且造成的损失巨大。但学术界对该问题的研究并不够深入，尤其是国内研究，目前主要集中在一般的公司违规层面。然而，数据库所记录的一般的公司违规包括行为人非主观意愿所导致的不当行为，简单地将其等同分析，会使研究结论产生一定的偏误。因此，厘清上市公司不当行为的内涵，精准定位研究对象，就上市公司不当行为问题展开有针对性的研究是非常必要的。

本章首先对上市公司不当行为的内涵进行充分的讨论，然后以此为基础对上市公司不当行为进行具体的界定和归类，并且讨论上市公司不当行为相关问题的已有理论解释，最后，对有记录以来的中国上市公司不当行为进行总体描述。

第一节　不当行为的界定及上市公司不当行为的定义

一、不当行为的含义及判定标准

在学术研究中，具有研究价值的不当行为是一种故意使他人对某事实产生误解的行为。不当行为实施者首先需要具备主观意愿，然后手段为告知虚假事实或者隐瞒真实事实，造成的结果是使对方产生错误认识，那么具备这些要素的行为就属于不当行为，这是一种不正当行为。具体来看，不当行为的判定标准有以下四点。

第一,不当行为需要有"故意"的因素,故意是指明知自己的陈述是虚假的,并会导致对方陷入错误认识,但是仍然放纵或者希望这种结果发生,也就是诱导该结果发生。

第二,对方陷入错误认识,也就是说,即使未发生真实伤害,但是负有告知义务的机构或者个人该告知而故意不告知,都属于这种情况。例如,将假冒伪劣说成优质价廉。甚至是行为人有义务说明真实情况而不说明、保持沉默也构成不当行为。后面我们要提到的上市公司不当行为中的延迟披露,就属于这种情况。

第三,因为认识错误而做出了不真实的意思表示,也就是这种意思表示与认识错误之间存在因果关系。

第四,不当行为具有不正当性。即使满足了前面三条,也有可能是善意的谎言,如何区别是善意还是恶意,主要是看这种行为是否具有不正当性,也就是是否有损害别人利益的可能性。

二、上市公司不当行为的定义

根据上述不当行为的含义和判定标准,上市公司不当行为是一类特指的不当行为事件,主要特征在于实施主体是上市公司相关主体。Bonini 和 Boraschi(2014)认为,所有不当行为活动的共同本质是不诚实与欺骗,具体表现是与欺骗、贿赂、伪造、勒索、腐败、盗窃、阴谋、贪污、挪用、虚假陈述、隐瞒重要事实及共谋相关的一些行为。从经济学的角度看,公司不当行为是代理人以获得个人收益为目的而实施的完全理性行为,且代理人预期不当行为给公司造成的损失高于收益。Dyck 等(2013)认为公司不当行为是由公司或公司管理层实施,导致公司蒙受损失或受到监管层处罚的不当行为,典型的不当行为包括对公司真实状况的虚假陈述、公布带有欺骗性的审计报告、操纵股价等。

美国司法部定义的"公司不当行为"包括以下几类:第一,伪造财务信息,包括伪造会计分录、虚假交易、操纵收入、欺骗性地高估资产与利润、欺骗性地低估或隐藏负债和损失，以及开展逃避法律监督的交易；第二，公司内部人的不当内部交易、收受回扣，为追求个人私利而不适当地使用公司资产及任何违反有关个人所得税法的交易行为；第三，与其他团体经营的共同基金和防御基金有关的不当行为，包括延迟交易、延迟某些市场计划及其他与共同基金或防御基金有关的造假和舞弊行为；第四，阻碍司法公正、伪造或篡改证据，或与前述行为相关的其他阻碍行为。美国注册舞弊审查师协会（The Association of Certified Fraud Examiners，ACFE）将"公司不当行为"定义为利用职业便利故意误用或滥用组织的资源，有意错报或漏报重要事实，或者提供误导性会计数据以达到私人目的的行为。目前，中国法律对上市公司不当行为尚并没有明确的定义。1993年9月2日，国务院证券管理委员会发布的《禁止证券欺诈行为暂行办法》第二条对"证券欺诈行为"进行了定义，证券欺诈行为包括证券发行、交易及相关活动中的内幕交易、操纵市场、欺诈客户、虚假陈述等行为。

除了构成要件的区别，上市公司不当行为与一般的民事不当行为，以及一般的公司不当行为相比，在表现形式上还具有以下三个特征。

（1）当事人的不确定性。一般民事不当行为中的主体大部分情况下是签订合同的双方，是有确定性的，由此产生合同撤销或侵害责任认定等结果。然而，在上市公司不当行为的案件中，投资者购买上市公司证券，相当于以交易所为中介与其他的投资者进行交易，是投资者之间相互签订合同，但不当行为的实施方一般既不是交易所，也不是证券的卖方，往往是合同的第三方。此外，一般民事不当行为的受害人是有限的个体，较容易确认，而上市公司不当行为的受害人是广大的投资者群体，这是一个具有不确定性的群体。

（2）交易关系的效力不同。由于一般民事不当行为当事人的责任容易鉴定，因此对于受害人的损失往往可以通过认定合同无效、撤销双方的权利义务、要求不当行为人赔偿等方式挽回。然而，在上市公司不当行为事件中，投资人购买股票的行为到底在多大程度上受到了不当行为的影响则难以精确地鉴别，因此对于已经发生的交易，尤其是在二级市场发生的交易，大部分情况下仍然视为有效，上市公司不当行为事件在发生后，投资者受损的利益往往难以挽回。

（3）影响范围不同。上市公司的规模一般大于同行业非上市公司，因此不当行为事件涉及的经济损失往往更大。由于股票面向公众公开发行，上市公司有着更高的媒体和民众关注度，因此还会造成一定的社会影响。此外，很多上市公司往往是当地的产业龙头，对于当地的经济发展、就业率等方方面面有举足轻重的影响，因此上市公司一旦发生不当行为事件，会对当地的经济、民生、声誉等多方面产生负外部性，造成恶劣的影响。而一般的民事不当行为案件或非上市公司不当行为案件很难具有这样的影响力。

根据以上讨论，本书尝试给出上市公司不当行为的明确定义：上市公司不当行为是指上市公司及其相关主体为了达到私人目的，在公司经营活动中罔顾可能对他人造成的严重后果，采取的与欺骗、贿赂、伪造、勒索、腐败、盗窃、阴谋、贪污、挪用、虚假陈述、隐瞒重要事实及共谋相关的行为。

第二节 上市公司不当行为的主要类型

根据上一节对上市公司不当行为定义的探讨，本节拟对上市公司不当行为进行具体的界定和归纳。目前《证券法》及其他法律对上市公司不当行为并没有明确的说法，在媒体报道中对于上市公司不当行为认定的主要依据来自《证券法》中对持续信息公开项目的规定（即上市公司不得有虚假记载、误导性陈述或者重大遗漏，重大事项披露要及时、充分、完整、真实，信息披露要按规定执行），以及对于禁止交易类型的规定。本书综合参照《证券法》《上海证券交易所股票上市规则》《深圳证券交易所股票上市规则》以及国泰安上市公司违规行为数据库，认为中国上市公司不当行为主要包括四个类型：虚假披露、隐瞒披露、延迟披露和违规交易。

一、虚假披露

虚假披露主要是指公司在公开披露信息的过程中,违反真实性原则,所披露的公开信息存在捏造、伪造的成分。虚假披露的表现形式主要有财务舞弊和虚假陈述两类。

(1)财务舞弊是指公司对外披露的财务信息中存在虚假成分。财务舞弊常见于两种状况。一种是财务舞弊发生在公司上市之后,常见情况是公司为了避免"戴帽"而对利润进行虚构。根据沪深交易所的上市规则,上市公司连续两年净利润为负,将予以特别处理,在上市公司名称前加"ST"(Special Treatment)标识,俗称"戴帽"。为了避免公司名称"戴帽"导致的不良影响,有些上市公司的管理层会采取虚构利润的方式,银广夏就是典型的代表。另一种是财务舞弊发生在公司上市之前,但在上市后被监管方发现。公司为了获得上市资格,在上市前的财务报表中通过虚增资产、虚构营业收入等方式造假,该类行为又常被证监会或交易所表述为"欺诈上市",欣泰电气和绿大地等是欺诈上市的典型代表。

(2)虚假陈述主要是指公司在公开披露的非财务信息中存在虚构的情况,一般是公司出于维护股价等目的,在陈述公司经营活动的相关重大事项中存在捏造、伪造或是夸张的情况。虚假陈述可以归纳为两种类型:一种是典型的虚假陈述;另一种是非典型的虚假陈述,又称为误导性陈述。典型的虚假陈述是指公司公开披露的重大事实存在明显的虚构和捏造的成分。常见的状况是对外发布毫无事实根据的公司重组消息或是以"画饼"的方式描述公司发展战略,以吸引投资者的目光。比如银广夏在因虚构利润接受证监会调查期间,为了维护公司股价,对外发布毫无根据的公司重组消息,"错上加错";再如2001年著名的中科创业不当行为事件,公司对外发布"高科技加金融"的发展战略以帮助其哄抬股价,而实质上当时公司的内部管理和财务均处于极糟糕的状况,新的发展战略根本就无从谈起。非典型的虚假陈述,在证监会和交易所公开披露的文件中常被称为误导性陈述,是指上市公司披露的重大事实虽然不存在明显捏造、虚构的成分,但公司在信息披露中故意使用不准确或夸张的表达,使投资者产生歧义性理解,而对公司的状况做出不正确的判断,面临投资风险。典型的误导性陈述如 2007 年杭萧钢构不当行为案,其发布公告称,"公司正与有关业主洽谈一境外建设项目,该意向项目整体涉及总金额折合人民币约 300 亿元,该意向项目分阶段实施,建设周期大致在两年左右。若公司参与该意向项目,将会使公司 2007 年业绩产生较大幅度增长",这与安哥拉项目合同草案实际约定的"各施工点现场具备施工条件后两年内完工"的内容存在严重不符,足以对投资者造成误导,使投资者以为该项目的实施条件不存在重大不确定性,能够确定在两年左右的时间完工,会使公司 2007 年业绩产生较大幅度增长。

二、隐瞒披露

隐瞒披露是指上市公司违反完整性原则,对于一些有义务公开披露的信息未披露,这在交易所或证监会的公开文件中又常被表述为重大遗漏。隐瞒披露有以下两种情形。一种是公司对于正常经营中涉及的一些有义务披露的重大事项未予披露,公司经营活动本身并不违规,这类重大事项包括签订重大合同、发生诉讼纠纷、业绩发生大幅变化、持股 5% 以上的股东持股状况发生变化等。另一种是上市公司发生的一些业务与公司正常的经营活动无关,或者是行为本身已经存在违规或不当行为的嫌疑,因此上市公司选择不予披露,这是一种"错上加错"的行为。常见的几种情况有关联交易不披露、违规担保不披露、占用公司资产不披露、擅自改变资金用途不披露等。

关联交易是指上市公司和与其存在附属关系或共同控股关系的关联方发生的交易。关联交易一方面可以降低交易成本,有利于公司的发展,但另一方面往往是公司管理层或大股东掏空上市公司,损害中小股东利益的主要手段,因此监管部门要求关联交易应当及时披露。在许多上市公司不当行为案例中，上市公司并未披露发生的关联交易，而事后往往发现这些关联交易中上市公司本身并未获得益处，但大股东却利用资源优势掏空公司，获得私人收益，损害债权人和中小股东利益的倾向十分明显。

违规担保是指上市公司在未获得董事会或股东大会通过的情况下，擅自以上市公司资产为抵押物，为其他经济主体提供担保。由于未通过股东大会决议，自然信息也就无法公开。提供担保意味着将上市公司的所有股东置于承担违约责任的风险之下，股价可能产生剧烈波动，因此很多上市公司选择不予披露，构成不当行为。

占用公司资产是指上市公司将公司资产用于与公司经营无关的活动。占用公司资产也是大股东掏空上市公司的常见手段，因为占用公司资产方常常就是公司的大股东。典型案例如猴王股份有限公司自1994年7月以来，长期借款给大股东使用，金额达8.91亿元；1998年4月以来，为大股东提供巨额担保，金额达2.44亿元。以上行为严重影响了公司的正常经营，但是公司一直未对上述事项进行及时的披露。

擅自改变资金用途是指：一般上市公司在首次公开发行或再融资时，会明确承诺资金的用途、使用方式等，如果改变资金用途需要通过董事会和股东大会决议，但一些上市公司未通过董事会或股东大会决议，就擅自改变资金用途，构成不当行为。典型案例如2001年华信股份募集的9906万元配股资金到位后，未实施承诺的"合资设立沈阳达尔飞智能交通有限公司"项目，项目资金一直被控股股东华信集团占用；配股资金未按承诺用于建设信息互联网站，而是用于购建武汉科技王大厦房产。华信股份募集的9906万元配股资金中实际被控股股东华信集团累计占用了9061.13万元。

重大交易不披露。《证券法》第五章第八十条规定，上市公司股东持有股票在5%以上或股票交易规模达到公司总股本的一定比例时，按照相关法规应当予以披露，有些上市公司由于不披露而构成不当行为。在很多情况下，股东重大交易不披露往往是上市公司为了方便操纵股价或是出于其他目的，会损害广大外部投资者的利益。

三、延迟披露

延迟披露与误导性陈述类似，一般是上市公司披露的信息内容没有问题，但由于披露的时间不够及时，构成不当行为。信息作为资本市场上最为核心的要素，不仅其真实性至关重要，及时性同样重要。延迟披露主要有以下三种类型。第一种是延迟披露关联交易、违规担保、占用公司资产、擅自改变资金用途等情形，行为本身构成不当行为，上市公司虽然最后予以了披露，但不够及时。第二种是延迟披露定期报告。按照《证券法》和沪深交易所上市规则的规定，上市公司有义务在规定的时间发布公司的年报、半年报、季报等公开信息。一般在应当披露的时间，市场会对公司予以特别的关注和预期，并根据定期报告披露的状况做出反应。而如果信息披露不及时，很容易导致提前获取信息的内部人士进行内幕交易，承担损失的则是广大的外部投资者。第三种是延迟披露业绩预告。沪深交易所均规定，当公司年度业绩为亏损、实现扭亏为盈或较上一年度同比变化超过 50% 时，应当在会计年度结束后一个月内发布预告，对于该类情况，少数公司直接未予披露，有大量公司逾期进行预告。显然，需要发布业绩预告的情形可能引起巨大的市场反应，公司延迟披露往往是担心发布业绩预告后引起公司股价的大幅波动。再有，如果上市公司披露业绩预告后，又预计本期业绩与已披露的业绩预告情况差异较大的，交易所规定应当及时刊登业绩预告更正公告，但同样有大量的上市公司不能及时发布更正公告。例如，神州数码公司于 2007 年 10 月 29 日刊登预计 2007 年度亏损 6000 万元至 8000 万元的公告，又于 2008 年 4 月 19 日刊登预计 2007 年度亏损约 2.5 亿元的公告，业绩预告更正公告的披露时间严重滞后。显然，两次业绩预告的数据相差极大，会引起市场剧烈的波动，上市公司的行为构成不当行为。

四、违规交易

除了信息披露过程中的不当行为外，股票违规交易也是上市公司不当行为的主要形式。按照购买股票的投资者类型，违规买卖股票的不当行为可以分为两类。一类是内部人不当行为，一般是指公司高管违规买卖股票的情形。按照《证券法》的规定，持股5%以下股东的持股变化不需要进行信息披露，但是对于上市公司高管买卖股票予以一定的限制。主要是由于这一群体对于公司状况有更详细、更及时的了解，这一规定是为防止其凭借信息优势进行内幕交易，而让外部的中小投资者承担损失。然而，我国上市公司存在很多的高管违规买卖股票的情形。典型的案例是2009年国风塑业的公司监事在公司半年度报告披露前一个月内以5.88元买入2000股本公司股票，构成违规。按照《证券法》的规定，报告披露前的一个月为敏感期，公司高管，包括董事会和监事会成员不得买卖股票。另一类是外部人违规买卖股票的行为，这也是大部分内幕交易和操纵股价的形式。虽然购买股票的是外部人，但是泄露内幕消息的往往是公司的内部人士，内部人士很可能共享收益，因此这也属于上市公司不当行为的范畴。外部人不当行为的另一种情况是利用资金优势，通过短线交易操纵股价，该类行为造成股价的大起大落，最后买单的往往也是广大的外部中小投资者，因此也构成不当行为。

需要指出的是，并不是所有的违规买卖股票行为都构成不当行为。例如：2010年海虹控股的控股股东中海恒由于公司员工操作失误买入公司股票20000股，成交均价11.35元/股，构成短线交易违规而被监管方予以公开披露；深振业A某高管本打算出售其持有的本公司股票220000股，该部分股份按照20000股/笔的方式分11笔出售，但在出售股票过程中，由于操作失误，1笔交易误将"卖出股票"操作为"买入股票"，以7.06元/股的价格买入本公司股票20000股，构成短线交易违规，其获利需上缴公司。按照本书对上市公司不当行为的阐释，实施主体的主观故意性是不当行为的核心构成要件之一，在以上案例中，股票的交易主体并不存在这种主观上的故意性，且买卖金额较少，难以对公司产生重大影响，虽然被证监会及交易所按照规定予以公开通报，但并不构成不当行为。

此外，上文提到的违规担保、占用公司资产、擅自改变资金用途等情形本身已构成不当行为，但是在这些案例中，绝大部分上市公司均同时发生隐瞒披露、延迟披露的情形，所以本书为了归类方便而将这些行为归为信息披露类不当行为，其实这些行为本质上属于非信息披露类不当行为。

第三节　公司不当行为相关理论及本书逻辑构建

围绕公司违规（Corporate Misconduct）、财务舞弊（Fraudulent Financial Reporting）等概念，国外学者较早进行了研究，并且提出了一系列理论，用来解释这些现象，主要有 GONE 理论、冰山理论、不当行为三角理论、舞弊风险因子理论、理性不当行为理论、委托代理理论等。

一、GONE 理论

GONE 理论是对舞弊动因分析的代表性方法之一。"GONE"的四个字母分别代表舞弊动因的一方面，其中，"G"为"Greed"（贪婪），"O"为"Opportunity"（机会），"N"为"Need"（需要），"E"为"Exposure"（暴露）。贪婪和需要是个人因素，机会和暴露则是公司治理因素，这四个因素相互影响、相互作用，共同决定了舞弊行为是否会发生，即当舞弊者本身具有贪欲，并且需要达到某一特定目的或获取不当利益时，只要有机会，并认为被发现的可能性不大或成本不高，就一定会进行舞弊。

具体而言，可以从三个层面来理解 GONE 理论。首先是个体主观层面，"贪婪"是行为主体自身的一种特征，是一种心理因素，"需要"体现为舞弊主体迫切想要达到某种目的，实际上构成了舞弊行为的动机。其次是内部环境层面，"机会"同舞弊者的权力有关，主要取决于舞弊主体的内部环境，它的存在给舞弊带来了一定程度的可行性和便利条件。最后是外部环境层面，"暴露"主要取决于舞弊主体的外部环境，主要由两部分组成：一是舞弊行为被他人曝光的可能性；二是舞弊主体受到惩罚的力度和性质，它代表着舞弊行为的成本，并将影响舞弊主体是否做出实施舞弊的决定。

我们可以通过具体案例来理解"GONE"四因素之间的密切关系。例如，管理层产生了牟取巨额财富等"贪婪"（G）欲望，或希望实现公司上市、增发股票等业绩目标以间接增加自身的经济利益，舞弊的"需要"（N）也由此产生；加上管理层在公司拥有特殊的地位和权力，使其能较容易地获得舞弊的"机会"（O）；而"暴露"（E）则主要取决于公司内外部监管机构的检查监督能力以及发现后的处罚力度，如果被发现的概率较小，成本远低于舞弊所带来的利益，那么出于侥幸心理，经过内心的权衡，管理层很可能会陷入舞弊的深渊。正是由于贪婪、需要、机会、暴露这四个风险因素的相互作用，管理层舞弊行为才得以实施。

GONE 理论模型如图 2.1 所示。

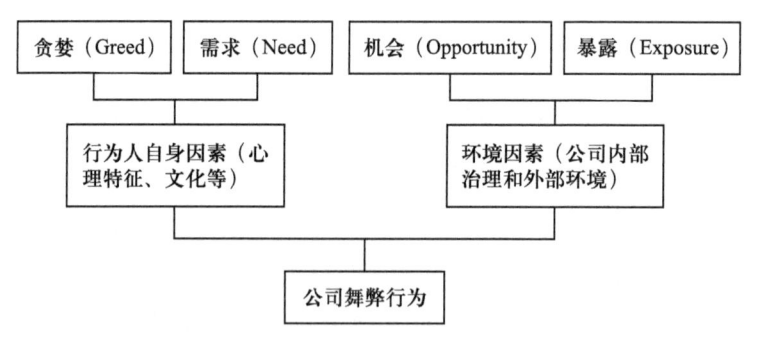

图 2.1 GONE 理论模型

二、冰山理论

冰山理论把舞弊的原因比作海上的一座冰山，将舞弊的原因划分为海平面以上和海平面以下两部分。露出海平面的部分是舞弊结构方面的考虑因素，它是舞弊发生的表面原因。这部分内容很容易被发现和察觉，主要包括内部控制、治理结构、经营情况和目标、财务状况等。处在海平面以下的部分是舞弊行为方面的考虑因素，它是舞弊发生的根本原因。该部分内容并不是显而易见的，特别是当被行为主体故意隐瞒和掩饰时，则更加难以察觉，它主要包括舞弊主体的价值观、道德水平、贪婪程度、诚信观等。根据该理论，在海平面之上的仅仅是舞弊考虑因素的一小部分，而导致舞弊的关键因素是行为方面的，真正起主导作用的部分在海平面以下。因此，在研究舞弊时应结合结构和行为两方面的因素加以考虑，并重点关注行为方面的因素，它是舞弊发生的最根本动因。

冰山理论与 GONE 理论实际上一脉相承，同样将舞弊的影响因素分为内外部可见的因素和行为主体的不可观察的因素。但是冰山理论在可观察因素部分更加强调企业内部治理因素，对于外界环境的关注比较少。

冰山理论模型如图 2.2 所示。

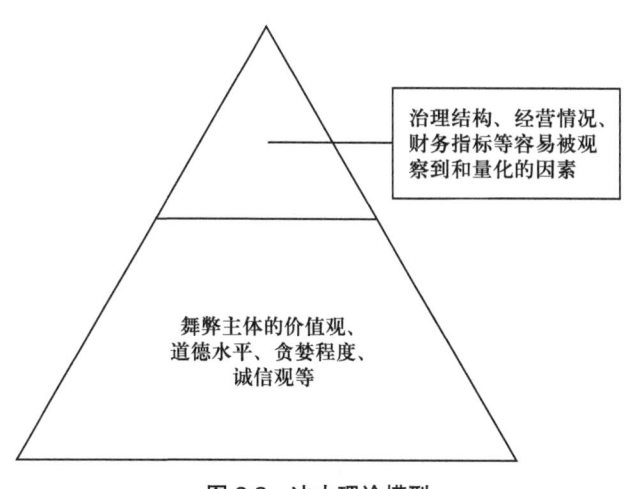

图 2.2 冰山理论模型

三、不当行为三角理论

不当行为三角理论认为，当具备压力、机会和合理化三个因素时，企业管理者实施不当行为的倾向就会出现。这个理论同样将不当行为的影响因素分解为内外部因素来探讨，并增加了个人道德因素。首先，行为人有内在的不当行为动机，即由于财务或者社会环境带来的压力，管理者或员工会产生不当行为动机；其次，行为人具有实施不当行为的机会，即公司内部控制或管理布局中存在漏洞；最后，行为人的道德价值取向是决定不当行为是否会真实发生的关键，即行为人能否合理化其不当行为，道德水平高则不容易合理化，也就不容易发生不当行为。当企业管理者或员工实施不当行为时，上述三个条件是同时存在且相互关联的，缺一不可。进一步地，将压力、机会和合理化三方面的因素进行整合后发现，不当行为三角理论仍然从企业内外部因素两个层面来考察此问题，但是相较于 GONE 理论和冰山理论，不当行为三角理论的视角更为微观，更加强调个人特质和心理特点，同时结合企业所受到的外部环境压力以及企业治理因素来判断企业是否会实施不当行为。

不当行为三角理论模型如图 2.3 所示。

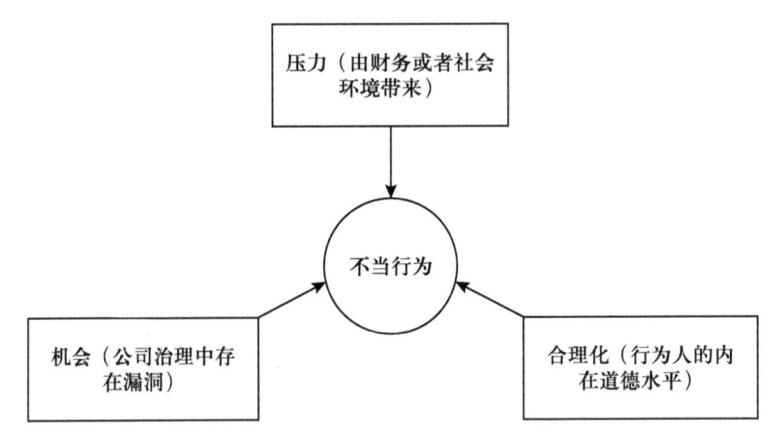

图 2.3　不当行为三角理论模型

四、舞弊风险因子理论

舞弊风险因子理论是在 GONE 理论的基础上发展形成的，是迄今最为完善的关于企业舞弊风险因子的学说。它把舞弊风险因子分为一般风险因子与个别风险因子。一般风险因子是指由组织或实体来控制的因素，包括舞弊的机会、舞弊被发现的概率以及舞弊被发现后舞弊者受罚的性质和程度。个别风险因子是指因人而异，且在组织控制范围之外的因素，包括道德品质与动机。当一般风险因子与个别风险因子结合在一起，并且舞弊者认为有利时，舞弊就会发生。该理论与 GONE 理论一脉相承，核心思想就是舞弊行为的发生需要同时具备内部与外部因素。内部因素是行为主体的特质性因素，既包括企业治理情况，也包括行为人自身的特征。外部因素则是具有共性的环境因素，包括社会监督和法治水平等。

舞弊风险因子理论示意图如图 2.4 所示。

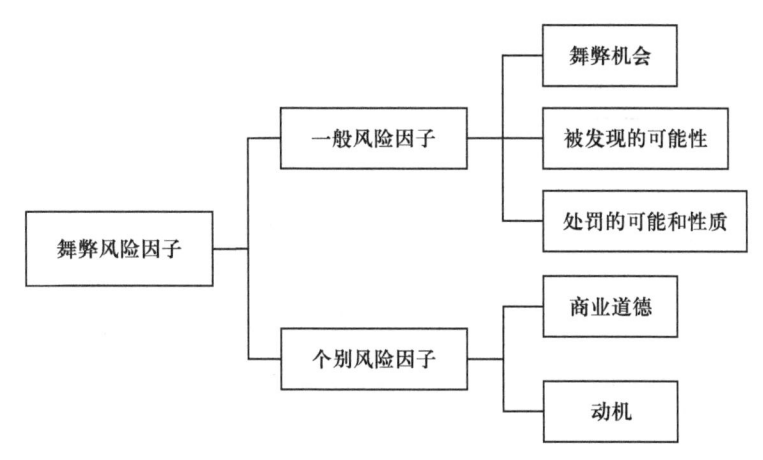

图 2.4　舞弊风险因子理论示意图

五、理性不当行为理论

美国经济学家、诺贝尔经济学奖得主 Gray Becker 提出了理性不当行为理论。Becker（1968）指出，一个人之所以犯罪，是因为预期可以从犯罪行为中获得收益。犯罪是行为人对犯罪行为未来收益和成本综合考量的结果，只有当犯罪的预期收益超过其预期成本时，行为人才会从事犯罪行为。理性不当行为理论认为，不当行为发生的根源在于行为人的理性预期，从减少不当行为发生的角度来说，一方面要提高发现或稽查不当行为事件的可能性，另一方面要加大不当行为被发现后的处罚力度。当制度设计达到最优的时候，即使不需要监管部门，也完全可以从法律层面控制不当行为。不同于前面几种理论从内外部机会、可能性的视角进行分析，这一理论是从收益－成本权衡的视角来分析，因而在近年来的国内外研究中受到较多的关注。该理论将行为人假定为理性人，具有同质性，影响不当行为发生的关键因素在于公司治理层面和社会环境层面，也就是说，与不当行为三角理论相比，理性不当行为理论的视角更为宏观。

理性不当行为理论示意图如图 2.5 所示。

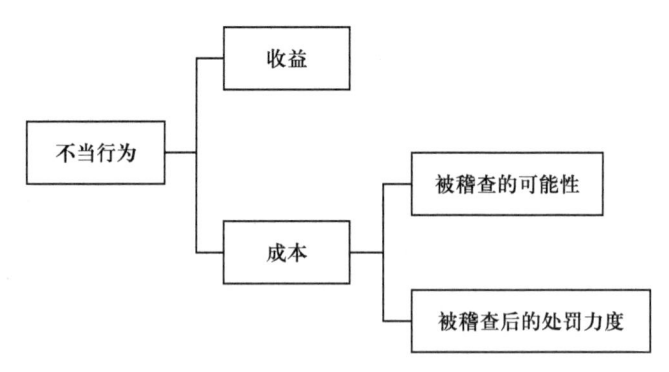

图 2.5　理性不当行为理论示意图

六、委托代理理论

委托代理理论起源于 20 世纪 30 年代，是制度经济学契约理论的主要内容之一，并非专门针对公司不当行为或者违规行为的理论解释。委托代理关系的存在是基于"专业化"的兴起，委托方和代理方存在相对优势。但在委托代理关系中，委托人与代理人的效用函数不一样，且存在信息不对称，这必然导致两者的利益存在冲突，如果缺少有效的制度安排，代理人的行为很可能最终损害委托人的利益。研究者从这一角度出发，发现委托代理问题的存在是公司实施不当行为的潜在原因。因此，众多研究者以该理论为基础，围绕企业内部治理因素展开了对公司违规相关行为的研究，企业内部治理因素包括股权结构、薪酬激励、大股东股权质押等。依托该理论展开的研究，视角主要聚焦在企业治理因素层面，并且从信息不对称的角度切入。

七、本书逻辑构建

以上六种与公司不当行为相关的理论是该领域研究的主要逻辑出发点，但绝大多数理论只是从抽象的角度阐释违规等不当行为发生的内在驱动因素，只有冰山理论为实证研究提供了相对清晰的指引。并且，不同的理论侧重点不同，或聚焦于企业层面，或着眼于外界环境，少有理论将所有可能的驱动因素囊括在一个框架之内。虽然这些理论为我们理解欺诈、舞弊等不当行为提供了独特的视角，挖掘了不当行为发生的内在机理，但是距离指导实证研究还有着较远的距离。

基于此，本书首先通过仔细剖析和综合以上经典理论，试图提出指导该领域实证研究的理论框架。经过梳理后发现，从理论上来讲，影响公司不当行为发生的关键因素包括两个层面，即不当行为主体内部因素和不当行为主体外部因素。也就是说，不当行为的发生需要至少满足两个条件，一方面是行为主体自身有内在需要，另一方面是外界恰好能够提供这样的机会和可能性。这两方面的因素既相互独立，又相互关联、互为补充。在这种理论思想的指导下，本书提出公司不当行为三因素理论。该理论认为，公司不当行为的发生与三方面的因素有关，分别是社会环境因素、公司治理因素和行为人的内在特征因素。社会环境因素决定了不当行为事件是否容易被稽查以及被稽查后的处罚程度，公司治理因素决定了是否存在实施不当行为的机会和空间，而行为人自身的心理特征、文化背景等则决定了其实施不当行为的内在动机是否强烈。具体而言，每一个层面都囊括了难以穷尽的细分因素，但所有因素都归属于这三类因素。本研究综合考虑现实性、代表性和可行性，在每一个层面选取一到两个影响因素进行研究。

首先，社会环境因素能够决定公司不当行为是否容易被揭露以及被揭露的后果，因而会影响公司是否实施不当行为。本研究从政府的行为、市场力量以及监管环境等方面，讨论社会环境因素对公司不当行为的影响。第一，经济政策不确定性是经济不确定性的一种，近年来表现明显，面对复杂多变的国内外形势，政府的经济政策也表现出了更强的不确定性，调整相对频繁，这会在一定程度上影响企业的预期，促使企业滋生"浑水摸鱼"的思想，认为实施不当行为不易被发现，可能倾向于实施不当行为。第二，法律是制裁不当行为的有力武器，是正式的监管制度。良好的法治环境能够对不当行为进行有效震慑，使得实施不当行为面临更为严重的后果。但是从现实来看，尽管法治建设稳步推进，但公司不当行为仍然频繁发生。因此，有必要深入探讨法治环境对公司不当行为的具体影响，为打造有效的监管环境提供参考依据。

其次，公司治理因素主要聚焦于公司是否拥有一个强有力的治理结构，能否实行有效的监督和制衡机制，减少公司实施不当行为的机会。公司治理被认为是建立一种机制，来保证特定人员履行自身职责以尽可能减少代理问题所引发的后果，其遵循的一条重要原则就是激励相容，主要途径包括股权结构、薪酬安排、董事会规模、独立董事制度、董事长职责、企业社会责任承担等。在公司治理层面，企业社会责任承担是当前的热点话题，尤其是在推进共同富裕的阶段，企业承担社会责任将成为越来越普遍的一种公司行为，那么这种关乎道德层面的企业行为能否有效抑制不当行为，也应当是我们关心的重要问题。

最后，高管特征因素包括高管团队的特征、高管心理特质、高管社会网络关系、高管文化背景等。行为金融学的兴起，促使越来越多的研究者从行为人的人口统计学特征、心理特征、个人经历等角度来研究公司不当行为。由于高管特质是不易被量化观测的指标，该领域的研究结论仍然有诸多存疑之处。在审计领域，通常采用"红旗标志"（Red Flags）来识别可能发生的欺诈事件，有较大自主权并且盛气凌人的高管团队被认为是公司可能存在财务不当行为的标志之一。本研究从高管团队过度自信的视角，利用上市公司数据，实证检验过度自信的高管团队是否更倾向于实施不当行为，以验证"红旗标志"原则的适用性。

第四节　中国上市公司不当行为概述

根据国泰安上市公司违规行为数据库的记录，从1994年10月20日起，至2021年3月26日止，上市公司共发生违规行为事件8820起。根据前文对上市公司不当行为定义的讨论以及上市公司不当行为与违规的区别，笔者剔除掉1647起虽然违规但是不构成本研究所指的不当行为的案例，剩余7173起，并对这些不当行为事件的特点进行总结描述。

（1）上市公司不当行为的类型。上市公司不当行为总体分为虚假披露、隐瞒披露、延迟披露和违规交易四类。虚假披露主要有虚构利润、虚假陈述和虚列资产三种具体类型，违规交易主要包括违规买卖股票、操纵股价和内幕交易三类，大部分违规担保、擅自改变资金用途等不当行为往往与隐瞒披露或延迟披露同时出现。表2.1列出了四种不当行为类型和具体不当行为的分布状况。从大的不当行为分类来看，虚假披露的发生次数最多，达到了3091起，违规交易紧随其后，达到1940起，隐瞒披露和延迟披露则超过1500起。从具体的不当行为来看，虚假陈述的出现次数最多，然后是违规买卖股票，分别达到了2941起和1746起，合计占比约为60%，紧随其后的是占用公司资产、违规担保、虚构利润。

表2.1　中国上市公司不当行为的主要类型和具体行为描述

不当行为类型		具体不当行为	
虚假披露	3091	虚构利润	727
		虚假陈述	2941
		虚列资产	152
隐瞒披露	1530	占用公司资产	974
		违规担保	736
		关联交易	178
延迟披露	1625	擅自改变资金用途	300
		延迟披露定期公告	46
		延迟披露业绩预告	128

续表

不当行为类型		具体不当行为	
违规交易	1940	违规买卖股票	1746
		操纵股价	32
		内幕交易	223
总计	8186	总计	8183

（2）上市公司不当行为事件发展速度。表2.2列出了1994年至2020年我国上市公司不当行为事件总数和不同类型不当行为事件的发生情况。从第一列不当行为事件总数来看，我国资本市场在刚进入21世纪时，进入一个不当行为事件发生的高峰期，1999年仅发生不当行为事件74起，而2000年至2004年平均每年不当行为事件在150起以上，进入2005年后不当行为事件的数量略有回落，可能与2005年至2007年的牛市有关。根据Povel等（2007）的研究，经济周期与上市公司不当行为存在相关性。在经济处于顺周期时，投资者会放松对上市公司的监管，即使发现公司有问题，也会认为在顺周期下只是暂时的，公司终将步入正常发展的轨道。因此，上市公司被揭露的概率较低，但并不能因此而认为当时实际发生的不当行为事件较少。从2007年起每年上市公司发生的不当行为事件开始快速增加，2008年已超过200起，2012年超过400起，到2018年超过600起，这可能是后国际金融危机时期金融衍生品的快速发展和现代会计制度复杂性的提高所致。由于不当行为事件往往在发生当时不会被发现，而是在其后的两年左右被揭露，因此，2020年不当行为事件总数较上一年有明显下降。

表2.2 不当行为总体样本和四种主要类型的时间分布

年份	不当行为	虚假披露	隐瞒披露	延迟披露	违规交易
1994	12	9	1	1	3
1995	15	13	1	0	3
1996	33	28	2	2	5

续表

年份	不当行为	虚假披露	隐瞒披露	延迟披露	违规交易
1997	48	38	5	4	8
1998	60	42	12	7	6
1999	74	49	18	12	5
2000	132	61	39	37	9
2001	197	72	61	76	16
2002	173	73	65	55	11
2003	158	72	60	43	12
2004	159	82	73	35	6
2005	120	63	56	22	6
2006	129	65	44	31	12
2007	178	83	37	42	41
2008	209	87	45	43	62
2009	253	105	43	51	83
2010	253	104	37	58	73
2011	353	148	51	86	92
2012	403	192	74	77	97
2013	434	169	68	104	145
2014	393	135	64	99	138
2015	539	181	70	133	221
2016	542	204	99	156	140
2017	583	268	132	121	157
2018	658	311	166	140	178
2019	661	285	146	110	247
2020	404	155	61	80	164
总计	7173	3094	1530	1625	1940

（3）不同地区上市公司不当行为事件数量差异较大。从全国平均水平来看，尽管不当行为事件数量呈现递增趋势，但是相较于上市公司总数量，不当行为事件的发生率在降低。从我国不同地区上市公司不当行为的发生情况来看，东部地区的不当行为发生率低于全国的不当行为发生率，而中部、西部和东北地区不当行为发生的可能性高于全国平均水平。另外，东部地区和中部地区的不当行为发生率大致呈现逐年下降的趋势；而西部和东北地区的不当行为发生率大致呈现波动中缓升的趋势（见表2.3）。

表2.3 不同地区上市公司不当行为事件数及发生率

年份	不当行为公司	东部地区不当行为公司	中部地区不当行为公司	东北地区不当行为公司	西部地区不当行为公司
2010	219（12.12%）	128（10.75%）	35（12.96%）	17（19.54%）	39（15.06%）
2011	354（17.27%）	211（15.39%）	66（21.78%）	18（18.75%）	59（21.07%）
2012	434（19.61%）	276（18.41%）	75（23.58%）	19（18.63%）	64（21.77%）
2013	409（17.89%）	255（16.42%）	72（22.22%）	23（22.12%）	59（19.34%）
2014	410（17.04%）	244（14.86%）	80（23.95%）	20（18.35%）	66（20.56%）
2015	468（18.07%）	312（17.47%）	68（19.26%）	20（17.24%）	68（20.30%）
2016	439（15.29%）	291（14.44%）	59（15.86%）	14（11.97%）	75（20.44%）
2017	426（13.11%）	301（12.84%）	60（15.00%）	15（13.04%）	50（12.82%）
2018	483（14.40%）	328（13.56%）	63（15.07%）	19（16.38%）	73（18.11%）
2019	616（16.19%）	425（17.37%）	78（16.67%）	24（16.67%）	89（18.39%）

注：括号内的数字为涉嫌实施不当行为的上市公司数量占上市公司总数的比例。

（4）同一起事件往往多种不当行为方式并存。从表2.1总计一栏可以看出，四种主要的不当行为类型总计8186起，具体不当行为总计8183起，都远远超过7173起，这是因为在大量的案例中上市公司并非只实施了一种不当行为，而是同时实施了多种不当行为。在有些案例中，不同的不当行为之间互为关联。比如上市公司本身已经发生了违规交易、占用公司资产、擅自改变资金用途等情况，由于自知已经构成不当行为，因此在信息披露时选择隐瞒披露或者延迟披露。而在有些案例中，几种不当行为之间干脆没有关联。例如，既在财务报表的披露中作假，又同时进行违规交易或实施其他不当行为等。

（5）同一家公司往往反复实施不当行为。从统计数据中可以看到，所有不当行为事件总共涉及 2409 家上市公司[①]。而发生不当行为事件超过 1 起的上市公司有 1755 家，超过一半的上市公司都存在"一犯再犯"的情况。表 2.4 列出了发生不当行为事件总数前 30 名的上市公司。

表 2.4 发生不当行为事件总数前 30 名的上市公司

上市公司代码	不当行为事件总数	上市公司代码	不当行为事件总数	上市公司代码	不当行为事件总数
000663	22	000820	15	002072	14
600317	18	000566	14	600145	14
600599	18	000605	14	600339	14
600735	18	000613	14	600656	14
000409	17	000661	14	600671	14
600385	17	000693	14	600751	14
000010	15	000716	14	600766	14
000403	15	000762	14	000048	13
000408	15	000996	14	000526	13
000691	15	002072	14	000592	13

（6）不当行为惩处力度较轻，新《证券法》加大了违规成本。2020 年 3 月，新《证券法》正式实施，较之上一版《证券法》，其中一个主要变化是显著提高了证券违法违规成本。对于欺诈发行行为，从原来最高可处募集资

[①] 按照公司代码统计，未考虑借壳上市前后为不同公司的情况，因此实际涉及的公司数量比 2409 更多。

金百分之五的罚款，提高至募集资金的一倍；对于上市公司信息披露违法行为，从原来最高可处以六十万元罚款，提高至一千万元；对于发行人的控股股东、实际控制人组织、指使从事虚假陈述行为，或者隐瞒相关事项导致虚假陈述的，规定最高可处以一千万元罚款；等等。同时，新《证券法》对证券违法民事赔偿责任也做了完善。如规定了发行人等不履行公开承诺的民事赔偿责任，明确了发行人的控股股东、实际控制人在欺诈发行、信息披露违法中的过错推定、连带赔偿责任等。而在此之前，主要的惩戒措施是警告、谴责、责令整改、通报批评、罚款等。其中罚款顶格60万元，这与不当行为所带来的巨额收益相比，微不足道，也激发了行为人实施不当行为的积极性。而且，罚款多由公司承担，对于个人的实际处罚较少。新《证券法》实施之后，叠加2021年1月中国证监会发布的《首发企业现场检查规定》，从2021年3月1日起，对于律师、会计师等中介机构人员在证券发行中出具虚假证明文件的，最高判处10年有期徒刑，而欺诈发行最高判刑15年。随着监管的日益严厉，申请终止IPO审核的企业陡然增多。数据显示，2021年1—2月科创板和创业板共有53家IPO企业申请终止；自3月1日刑法修正案正式施行以来，11天共有15家企业终止IPO，其中创业板有9家撤回并终止，科创板有3家终止，1家终止注册。除个别是因为被否以外，绝大多数企业属于撤回申报材料的类型。

　　新法对违法违规的惩戒力度大大提高，但其对上市公司不当行为的震慑效果还需要时间来检验，未来可以就新法的实施效果进行详细验证。

第三章 文献综述

21世纪初,被奉为效率和诚信典范的美国资本市场,先后爆出了令世人震惊的安然公司、世通公司等一系列公司不当行为丑闻,令人们对其诚信体系产生巨大的怀疑,并引发了国外学术界的深刻反思。此前,国外学术界普遍认为不当行为是少数质量较差的上市公司采取的极端行为,对其进行的研究主要局限于探索公司不当行为的原因。然而,安然事件的爆发让国外学术界开始重新审视公司不当行为现象。Cumming和Johan(2013)认为,在美国上市的公司每年有2%~5%因不当行为受到美国证监会的调查。Dyck等(2013)预计,美国有高达14%的上市公司实施了不当行为。一家公司实施不当行为的成本占其市值的20%~38%,美国每年总计约有3800亿美元的价值损失。公司不当行为现象已成为美国资本市场面临的重大伦理问题。

近十几年来,国外学术界从多个角度对公司不当行为展开了研究。从研究广度看,从单一的不当行为原因研究扩展到不当行为的动机、影响、稽查、监管等多个方面的研究,使该问题的研究形成了涵盖经济学、管理学、社会学、法学、统计学、心理学等多个学科的跨学科研究体系;从研究深度看,对于公司不当行为的原因,学术界的研究焦点不再局限于先前的多因素理论和模型,转而深入探讨诱发公司不当行为的决定机制——管理层激励,尤其是对具体的激励手段和方式(绩效薪酬契约)进行了重点剖析;从研究范式看,得益于安然公司等一大批公司不当行为事件曝光所提供的数据样本,公司不当行为研究从过去较多的理论分析迅速拓展到理论模型与经验分析相结合。

本书拟对国外学术界近十几年的研究进展进行梳理,以期能对国内相关研究、监管层决策提供一定的借鉴。由于公司不当行为涉及经济学、法学、心理学等多个领域，因此目前学术界对其并没有形成统一明确的定义。Bonini 和 Boraschi（2014）认为，所有不当行为活动的共同本质是不诚实与欺骗，具体表现是与欺骗、贿赂、伪造、勒索、腐败、盗窃、阴谋、贪污、挪用、虚假陈述、隐瞒重要事实及共谋相关的一些行为。从经济学的角度看，公司不当行为是代理人以获得个人收益为目的而实施的完全理性行为，且代理人预期不当行为给公司造成的损失高于收益。美国注册舞弊审查师协会（The Association of Certified Fraud Examiners，ACFE）将"公司不当行为"定义为利用职业便利故意误用或滥用组织的资源，有意错报或漏报重要事实，或者提供误导性会计数据以达到私人目的的行为。Dyck 等（2013）认为，公司不当行为是由公司或公司管理层实施，导致公司蒙受损失或者受到监管当局处罚的不当行为（Misconduct），典型的不当行为包括对公司真实状况的虚假陈述、公布带有欺骗性的审计报告、操纵股价等。本书梳理的文献主要涉及虚假报告（Misreporting）、虚假陈述（Misrepresentation）、利润操纵（违反会计准则的盈余管理行为）、信息操纵、股价操纵（通过发布虚假信息影响股价，而非直接利用持有的股票控制股价）等，本书将这些内容统一纳入公司不当行为研究的范畴。

第一节 公司不当行为动机的理论解释与实证检验

一、传统理论对公司不当行为动机的解释

资本市场中公司不当行为现象由来已久，长期以来国外学术界对公司不当行为发生的动机进行了多方面的探讨，提出了多因素动机、融资动机、盈利动机等方面的解释。

传统的多因素动机理论认为，公司不当行为的发生动机可归纳为个体风险因素和一般风险因素（Bologna 和 Lindquist，1995）。所谓个体风险因素，

是指不受监管制度控制的因素，例如道德品质等；而一般风险因素则是可控的，比如不当行为被发现的概率、不当行为实施者被惩罚的力度等。融资动机理论认为，公司热衷于实施不当行为主要是因为通过夸大公司的盈利和资产价值，可以获得有利的外部融资。Dechow 等（2011）的研究发现，美国证券交易委员会会计审计强制公告（AAER）数据库中涉及不当行为的样本公司，发生不当行为主要是在发行新证券的时候。Richardson 等（2006）发现，重新上市的公司债务水平较高，收益增长预期异常高，并推断出管理者操纵收益的主要动机是吸引低成本的外部融资。盈利门槛理论认为，当经理人面临达到收益阈值的压力时，比如分析师的收益预期，他们可能会倾向于操纵收益，尤其是在所有快速增长的公司都不可避免会经历的增长下降期间，当公司预期绩效下降时，经理人参与不当行为活动的动机会增强。

这些研究成果尽管对于后续研究具有重要的借鉴价值，但研究结论过于笼统、抽象，一方面很难解释近年来公司不当行为的国际普遍性和屡禁不止的现象，尤其是对安然等大公司的不当行为无法给出满意的解答，另一方面很难直接应用于实证分析，难以具体指导监管实践。因此，传统理论的研究框架逐渐为主流学者所摒弃。

在安然和世通等美国大公司不当行为丑闻中，集中暴露了公司经理人为获取高额薪酬，追逐自身利益而不惜操纵公司利润的行径。这使得研究者们把关注点聚焦到公司激励机制上，认识到以管理层薪酬契约为代表的管理层激励方式，已成为诱导上市公司实施不当行为，并导致公司不当行为活动的规模和危害程度今非昔比的最主要、最根本的原因。

二、绩效薪酬契约理论对公司不当行为动机的解释

现代公司理论认为，公司所有权和控制权的分离引发公司管理层的机会主义行为，产生委托代理问题。Jensen 和 Meckling（1976）认为，由于信息不对称、证实成本高昂等原因，解决委托代理问题的关键是设计一个最优契约。通常来讲，解决委托代理问题会采取监督和激励两种手段，然而，

对公司股东而言，监督管理层不仅成本高昂而且效果不佳，不如用激励手段激励管理层成本较低、有效。因此，设计最优契约的核心问题就演变成为如何设计最优薪酬契约。他们提出，应当将管理层的薪酬与公司业绩挂钩，通过设计合理、恰当的激励方式——绩效薪酬契约（Performance-based Compensation），赋予公司经理人以股权分享企业收益的权利，从而将经理人的利益与股东的利益紧密联系在一起，最大限度地减少经理人和股东的利益冲突，减少道德风险和逆向选择，降低代理成本。正是在这种理论的影响下，绩效薪酬契约逐渐成为现代公司解决委托代理问题的主要手段。在20世纪70年代前，美国标准普尔500指数中实施绩效薪酬契约的公司占16%，20世纪80年代该数字增加到26%，90年代增加到47%。21世纪初，美国超过90%的上市公司都对管理层实施了绩效薪酬的激励方式。

然而，绩效薪酬契约并非十全十美，它是一把"双刃剑"。一方面，由于对公司经理人越来越多地采取股票期权和其他股票报酬等股权激励方式，公司经理人和股东之间的利益趋于一致；另一方面，经理人的薪酬与股票挂钩可能促使经理人实施财务不当行为，对外出具存在错报的财务报表，以提高公司的盈利和股价，最终实现自身利益最大化。

1. 传统绩效薪酬契约理论：经理人行为外生

在早期的绩效薪酬契约理论中，经理人行为外生，即其行为模式由研究者事先假定。这种研究思路简单、抽象，结论清晰、明确，但是由于缺省了经理人内心博弈的过程，早期理论模型对现实的刻画较为粗糙。

Jensen（1986）意识到了绩效薪酬契约有可能引发不当行为问题，但他相信在市场完全有效的条件下，股价能够反映公司价值，只有当公司经理人股份占比过少，薪酬和会计报表又高度相关时，公司经理人才可能采取一些忽视公司长远利益，损害公司价值的行为。他认为，采取如此短视行为的公司经理人只是那些为数不多的不懂股票市场或者不在乎股票价格的经理人。

Stein（1989）对此提出异议。他认为，由于投资者对公司股票的估值是建立在公司现金流基础上的，因而公司经理人能通过干扰现金流来影响投资者的预期，从而达到影响股价，实现自身收益的目的。通常情况下，投资者会对公司经理人跨期安排现金流的行为有所预期，进而反映在股价上。但是在某些情况下，诸如公司面临被收购的威胁或者大股东要求套现股票的时候，公司经理人为了提高股价往往会采取短视行为，操纵公司现金流。而公司经理人的这种行为并不能为所有理性投资者所获悉，因而公司股价的信息含量降低，导致公司股票价格与实际价值背离。在任何时候，市场对公司经理人信息的了解都是不完全的，例如公司经理人的任期、公司经理人披露不实信息付出的成本以及公司经理人对风险的厌恶程度、对声誉的担心程度等。因此，市场无法准确知道公司经理人披露信息的动机，公司股价的信息含量也会降低，即公司经理人通过操纵股价来实现自身收益的空间增大。

2. 现代绩效薪酬契约理论：经理人行为内生

尽管上述研究很早就涉及了绩效薪酬契约对公司经理人行为的影响，但Goldman 和 Slezak（2006）、Peng 和 Röell（2008，2014）等对绩效薪酬契约与公司不当行为关系进行的系统化研究，通过将经理人行为内生化，才真正从理论上明确了绩效薪酬契约对公司不当行为的诱导作用，开创了这一领域研究的先河。

（1）Goldman 和 Slezak 模型。Goldman 和 Slezak（2006）认为，先前研究提出的投资者与公司经理人之间的信息不对称、投资者对公司经理人的理性预期等假设对后续研究具有重要的启发，但最大的缺陷是未能将公司经理人效用函数纳入模型。Goldman 和 Slezak（2006）首次引入公司经理人效用函数，建立了经理人蓄意披露虚假信息进而操纵股价的博弈模型。

博弈模型分为三期：第一期为初始期，公司的所有者与经理人签订绩效薪酬契约；第二期为中间期，公司的最终价值是不确定的，公司经理人效用函数的决策变量包括努力工作和操纵信息影响股价两种行为，这两种行为都会影响公司的短期股价，公司经理人根据股价获得相关收益；第三期中，公司的长期价值最终显现，并被股价正确反映，公司经理人获得剩余收益。公司股东在期初将公司经理人的最优化行为纳入预期，以最优化企业价值为目标设定一个最优的股价薪酬弹性或敏感度，并据此与管理层签订薪酬契约。这一基本思路将公司不当行为研究视为内生化的常态分析，而不像 Stein（1989）等将不当行为视为外生冲击（收购压力）等偶发情况下的结果，从而为后续研究提供了标准化的分析范式。模型为公司经理人的操纵行为设定了一个针对个人的惩罚成本，成本的高低取决于操纵行为被发现的概率和惩罚的力度。研究结论表明，当惩罚成本足够大时，公司经理人将不会选择操纵行为，但可能由于努力程度不足，导致企业价值并非最优。当惩罚成本不够大时，公司经理人努力程度提高，同时会实施操纵行为，但公司股东对此也有充分的预期。因此，一些力度更强的监管措施试图降低虚假信息的披露密度，虽然可能并不如愿，但是反而可以提高企业的价值。模型均衡的关键点是股价薪酬敏感系数，以及惩罚系数和公司经理人风险偏好。股价薪酬敏感系数的上升同时提高了公司经理人为提升企业价值而努力的程度和操纵股价的程度，股价操纵的提高程度可以因为惩罚成本的提高和公司经理人风险偏好的降低而部分抵消。这样，均衡的最优解是三者共同决定的结果。当市场存在部分"幼稚"的投资者时，由于其掌握的信息不完全，对操纵的程度不能进行充分的估计，因此导致股价薪酬弹性过高，公司经理人的操纵程度也相应更高。可见，以股权激励为基础的绩效薪酬契约既提高了公司经理人的努力程度，也导致了公司经理人的操纵行为。企业的所有人对此有充分的估计，最终签订的薪酬合同通过股价薪酬弹性的调整，试图在公司经理人的努力与操纵之间实现均衡，以达到企业价值最优化的结果。

（2）Peng 和 Röell 模型。Peng 和 Röell（2008，2014）延续 Goldman 和 Slezak（2006）的研究思路，将信号干扰模型的思想应用于以利润操纵为代表的公司不当行为的研究中，指出公司不当行为的本质是资源的期限错配：公司经理人将原本应当用于公司长期价值增长的资源转移到公司短期股价的维护上，导致不当行为深刻影响了公司的长期价值。Peng 和 Röell（2014）

得出了以下具有创新性的结论。①公司经理人操纵与利益实现的传导机制不仅要考虑股价薪酬弹性，还要考虑股价业绩弹性，即投资者对业绩报告的信赖度，参数设定的核心部分是操纵的不确定性（由公司经理人操纵程度的分布决定）。该研究进一步放松了投资者完全信息的假定，认为即使是非常理性的投资者也无法对公司经理人的操纵程度进行完全的估计，而只能以一个市场的平均水平对公司经理人的操纵程度进行预估。这样做的结果是：对于不诚实的操纵者，薪酬业绩弹性过高，加剧了操纵程度；而对于"勤恳老实"的公司经理人，由于他们无法说服投资者信任他们发布的报告，因而他们被置于更高的风险中，努力的程度则会降低。也就是说，Goldman 和 Slezak（2006）认为如果市场上存在足够多的理性投资者，不当行为尽管会出现，但大部分都在投资者的理性预期之内，而 Peng 和 Röell（2014）则认为不当行为超出预期的程度更加严重。另外，对于可能实施严重不当行为的公司经理人，如果投资者做出正确的反应，即降低股价业绩弹性，那么由于激励程度不足，反而可能导致更高的股价薪酬弹性。②股价薪酬弹性也被细分为两部分，一部分是短期股价薪酬弹性，另一部分是长期股价薪酬弹性（期权激励的弹性），结论发现最优的合约必须包括一部分期权，才可以保证公司价值的最优化，然而期权弹性又不可能过高，因为大量的远期激励会使公司经理人承受更高的风险，降低其努力程度，甚至直接导致合约无法继续。这一结论表明长期激励与短期股价薪酬弹性存在一种替代关系，适度的期权激励可以成为降低操纵程度的有效方法。最优的组合还依赖于众多因素，例如：公司规模，规模越大的公司，公司经理人用于努力的时间越是稀缺的资源，每单位时间的产出更高，期权弹性将更高，努力程度更高；公司经理人的风险厌恶程度，该系数越低，公司经理人越青睐于期权激励；股权限售的锁定期和期权行权期，期限的延长可以减少公司经理人的机会主义行为。③操纵最大的成本是时间成本，对于公司来说，公司经理人将原本应当用于努力的时间用于操纵所造成的损失通过生产函数最终会反映在公司价值上，而对于个人来说，与用于努力的时间一样，用于操纵的时间同样减少了闲暇，造成个人的负效用。因此，以时间成本反映操纵的成本，既简练精巧，又更加符合实际。在其他因素不变的情况下，公司经理人的个人成本同样影响最优均衡。比如年轻的公司经理人经济状况更差，时间禀赋更多，用于努力的时间成本更低，因此均衡的股价薪酬弹性更高，尤其是长期弹性。该研究最后将管理层的不当行为归纳为一个跨期选择问题，股价操纵行为实际上是将原本应当投入到能实现长期回报的项目的资源转移到了短期股价的维护上，本质上是一种资源配置的扭曲。操纵行为不仅是一个短期的"装饰"（Window Dressing）行为，而且会深刻地影响公司未来的投资和项目决策，进而影响公司的发展前景。

上述理论研究表明，与股价相关的绩效薪酬契约一方面提高了上市公司管理层的努力程度，另一方面又不可避免地提高了管理层对业绩报告的操纵程度。公司的所有者在与管理层签订薪酬契约时，需要考虑如何设计包含股价薪酬弹性等重要因素在内的绩效薪酬契约，以激励管理层努力工作，降低股价操纵的可能性。

三、绩效薪酬契约与公司不当行为关系的实证研究

1. 管理层激励与公司不当行为的关系

Burns 和 Kedia（2006）以 1995—2002 年标准普尔 500 指数成分股作为样本，将 CEO 的股权激励类型细分为期权组合、长期激励支出、工资和奖金等，实证结果发现 CEO 股票期权对股价的敏感度与公司不当行为有明显的正相关关系。也就是说，公司经理人更有动机通过财务不当行为来影响股价，从而增加个人财富。Burns 和 Kedia（2008）以 1997—2002 年出现财务重述的 224 家大公司为样本，对经理人执行股票期权的情况进行了实证检验，结果表明财务重述公司经理人行权的比例要远高于控制组公司经理人，而且公司经理人行权的数量与财务重述有正相关关系。

Denis 等（2006）以 1993—2002 年涉嫌实施不当行为的 358 家公司为样

本，采用 Logit 回归分析发现，公司不当行为被指控的可能性与高管股票期权激励强度之间存在显著的正相关关系。同时发现，外部股东持股以及机构投资者持股比例越高，公司不当行为被指控的可能性与期权激励强度之间的正相关关系越强。

Efendi 等（2007）在以上研究的基础上对股票价格大幅度高于执行价格的极度实值期权（Deep in the Money）进行了研究。选择的样本来自美国会计总署发布的报告，该报告发布了 1997—2002 年违反美国公认会计准则需要进行重述的公司，并指出这些公司的报告存在实质性错误。该研究运用了样本配对的方法，发现持有大量深度期权的管理层更倾向于发布虚假报告，实验组比控制组的股价超额收益率在重述事件发生前 12 个月内高 20%，期权的内在价值明显更高。在不当行为持续期，管理层仍然持有大量期权，但对于已经执行的期权，实验组获得的收益明显更高。

Johnson 等（2009）使用 1992—2005 年的数据，以 479 个涉嫌实施不当行为被股东提起集体诉讼的标准普尔成分股公司为样本，并通过对不当行为样本进行配对处理，为管理层激励与公司不当行为的关系分析构建了一个完整的框架。该研究发现，在不当行为持续期，管理层持有的股票或期权价值的变化显著高于对照组，表明不当行为公司具有明显较高的不当行为预期收益。不当行为的预期成本则考虑两个方面：一是不当行为公司在实施不当行为前三年的营业收入增长率显著高于对照组，这类快速增长的公司往往不易被人怀疑存在不当行为；二是不当行为公司的内部人占审计委员会的比例显著高于对照组。二者共同作用使得不当行为被曝光的概率较低，管理层也据此降低了不当行为暴露的预期概率，从而降低了不当行为的预期成本。该研究还发现，非限售经理人持股与公司不当行为高度相关，经理人持有的非限售股票份额越高，公司发生不当行为的概率越高，而经理人持有限售股票及锁定期的期权与公司不当行为关系不大。

Peng 和 Röell（2008）以 ExecuComp 数据库中的 2507 家公司为样本，其涉及 479 个集体诉讼案件，然后运用 Probit 模型对经理人薪酬体系中的基本工资、奖金、股票及股权激励与集体诉讼进行回归分析。回归结果表明，在控制相关变量的情况下，只有股权激励薪酬与集体诉讼呈显著关系。可执行的股权越多，经理人操纵公司股价的动机越强，越能促使诉讼的发生。

然而，其他一些学者的实证研究并不支持绩效薪酬对公司不当行为的形成具有诱导作用的观点。例如，Armstrong等（2010）选取2001—2005年Equilar数据库中公司层面的CEO股权激励数据作为样本，并运用倾向得分匹配方法构建控制组样本，采用Probit模型进行回归分析。回归结果表明，CEO股权激励薪酬与会计报告重述、股东集体诉讼之间没有正向关系。该研究甚至发现相比CEO股权激励薪酬较低的公司，股权激励薪酬较高的公司发生会计违规的可能性更低。Erickson等（2006）选取1996—2003年被美国证券交易委员会（SEC）起诉的50家公司作为样本，同时选择两组控制样本，一组与实验组公司特征相一致，另一组是未发生财务不当行为的公司样本。该研究以股票选择权相对于股价的敏感度为解释变量，运用Logistic模型进行回归。结果表明，公司不当行为与高管股权薪酬的敏感度不存在关系。存在不当行为的公司高管行使的股权数量没有显著高于不存在不当行为的公司。O'Connor等（2006）在研究CEO股权激励与公司财务报表欺诈的关系时，同时考虑CEO是否为董事会主席和董事会成员是否有股权激励两种情形。发现在不同情形下，CEO的股权激励变动与公司财务报表欺诈的关系不同。当CEO是董事会主席，且董事会成员拥有股权激励时，CEO股权激励的增加会降低公司财务报表欺诈发生的可能性；当CEO是董事会主席，且董事会成员不拥有股权激励时，CEO股权激励的增加会提高公司财务报表欺诈发生的可能性。

2. 团队激励与公司不当行为的关系

除了管理层激励外，有些研究者还考察团队激励与公司不当行为的关系。团队激励指对较低级别的管理者和对员工的激励。Hass等（2015）选择1994—2004年报告的美国大公司不当行为案例作为样本，以CEO的薪酬与其他管理人员薪酬的中位数的差距为指标衡量晋升激励，对其与公司不当行为的关系进行实证研究。结果显示，随着该指标的增加，公司实施不当行为的概率显著上升。通过对样本进行配对发现，不当行为公司的平均薪酬差距比非不当行为公司要大得多，说明不当行为公司的晋升激励显著强于非不当行为公司。该研究认为当中层管理者与CEO之间的薪酬差距过大时，中层管理者为了能够通过晋升获取更高额的报酬，倾向于篡改业绩表现；同时薪酬组合中期权占比过高会促使中层管理者更倾向于从事更加具有风险的项目与活动，以为自己谋求利益。

与晋升激励不同的是，Choi等（2009）的研究发现，公司对员工的团队激励会降低公司实施不当行为的概率。该研究综合考虑公司员工的退休待遇、健康医疗保险、裁员政策、现金分红政策、员工的参与度（是否对大部分员工给予股票、期权激励以及员工对公司决策的影响）以及工会的作用等各方面，构造了一个员工待遇指数，实证结果表明该指数越高的公司，出现不当行为事件的概率越低。通过进一步的具体分析发现，显著影响公司不当行为的主要是现金分红政策和员工的参与度，在员工人数普遍较少的高科技行业和员工跳槽概率较低的行业，这种效用更加显著。该研究认为，当公司的大部分员工拥有剩余索取权时，一方面员工会更加努力地工作，使得公司表现更好，因此不需要实施不当行为；另一方面由于员工拥有内部信息优势，当他们成为公司的所有者时，会及时阻止不当行为以维护自己的长期利益。

Call等（2012）对这一领域的研究做出了新的贡献。与以往关注高管股票薪酬的研究不同，Call等（2012）关注的是普通员工股票薪酬的使用。他们对1996—2008年涉及证券集体诉讼的514家公司进行研究发现，这些公司向普通员工授予了更多的股票期权。他们得出的结论是，存在不当行为的公司往往会授予普通员工数量更多或价值更高的股票期权，通过"贿赂"的方式以有效地避免不当行为的败露。因此，团队激励并不必然与公司不当行为的发生概率负相关。

可见，以绩效薪酬契约为代表的激励方式为管理层提供了将不当行为转化为个人收益的通道，构成了大量上市公司实施不当行为的动机。从理论模型的角度看，模型的建立以绩效薪酬机制为基本框架，但其他参数同样对公司不当行为具有重要影响，某个单一的参数在现实情境下可能是由众多复杂因素构成的，具体究竟是哪种激励形式的作用最为显著，在实证研究中还存在一定的分歧，有待进一步研究。

四、行为金融学对公司不当行为动机的解释

公司不当行为通常是由高管（特别是 CEO）实施的一种常见的组织不端行为。由于财务报告反映了高管的能力并且直接影响着他们的个人财富，所以高管有着强烈的动机去实施不当行为。而在众多高管之中，CEO 通常是公司不当行为的策划者。一方面，作为高管团队的领导者，CEO 在公司决策中起着重要的作用，同时往往有解雇其他高管的能力。CEO 的认知和行动能够影响公司的整体能力并最终影响公司的业绩表现。因此，当公司的业绩低于预期时，CEO 与其他高管相比更容易受到指责。所以，CEO 将会有更加强烈的动机和机会去实施公司不当行为。另一方面，因为不当行为是不道德的、违法的，自然是知道的人越少，风险越低，所以 CEO 不会让太多的人知道不当行为事件的发生。大部分高管并不会知道公司内部不当行为的实施，直到不当行为被揭露。如 Beasley（1996）发现，在美国发生的公司不当行为事件中，上市公司的 CEO 卷入了其中 72% 的事件，而公司的其他高管一般未被牵连其中。O'Connor 等（2006）则发现，CEO 与其他高管相比更倾向于通过欺骗性的财务报告来改善自身的财富水平。

行为金融学认为，目前对绩效薪酬契约的研究是建立在公司 CEO 是理性人这一传统假设的基础上的。然而，上述假设与现实并不相符，经理人存在过度自信、自恋和贪婪等非理性心理，尤其是倾向于高估自己的能力或者高估自己所拥有的知识和信息的准确性。在这种过度自信心理下，其做决策时的信念和偏好往往会出现系统性偏差。因此，公司高管个人特征与公司不

当行为的关系成为国外学术界一个新的研究领域。

1. 公司经理人的人口学特征

通常认为，关键的人口统计特征（如年龄、经验、性别、教育程度）对预测高层管理者实施不当行为十分重要。Troy 等（2011）证实了这种观点。他们选择美国 312 家实施不当行为的公司进行实证研究，结果显示年轻、缺乏职业经验的 CEO 和没有商业学位的 CEO 更有可能实施会计不当行为。该研究认为，年龄之所以会直接影响高管对不当行为的态度是因为年轻的 CEO 更能容忍风险，更容易受到外部压力的影响。相反，年龄较大的 CEO 认知发展水平较高，意识较强，生活经历较多，深知如果被发现，可能会面临罚款、声誉受损和监禁的风险，因此同他们相比，年轻的 CEO 更有可能实施不当行为。接受过商业教育的 CEO 可能会获得更多的会计知识和金融技能，因而从事财务报表欺诈的可能性降低。

2. 公司经理人的性格心理特征

Schrand 和 Zechman（2012）对 49 家涉及财务不当行为的公司进行了详细分析。结果表明，大多数虚假陈述都是从乐观的偏见开始的，而不是明显的故意不当行为。然而，经理人不得不做出越来越乐观的声明，以掩盖最初的偏见。因此，这种最初的过度自信带来了他们操作财务报告的可能性。同样，Rijsenbilt 和 Commandeur（2013）利用 1992—2008 年标准普尔 500 指数公司的 CEO 数据，通过对 CEO 与其他高管的收入差异、CEO 曝光率等 15 项指标进行研究，发现具有自恋人格倾向的 CEO 实施公司不当行为的概率更高，是公司不当行为发生的潜在原因。

3. 公司经理人的个人经历

（1）军队服役经历。在美国军队有服役经历的 CEO 在美国企业中普遍存在。军队非常重视和强调"服从命令"。Koch–Bayram 和 Wernicke（2018）

使用两个不同的数据集研究了 CEO 的军事背景对金融不当行为的影响。他们的研究结果表明，曾在美国军队服役的 CEO 不太可能参与财务报告造假，也不太可能回溯股票期权。

（2）违法犯罪经历。Davidson 等（2015）研究了 1980—2004 年美国证券交易委员会（SEC）的会计审计强制公告（AAER）数据库中 3148 家公司高管（CEO、CFO）先前的违法经历和缺乏自控现象，包括工作场所之外酒驾、吸毒、家庭暴力、扰乱治安、违反交通规则等对公司财务风险的影响。实证结果表明，有违法经历的公司高管更容易实施财务不当行为。这些高管如果有挥霍无度的个人消费习惯的话，未来实施不当行为的概率更高。Biggerstaff 等（2015）通过对 1996—2009 年美国涉及股票期权回溯的公司的 261 位 CEO 进行实证研究发现，如果公司从外部聘用的 CEO 在以前任职的公司中曾经有从非法期权回溯中获益的经历，那么这家公司更有可能实施其他类型的不当行为，包括通过粉饰业绩、夸大企业收益进行财务舞弊。这些公司通常会通过大肆兼并收购私营企业来维持其财务不当行为，它们的并购公告所带来的市场反应更为消极。

第二节 公司不当行为影响因素的理论解释与实证检验

公司不当行为的实施受到各种因素的影响。经过梳理，这些因素主要包括公司治理结构、公司内部环境、公司外部环境等。

一、公司治理结构与公司不当行为

1. 董事会特征与公司不当行为

董事会在公司治理中处于核心地位，其治理水平与公司治理水平密不可分。董事会特征主要涉及董事的背景（如董事会的构成、董事的年龄、专业构成、学历情况等）、董事的独立性（如独立董事占董事会成员总数的比例、独立董事人数等）、董事会规模以及领导权结构问题等。

（1）董事会内部构成。Fama 和 Jensen（1983）指出外部董事能够有效监督公司经理人的行为，他们更不容易与公司管理层发生共谋行为。Beasley（1996）实证检验了这一结论，发现董事会成员中外部董事占比越高，则公司不当行为发生的概率越低。而且外部董事持股越多，任期越久，或者同时兼任其他公司董事的情况越少，则其降低公司不当行为发生概率的作用越显著。Klein（2002）发现当外部股东在审计委员会中任职时，公司不当行为发生的概率显著降低。Agrawal 和 Chadha（2005）研究了董事会成员的专业背景与公司不当行为的关系，发现如果董事会中存在拥有财务背景的独立董事或审计委员会成员，则发生公司不当行为事件的概率较低。

（2）董事会成员内部权力关系。Hwang 和 Kim（2020）以 1996—2005 年美国《财富》杂志公布的 100 强企业为样本，研究了审计委员会的监管疏漏是否与公司 CEO 和审计委员会成员存在社会关系有关。结果表明，当公司 CEO 和审计委员会成员存在明显的社会关系时，这些非正式联系在审计委员会监督中发挥了重要作用。这种关系容易引起公司为完成盈余目标而取消盈余分配的行为，从而达到增加公司应计利润的目的。而当 CEO 出售大量股份，或者新的 CEO 上任时，这种社会关系同样会为公司带来更多的应计利润，但公司并不愿意在收入重申时承认事实。这意味着，公司 CEO 和审计委员会成员的社会关系提高了公司不当行为发生的可能性。Kim 等（2016）对美国 1996—2006 年的数据进行回归分析后发现，当通过 CEO 任命形成公司管理层与董事会时，会提高公司不当行为发生的可能性。该研究认为，当公司高层是借助人际关系形成的时，则降低了不当行为的预期成本，公司高层倾向于隐瞒甚至与 CEO 共同实施不当行为。这些研究结果表明，加强董事会的独立性可以有效地降低公司不当行为发生的概率。

（3）董事会成员社会网络关系。Bizjak 等（2009）就员工股票期权回溯在多个行业大公司中蔓延和扩散的现象，研究了董事会成员外部社会网络关系（连锁董事）在这一有争议的做法中的作用。研究结果表明，当公司董事会成员与之前进行过股票期权回溯的公司存在社会关系时，该公司效仿执行股票期权回溯的可能性将大大提高，说明存在连锁董事社会关系的公司之间可能会存在一些不当行为的互相模仿和传染扩散。Chiu 等（2012）把美国政府问责办公室（GAO）数据库中 1997—2002 年涉及重述收益的 179 家公司作为样本，研究盈余管理是否通过连锁董事的董事会关系从一家公司传播到另一家公司。结果显示，如果一家公司在同一年或过去两年内进行过重述收益，那么该公司董事任职的另一家公司重述收益的可能性就会更高。同时发现，当连锁董事具有更重要的相关地位时，盈余管理的传染性会更强。与其他连锁董事的董事会职位相比，董事会主席、审计委员会成员，特别是审计委员会主席同时也是另一家公司的董事时，其传染性更强。

  Chidambaran 等（2010）将 CEO 与董事会成员之间的关系分为两种：一种是专业关系，主要指双方曾经是同事或者因业务往来而建立了关系；另一种是非专业关系，比如双方是同一家俱乐部的会员、共同信托的持有人、校友或相同 NGO 组织的成员等。他们以 2000—2006 年美国 560 家涉嫌实施不当行为的公司为样本进行研究，结果表明，不同形式的内部网络对公司不当行为的影响具有差异性。CEO 与董事会成员的非专业关系提高了公司发生不当行为事件的概率，专业关系反而降低了公司发生不当行为事件的概率，其原因可能是不当行为的实施者认为在存在专业关系的情况下，更易被监管者怀疑，不当行为更容易被暴露，因而不易实施不当行为。

  Khanna 等（2015）发现，公司的非 CEO 经理人以及董事中，如果至少有一位的任职时间在现任 CEO 的任期内，即当现任 CEO 和其他经理人及董事存在当期雇佣的关系时，将会对公司不当行为产生显著的影响，存在这种特征的公司实施不当行为的概率更高。如果将经理人与董事分开考虑，则经理人与 CEO 的当期雇佣关系的影响系数更大，这表明不当行为实施的核心是信息的沟通，因为经理人比董事对公司的日常运作更加熟悉，不当行为活动对经理人行动配合的依赖性更强。该研究发现，这类公司从实施不当行为到被揭露的持续期更长，而在不当行为事件发生后 CEO 离职的概率更低，但是一旦不当行为事件被揭露，这类公司被起诉的经理人及董事总人数更多，更多人参与到不当行为事件中意味着实施不当行为的过程中协调和沟通的成本更低。这些特征都表明当期雇佣关系使公司的管理层认为不当行为活动更不易被发现，不当行为的预期成本更低。该研究进一步证明，一些常见的社会网络比如校友关系或曾经的同事关系对公司不当行为并没有显著的影响，这与 Chidambaran 等（2010）的研究存在一定的分歧。

2. 股权结构与公司不当行为

通常来讲，公司股权结构对公司不当行为的发生具有直接影响。例如，Cornett 等（2008）发现，外部大股东和机构投资者在董事会中占有席位减少了公司不当行为发生的可能性。然而，Denis 等（2006）得出了相反的结论，通过对美国 1993—2002 年涉及证券不当行为辩解的 358 家公司进行实证分析发现，公司发生证券不当行为辩解的可能性与公司高管股票期权、公司股价的敏感度正相关。而且，当公司中存在机构投资者和外部大股东时，上述正相关的强度会增加，表明机构投资者和外部大股东持股有可能增强了公司高管实施不当行为的激励。与所有权结构相关的研究中，最引人注目的是 Anderson 等（2015）的成果，他们认为在由创始人家族成员控制的公司中，财务不当行为发生的可能性要大得多。他们选择 1978—2013 年美国证券交易委员会（SEC）和美国司法部（DOJ）的 1166 起联邦执法行动作为样本，发现超过 70% 的由美国联邦执法行动实施强制措施的公司，都存在创始人家族成员财务造假的问题。Klein（2002）指出，如果 CEO 持股较多，利润被操纵的概率更高。Agrawal 和 Chadha（2005）也发现，CEO 属于创始家族的公司更有可能实施不当行为。Krishnan 和 Peytcheva（2017）通过调查外部审计师对家族企业不当行为风险的评估，来研究家族企业与不当行为的关系。他们发现，审计师对家族企业不当行为风险的评估高于非家族企业，这表明家族企业比非家族企业存在更严重的代理冲突。家族成员可能会投机取巧地收取租金，并可能以牺牲少数股东的利益为代价，侵占公司的资源，实施不当行为。

二、公司内部环境因素与公司不当行为

一方面，研究者发现公司的并购战略、融资政策及分红政策等公司的经营政策会影响公司不当行为；另一方面，研究者从公司文化的角度探讨了公司不当行为。

1. 公司政策与公司不当行为

（1）并购政策。Erickson等（2011）发现，发生不当行为的公司比没有发生不当行为的公司更倾向于进行并购活动，并且更多地收购国外企业、子公司及不同行业的公司。由于担心并购失败，不当行为公司更倾向于签订并购终止费用合同，并且更加迅速地完成并购交易。同样是不当行为公司，在不当行为事件暴露后，实施并购的公司股价的反应更慢。该研究认为，不当行为公司会将兼并收购当作一种掩饰不当行为的策略。

（2）股利分配政策。Judson和Hanlon（2013）发现，公司的分红政策与不当行为之间有显著的负相关关系，实施高分红政策的公司发生不当行为的概率更低，实施不当行为的公司由于没有足够的现金流，其分红比例比其他公司平均低17%。此外该研究发现，公司在实施不当行为后，往往会改变分红政策，降低分红比例。

（3）融资政策。Kumar和Langberg（2009）的模型发现，外部融资能力较强的公司更易实施不当行为。在完全资本市场和理性预期的假设下，资本成本较低的公司为了吸引投资更易实施不当行为，最终的均衡结果是，低回报实施不当行为的公司存在过度投资的状况，而高回报未实施不当行为的公司投资不足。公司内部人对外部人实施信息不当行为的结果是投资资源的扭曲。此外该研究还指出，不当行为倾向的强弱与生产活动的类型有关，重资本类型的公司比轻资本类型的公司更容易实施不当行为，因此，当科技创新

使得生产活动所需的资本上升时，公司更容易实施不当行为。

2. 公司文化与公司不当行为

Murphy 等（2009）等采用问卷调查的形式研究了文化对于上市公司的影响，强调了道德氛围在上市公司实施不当行为的过程中发挥的重要作用。该研究指出，在强调利己主义和公司利益至上的公司氛围中，犯罪者甚至没有充分意识到自己实施了不当行为。雇员被期望做任何有利于增加公司利益的事，他们学习各种有利于公司的政策和程序，只因为增加了公司的利益会受到嘉奖，却不计其他的后果，最终导致了不当行为的发生。Liu（2017）首次采用流行病学方法（Epidemiological Approach），利用美国 1988—2006年 Compustat 数据库的全部样本数据进行实证研究，结果显示具有高度腐败文化的公司更有可能从事盈余管理、会计欺诈、期权回溯和机会主义内幕交易等公司不当行为。公司腐败文化每增加一个标准差，公司不当行为发生的可能性就会增加 2%~7%。Bereskin 等（2014）认为，企业道德文化可以通过企业社会责任来反映，可以用企业社会责任这一指标预测公司不当行为发生的可能性和严重程度。该研究以公司近期是否参与过慈善活动作为衡量公司文化的指标，发现过去五年曾经参与过慈善活动的公司发生不当行为事件的概率更低。而这类公司一旦发生不当行为事件，CEO 被解聘的条件概率更高。这些研究为更好地理解公司文化对公司不当行为的影响机制提供了新的视角。

三、公司外部环境因素与公司不当行为

除了公司内部环境因素外，公司所处的外部环境同样影响公司不当行为的实施。在这些因素中，投资者认知偏差是管理层实施不当行为前需要考虑的最重要的因素。Hertzberg（2005）通过建立理论模型研究发现，是否实施不当行为的最优决策依赖于投资者对公司状况的认知程度。而投资者的认知往往又依赖于公司所处的经济周期或行业周期。

1. 经济周期

繁荣与萧条是商业周期中的两个阶段。人们通常认为繁荣的经济环境鼓励和隐藏公司的不当行为，当经济状态萧条时，公司不当行为现象将显露出来。Davidson等（2015）的研究发现，财务报告舞弊的发生率随着GDP的增长而增加，在达到经济峰值的时期达到最高点，并且发现财务报告舞弊的发生率随着公司与市场回报的平均相关性的降低而降低。他们认为，繁荣时期发生的不当行为是由于不健全的法律规定造成的，这一观点也促成了美国一系列法律的出台，如2002年出台的《萨班斯－奥克斯利法案》等。还有一部分学者认为是投资者的过于乐观使得存在错报的积极财务报告更加可信，从而促使了公司不当行为的爆发。

但也有一些学者发现，当经济过度繁荣时，公司不当行为反而会减少。也就是说，公司不当行为与经济状态之间并不存在完全的线性关系。Povel等（2007）运用理论模型，通过比较投资者认知在商业周期循环中的变化，研究其对公司不当行为动机的影响。结果发现不当行为只会在经济状态不是太好也不是太糟糕的情况下存在。在他们的模型中，不当行为的激励来自公司外部融资的诉求，模型的关键点是投资者对于公司的监督密度随着监督成本的变化而变化。当投资者认为公司所属行业的景气程度较差时，他们会仔细审查公司披露的信息报告，一个经过修饰的"较好看的"报告并没有吸引到更多的投资，不当行为无效；当投资者认为公司所处的行业处于顺周期时，则会放松监督，此时公司就有比较强烈的实施不当行为的动机；如果公司所处的行业处于极度繁荣期，那么即使披露出的信息显示公司质量较差，投资者也会认为只是暂时现象，并不代表一个悲观的前景，这样较差的报告同样可以吸引到投资，而公司也就没有必要再实施不当行为。公司实施不当行为的动机与行业周期构成一种倒U型关系。该研究进一步指出，在2002年以后，以《萨班斯－奥克斯利法案》为代表，美国出台了众多监管措施，旨在对公司信息披露提出更加严格的要求，这些措施一方面提高了公司信息披露强度，另一方面降低了投资者的认知成本，从而降低了投资者的监管密度，这反过来可能更易导致公司实施不当行为。类似地，Wang 等（2010）以 IPO 公司为样本，探讨了行业的景气程度如何影响公司的不当行为倾向。该研究认为：第一，投资者认为行业比较景气时，公司的不当行为倾向上升，但如果景气程度特别高，反而削弱了公司实施不当行为的动机，这与 Povel 等（2007）的结论一致；第二，风险投资者的监管强度和承销商的监管强度随着投资者信念的变化而变化，进而影响公司不当行为。

2. 行业竞争

Wang 和 Winton（2012）选取 1996—2008 年会计审计强制公告（AAER）数据库和证券集体诉讼数据库中的 987 个诉讼案件作为样本（其中 260 个是 SEC 诉讼案件，727 个是集体诉讼案件），运用双变量 Probit 模型，从三个渠道对行业竞争与公司不当行为的关系进行回归分析：产品市场对单个公司信息的敏感度，相对业绩评价体系（对公司经理人表现的评估依赖于竞争对手的表现）的应用，单个公司的产品信息量。结果显示，缺少战略性关注的竞争性市场会促使公司实施不当行为，如果采取与行业平均表现相对比的方式对管理者能力进行评估，将导致公司不当行为的发生。这些特征在竞争激烈的行业中更加普遍，公司不当行为也就更加横行。

3. 监管环境

Kedia 和 Rajgopal（2011）发现更本土化的监管可以减少公司不当行为，如果公司的地理位置更靠近美国证券交易委员会（SEC）或过去 SEC 对该地区的监管措施更加严厉，则公司实施不当行为的概率较低。类似地，Calluzzo 等（2015）发现公司总部的搬迁现象与不当行为具有相关关系，那些将总部迁移到监管强度（与之前相比）较低地区的公司实施不当行为的倾向显著升高，而且大部分公司对于他们的迁移不能给出详尽而确切的理由。那些有过不当行为记录的公司在搬迁之后仍然可能会持续实施不当行为，而不当行为被监管者或投资者发现的概率却并未因为其过往的记录而提升。上述研究表明，高强度的监管对公司不当行为具有抑制作用，但地理位置的因素可以显著影响监管成本，从而影响公司不当行为，高成本的监管环境为公司实施不当行为提供了便利。

Cumming 和 Johan（2013）发现，美国、英国和加拿大的交易规则和监管方式大体相同，但 IPO 的上市标准却差异较大，这一差异显著影响了上市公司的不当行为。他们实证检验了公司上市最低资本要求与不当行为之间的关系，发现该指标每提高 1800 万美元，不当行为事件发生的概率将降低 27.4%，即上市标准越高的市场，不当行为发生的概率越低。

4. 外部中介监督

Agrawal 和 Cooper（2010）考察了金融中介机构的监督作用，结果发现：IPO 公司的不当行为倾向与承销商的声誉正相关，优质的承销商反而提高了不当行为发生的概率，承销商对激励的重视超过了他们对声誉的担忧；IPO 公司的不当行为倾向与风险投资者的质量负相关，优质的风险投资者降低了不当行为发生的概率。

Yu（2008）考察了信息中介——证券分析师对经理人盈余管理决策的影响。该研究基于对盈余管理的多重衡量，以美国 1988—2002 年证券分析师的数据为样本进行了实证分析，结果显示证券分析师关注得越多，企业的盈余管理越少，并且来自顶级券商的分析师和经验更丰富的分析师对盈余管理的影响更大。

Shi 等（2017）运用认知评价理论（Cognitive Evaluation Theory），选择美国 1999—2012 年标普 S&P 1500 家公司为研究样本，对外部治理机制（如维权股东、公司控制权市场、证券分析师）与公司不当行为的关系进行了实证分析。结果显示，外部治理施加的强烈期望会冲击高层管理者的自主性感受，排挤其内在动机，从而可能导致财务造假。我们许多人都熟知公司高管以这样或那样的方式"做假账"的故事。因此，公司和监管机构往往实施严格的控制，以防止财务不当行为。然而，认知评价理论表明这些外部控制机制实际上可能事与愿违，产生与预期相反的效果，因为它们剥夺了管理人员做出适当行为的内在动机。当高层管理人员面对更为严格的外部控制机制时，他们实际上更有可能从事不当行为。

5. 当地文化

Dyreng 等（2012）认为拥有宗教信仰的人的诚实程度和对风险的厌恶程度要高于没有宗教信仰的人，他们通过实证检验发现如果一个地区有宗教信仰（天主教和新教）的人口比例越高，该地区公司的经理人进行虚假陈述的概率越低，且较少地采取避税手段。在自愿性信息披露中，这些公司会更多地提及对公司不利的信息，表现得更加诚实。

第三节 公司不当行为的识别和揭露

能否及时地发现并揭露公司不当行为，是衡量一个金融系统监管效率的重要标准。目前的研究主要从两方面展开：一是通过与企业经营活动相关的各种指标来寻找能够显示不当行为的信号，构建预警指标系统，以此来识别不当行为；二是从市场参与者在不当行为揭露中扮演的角色出发，探讨各类市场主体揭露不当行为的效果及作用机制，以此为基础构建更加有效的不当行为监管机制。

一、公司不当行为的识别方法

1. 传统指标法

（1）财务指标。研究人员一直试图找出一组预测财务不当行为的指标。Beneish（1999）和 Dechow 等（2011）是这一类研究中最有影响力的代表。他们认为极端或异常的财务业绩是会计错报的有用预测指标，存在虚假报告的公司具有较高的异常应计利润,不成比例增加的应收账款和库存,以及较差的异常市场表现。他们建立的财务预警模型目前被学术界广泛使用。Beneish（1999）以应收账款指数、毛利率指数、资产质量指数、营业收入指数、折旧率指数、销售管理费用指数、财务杠杆指数、总应计项八个指标建立模型,预测公司财务造假的可能性。Dechow等（2011）在此基础上予以改进,预测模型中包括的变量为应计项、应收账款变动率、存货变动率、软资产比例、现金销售率、资产收益率增长率、是否再融资七项,尽管变量减少,但实际上每个变量的计算方式比Beneish（1999）的更加复杂,可以更加全面地考察公司财务状况。他们发现,权责发生制质量差、权责发生制成分增加、资产回报率下降、股票回报率高以及员工数量异常减少,都是会计错报的有力预测因素。他们还发现,存在错误报告的公司在错误报告期间会进行激进的表外和外部融资交易。

（2）非财务指标。Wang（2012）认为投资活动指标,如R&D费用和并购交易等活动支出较高的公司更应引起警惕,该类公司的不当行为被发现的预期概率较低,反而提高了实施不当行为的概率。

（3）法律诉讼指标。Jones和Weingram（1996）指出,公司所处行业的诉讼密度、公司个体的诉讼密度可以反映公司的不当行为,即有过"前科"的行业和公司更容易实施不当行为。

2. 文本分析法

文本分析（Textual Analysis）是指通过对文本内容进行挖掘和数据分析,了解文本提供者的特定立场、观点、价值和利益,并由此推断其意图和目的。目前利用文本分析法提取有效的信息,识别公司不当行为已成为金融学的研究热点,主要有两种方法。第一种方法是通过预先定义的单词分类（或词典）来调查会计不当行为与语言语调以及不当行为线索之间的联系。Hoberg和Lewis（2017）利用美国上市公司基于10-K文本的MD&A信息披露数据进行分析,考察了不当行为公司是否会普遍存在异常的信息披露。他们将异常的信息披露定义为无法由规模和年龄相仿的同行解释的披露。结果显示，不当行为公司通常存在异常的信息披露现象，信息披露文本词汇相似度最低的公司有 0.4% 的不当行为率，而词汇相似度最高的公司有 2.4% 的不当行为率。Brown 等（2018）认为，如果企业因财务报告错误而被起诉，其往往会在财务报告中使用更为乐观的措辞。Larcker 和 Zakolyukina（2012）对电话会议记录进行了分析，发现情绪词、焦虑词等欺骗性语言要比其他方法更能预测财务造假。第二种方法是使用机器学习算法来区分"词包"或文本样式标记，这些标记可以预测故意误报。这些风格标记包括文本特征，如语言复杂性、可读性、文档长度和音调，以及语法和单词选择。大多数研究都使用了一种称为支持向量机（SVM）的机器学习算法来对会计差错进行识别或分类。Cecchini 等（2015）利用支持向量机生成了经常出现在有错误陈述的年度报告中的歧视性词语和短语词典。结果表明，相对于财务报表比率，该机器学习词典更能预测财务错报。文本分析法对于提高发现公司不当行为的能力和进一步了解其潜在机制具有启示意义。

二、公司不当行为的揭露机制

1. 从监管功能看公司不当行为的揭露

长期以来，国外学术界都是从市场主体的监管功能出发来研究各类行政监管主体及市场角色对公司不当行为事件的发现或揭露功能。主流的观点认为，扮演公司不当行为事件揭发者角色的主要有以下三类。一是证券监管部门和审计师。他们是法理上被赋予揭发义务的主体。二是律师或者律师事务所。证券诉讼案件中可能发生的高额诉讼费用使得律师或律师事务所有强烈的动机揭露公司不当行为（Coffee，1986），私人诉讼是比公共监管更加行之有效的监管途径（Porta 等，2006）。三是风险承担者。公司不当行为应当由与不当行为相关的风险承担者来揭露，最典型的是投资者及其代表人（Fama，1990）。

2. 从三类激励角度看公司不当行为的揭露

美国证券交易委员会（SEC）发现的不当行为事件仅占全部不当行为事件的7%，其他传统类的监管主体如审计师、律师揭露的不当行为事件占比分别是11.3%、3%，而投资银行、商业银行和证券交易所的占比几乎为0，这表明市场监管主体并没有在揭露公司不当行为活动中充当主要角色。Dyck等（2013）认为，对公司不当行为的揭露可以视为一个代理人的激励问题，主要包括货币激励、职业和声誉激励、信息成本激励。Dyck等（2013）利用斯坦福集体诉讼数据中心记录的1996—2004年的样本，对三类激励进行了实证分析。

（1）货币激励。Dyck等（2013）认为，对于大部分市场主体而言，现金激励是一种行之有效的调动揭露公司不当行为积极性的手段。不当行为的利益相关者除了拥有股权的投资者之外，还包括公司员工、股票卖空者等。Dyck等（2013）发现，曝光的上市公司不当行为事件中有17%是由内部员工举报的。尽管员工举报公司不当行为会面临失业等一系列高昂的代价，但员工还如此积极，主要是检举揭发公司不当行为会得到政府高额的奖励。最典型的是政府会通过罚金共享的方式对一些公司不当行为的内部举报人给予现金激励。美国医疗保健行业是实施罚金共享机制最有代表性的行业，该行业曝光的不当行为事件中有41%是内部举报人揭露的，而非医疗行业仅占14%。

Dyck等（2013）发现，曝光的上市公司不当行为事件中有14.5%是股票的卖空者发现的，他们从公司不当行为事件中可以获得巨额的利益。Karpoff和Lou（2010）发现，涉嫌虚假陈述的公司在被曝光之前空头头寸显著增加，而头寸增加的程度与虚假陈述的严重程度显著正相关。卖空者不仅可以理性地估计到公司不当行为的曝光及其严重程度，而且当虚假陈述的事实被曝光之后，做空者并未起到使股价进一步下跌的作用。可见，卖空是一个更具时效性的不当行为发现机制，卖空者不仅可以从中获得显著的超额收益,并且可以抑制股价的泡沫。

(2)职业和声誉激励。Dyck 等(2013)认为,记者、分析师、审计师、监管者和律师是公司不当行为事件的潜在的检举揭发者,他们可以通过揭发不当行为事件获得职业提升。职业和声誉激励是这类人群揭发公司不当行为的主要动力。该研究发现,记者对声誉和职业生涯的担忧高于金钱,同时他们更青睐于揭发规模较大公司的不当行为,且 75% 的公司不当行为事件都是通过记者实名发布相关报道曝光的。Miller(2006)发现,媒体记者经常通过亲身调查和独立分析来揭露上市公司的会计不当行为,在信息传播上保持了很高的独立性,同时媒体更偏好关注度较高且识别成本较低的公司。也就是说,对于揭露大型公司的不当行为,传媒可以发挥重要的作用。

Francis(2004)发现,审计师经常扮演掩盖公司不当行为或者推迟揭露公司不当行为的角色。世纪之交,美国爆出的财务丑闻促使美国国会颁布了一系列法律法规,最著名的就是《萨班斯-奥克斯利法案》(以下简称《萨班斯法案》)。该法案提高了公司财务报表披露的标准,其中最严格的 404 条款要求管理层在财务年度期末对公司内部控制的有效性进行评估。Dyck 等(2013)从公司不当行为揭露主体的角度,对《萨班斯法案》的有效性进行了评估。他们以《萨班斯法案》的通过时间即 2002 年 7 月为节点,将样本划分为两个时间段进行分析。结果显示,《萨班斯法案》颁布之后,法定机构的不当行为揭露效率有所提升,在不当行为揭露样本中所占比重从之前的 27.1% 提高到 55.6%。其中,审计师揭露不当行为所占比重从之前的 4.8% 显著上升到 18.1%。但是《萨班斯法案》对员工揭露不当行为的保护政策没有发挥效用,员工内部举报不当行为的比例从 21% 下降至 16%。在传统类市场主体中,审计师揭露不当行为的占比是最高的。Dyck 等(2013)对此的解释是《萨班斯法案》规定公司审计师的聘任与解聘必须由以独立董事构成的审计委员会决定,这大大降低了审计师由于揭露公司丑闻而被解雇的风险。可见,职业和声誉激励是审计师揭发公司不当行为的主要动力。

(3)信息成本激励。揭露公司不当行为需要获得大量的公司内部信息。

不同的市场主体获得这种信息的成本是不同的,只有获取信息的成本低于收益才会促使他们揭发公司不当行为。大部分的外部监管者和投资者获得公司内部信息的成本高昂,而对于公司员工、行业监管者(与证券业监管者区别开来)及分析师等,公司不当行为信息的获取可能只是他们常规工作中的副产品,尤其是公司员工作为内部人更加方便,因为公司大部分的不当行为都离不开内部员工的支持和配合。所以,获取信息的成本越低的人群越有可能举报公司不当行为。

3. 从政治关联角度看公司不当行为的揭露

Correia(2010)发现存在虚假陈述的公司会在报告持续期增加与国会的联系,于是政治投入更高的公司被 SEC 列入司法调查名单的概率更低,受到的处罚更少。Yu 和 Yu(2011)发现美国上市公司的游说活动会影响不当行为被发现的概率,实施不当行为的公司比不实施不当行为的公司用于游说活动的支出高 77%,公司自身用于游说活动的支出在实施不当行为期间比不实施不当行为期间高出 29%,而同样是不当行为类的公司,高游说支出的公司比低游说支出的公司被发现的概率低 38%,游说活动逆向影响了监管者的监管。

总之,公司不当行为的发现和揭露不仅是一个监管体系的功能性问题,也可以视为一个代理人的激励问题,激励理论更适合解释公司不当行为的发现和揭露。对于整个社会而言,尽早发现公司不当行为问题能够减少社会影响和危害,避免更多的损失,因此通过设计合理的激励制度,给予市场主体足够的激励来揭露上市公司的各种不当行为,可能是比行政监管更加行之有效的手段。

第四节 公司不当行为的影响和后果

公司不当行为不仅损害了自身的声誉,制约了公司的发展,而且扰乱了资本市场的秩序，同时还对社会造成严重的冲击，导致失业和投资低迷。国外学术界对公司不当行为影响和后果的研究主要从微观视角和宏观视角两个方面展开。

一、从微观视角分析公司不当行为的影响和后果

1. 公司不当行为对公司和股东的影响和后果

（1）对公司股价的影响。该类研究集中于考察公司不当行为事件曝光期公司股东财富的变化。大部分研究认同公司不当行为被曝光后，股东财富会显著缩水。Karpoff 等（1999）以公司被宣布进入司法调查阶段后的 2 天为窗口期，发现公司股票的超额收益率为 –1.4%。Murphy 等（2009）发现，当公司的内部人被指控涉嫌实施不当行为时，公司股价显著下跌。Palmrose 等（2004）发现，发生财务重述的公司在重述报告发布 2 天内股价的超额收益率为 –9%，如果涉及实施管理不当行为，则股价下跌更多。然而，Gande 和 Lewis（2009）指出，这种研究方法很可能低估了公司不当行为造成的损失，因为信息可能提前被内部人获取，他们会提前卖出股票，或者由于卖空者的存在，以股价反映的股东财富在事件曝光前就已经遭受了损失。Burns 和 Kedia（2008）关注公司不当行为事件曝光前的内部人交易，发现存在财务重述现象的公司的前五位经理人在重述期间比平时更多地行使股票期权。Agrawal 和 Cooper（2015）发现，有相当大的一部分公司的内部人在财务重述暴露前肆无忌惮地售出股票，尤其是当重述状况很严重时，股价在暴露前的下跌更加明显。Yu 和 Yu（2011）也发现在不当行为事件曝光前的时间段，管理层会大肆出售股票。因此，如果仅以不当行为事件的曝光期为时间窗口，通过股价的超额收益率去估计股东财富的损失，则并不能完整地评价不当行为对公司股价的影响。

（2）对公司价值的影响。该类研究不再局限于考察公司不当行为事件曝光后短期内的市场反应，而是从基本面出发，研究不当行为对公司价值的

长期影响。Karpoff 等（2008a）选取 1978—2002 年 585 家存在财务错报的上市公司作为样本，将不当行为曝光后公司受到的法律惩罚和市场惩罚进行比较。结果显示，公司的声誉会因为做假账而遭受严重损失，这种损失最终通过来自市场的惩罚得到体现。该研究以收入降低、合同条款强化、融资成本提高衡量未来现金流的预期损失，结果显示这一损失平均是法律惩罚的 7.5 倍。在公司财务造假被发现后，公司会损失 38% 的总市值。其中 24.5% 的损失是市场调整到正常状态造成的，另外的 8.8% 是法律罚款，而剩下的 66.6% 是声誉损失，比如供货商会将公司的商业信用调低、减少应付账款的天数等。长期来看，对公司基本面造成的损失大约是股权价值的 29%。Graham 等（2008）研究了财务重述事件对财务成本的影响，发现公司在财务重述后比重述前负债显著增加，贷款的期限缩短，合约的限制条款增加，即财务重述导致了更高的财务成本。Chen 等（2012）从现金持有的角度研究公司不当行为的后果，发现公司在实施不当行为后会囤积更多现金以对冲外部融资成本，现金流敏感度相应增加。Kedia 和 Philippon（2009）考察不当行为从实施到被曝光之前公司的状况，发现不当行为公司在上述时间段内为了维持与其他高生产率的公司保持同步的假象，采取了过度投资和过度雇佣的策略，这种过度扩张导致经济资源的错配。Yu 和 Yu（2011）扩展了上述研究，他们发现公司采取的拖延不当行为曝光的行为导致更大的资源错配，尤其存在于投资和就业方面。在公司不当行为被发现后，公司的投资规模和员工数量大幅缩减，没有不当行为的公司的投资和就业规模没有扩大。所以，从整个社会层面来看，公司不当行为导致了失业和投资低迷。此外，有不当行为的公司在实施不当行为期间较一般公司增长迅速，导致商业周期被延长。Wang（2006）的研究表明，在实施不当行为期间，公司会倾向于过度投资，来掩盖公司的真实状态，从而延长不当行为存在的时间。存在不当行为的公司的投资项目与公司日常的现金流关系不大，甚至 NPV 为负，这会降低公司的盈利能力。此外，过度投资现象会扰乱资本市场的正常运行，造成社会资源的错配，对经济发展产生负面影响。Hoberg 和 Lewis（2017）发现竞争性行业中的公司在繁荣过去之后比行业集中度高的公司的表现更为糟糕。Wang 等（2012）通过深入研究竞争性行业中公司不当行为的动态变化证实了这一点，发现在竞争性行业中，公司不当行为造成的后果在繁荣过后更为严重。

2. 公司不当行为对公司 CEO 的影响和后果

Karpoff 等（2008b）关注那些被监管者认为经过深思熟虑而实施财务重述的公司高管，一旦这类高管涉嫌实施不当行为将面临严厉的惩罚，如失业、市场禁入、禁止持股、被 SEC 罚款，甚至被判处有期徒刑。研究结果显示，被认定为对不当行为负主要责任的员工被解雇的概率达 93.6%。如果责任人是管理者，被解雇的概率要显著高于正常的管理者。此外，负责的管理者还会被 SEC 罚款，所拥有的公司股票的价值将会缩水。责任人面临的不仅仅是罚款和一些价值损失，还有无形的声誉损失。Agrawal 和 Cooper（2017）发现，实施不当行为的公司的 CEO 和 CFO 的离职率比其他公司高 14% 和 10%，因为更换这些经理人有助于重建公司的声誉，并减轻公司的责任。Desai 等（2011）对存在不当行为的公司进行报表重述后，管理者的离职率和之后的再就业情况进行了研究。结果发现，60% 的宣布报表重述的公司，在宣布后 24 个月内，董事会主席、CEO 和公司总裁至少有一位会离职。而没有进行报表重述的公司，这一比率为 35%。此外，因实施不当行为而离职的管理者的再就业率显著低于正常离职的管理者，且再就任的职位要比之前的差。

Srinivasan（2005）、Fich 和 Shivdasani（2007）发现陷入不当行为事件丑闻的公司的外部股东常常会失去董事会席位，不当行为的严重程度越高、外部股东承担的监管责任越多，个人声誉的损失会越大。然而，Fulmer 和 Knill（2012）发现公司经理人可以通过政治献金降低惩罚的严重程度。有政治献金投入的公司的经理人被指控实施不当行为时，与其他公司相比，受到严厉的犯罪指控和惩罚的概率低 75%，平均受到市场禁入的惩罚少 3 年，缓刑少 5 年，有期徒刑少 6 年。

二、从宏观视角分析公司不当行为的影响和后果

有的研究从整个金融系统的视角出发，分析公司不当行为造成的影响和后果。参与实施不当行为的公司规模究竟有多大，所有公司不当行为对社会造成的后果究竟有多么严重，是这类研究主要关注的问题。我们称之为公司不当行为的社会成本估算或福利分析。目前这方面的成果相对匮乏，只有以 Dyck 等（2013）为代表的少数研究。Dyck 等（2013）基于安达信的破产迫使企业更换审计师，并加大了揭露先前存在的不当行为的可能性，使用反事实估计法（Antifact Inferential Measuring Method）来估算美国大公司实施不当行为造成的社会成本。反事实估计法的基本思路是假设这些公司没有实施不当行为，将其理应实现的公司价值与实际的公司价值比较，把所有差额加总，从而得出不当行为的社会成本。需要指出的是，公司因为不当行为而接受的罚款或其他各种类型的惩罚措施并不属于社会成本，需要排除在外。因为这些财产在整个宏观框架内只是发生了转移而并非消失，比如罚金的接收方是政府机构，公司面临诉讼需要支付律师费，等等。结果显示，1996—2004 年期间，美国所有的上市公司中有 14.5% 涉嫌实施不当行为，也就是说，美国每 8 家大型上市公司中就有 1 家实施不当行为，而这些不当行为中仅有 20.4% 得到曝光，未被揭露的不当行为至少是被揭露的不当行为的 3 倍。大公司的不当行为每年造成 1800 亿~3600 亿美元的损失，占美国所有上市公司总市值的 3.1%。

由于 Dyck 等（2013）的估算过程中涉及大量的假设条件，并且无法充分地考虑公司之间的异质性，因此学术界对其估计结果的有效性尚存疑议。可见，如何验证估算结果的合理性，以及使用更多的方法估算公司不当行为造成的社会成本需要更进一步的讨论，如果不同方法的估算结果能够相互印证或是偏差不大，那么才是一个令人信服的结果。

第五节 公司不当行为实证研究面临的难题与进展

近年来,尽管国外学术界对公司不当行为进行了大量研究,但存在着研究结论不一致甚至相互对立、相互矛盾的现象,学者们对一些问题的争议不断。之所以如此,一个很重要的原因是公司不当行为研究面临部分可观测问题这一难题(Karpoff 等,2017;Yu,2013)。

部分可观测问题是指研究中所使用的样本并不是所有的公司不当行为的样本,而是实施了并且被发现的公司不当行为的样本。事实上,有些公司不当行为实际上并未被观测到,人们并不清楚有多少公司实施不当行为而没有被发现,也不清楚这些公司的特点。早期的研究一般是用单一的 Probit 或 Logit 方程估计,把两者混同,假定可观测的不当行为和所有实施的不当行为对等,这导致不当行为造成的实际后果被低估,研究结果存在偏差,造成结论的不可靠。

忽视部分可观测问题带来的另外一个问题是无法具体探讨公司治理因素对公司不当行为的影响机制,并造成对公司治理因素评判的取向的错误。如果某种公司治理因素可以包庇公司内部的不当行为,显著降低公司不当行为被发现的可能,那么这显然是一种消极的影响。然而,传统的研究只考虑了不当行为的发生过程,通过单一变量的回归会得出这种因素与公司不当行为负相关的结论,自然认为这种因素可以有效降低公司不当行为发生的可能性,会错误地把它视为一种积极的公司治理因素,得出与实际情况完全相反的研究结论。只有有效地减少这种状况的发生,同时考察公司不当行为的发生与发现两个过程,使研究同时覆盖公司不当行为的原因与识别两大问题,得到的研究结论对监管层才具有实际的借鉴意义。

目前国外学术界主要采用样本筛除法、Bivariate Probit 法、概率替代法三种方法,试图消除或减少部分可观测问题给实际研究带来的困扰与偏差。

1. 样本筛除法

这种方法是目前采用较多的方法。该方法下的研究样本主要是规模较大的上市公司。样本筛除法不仅有助于剔除无理诉讼的样本，有效避免将没有达到不当行为程度的样本纳入观测范围的问题，还可以降低样本的部分可观测性。因为规模较大的公司往往受到市场和监管部门更多的关注，媒体、分析师、律师等市场外部监管主体会更热衷于揭露这些公司的不当行为，所以公司实际实施的不当行为和不当行为最终被发现的相关系数可以视作接近于1。Dyck等（2013）在研究上市公司不当行为的监管问题时，认为大公司的部分可观测问题的影响程度非常低，并最终将不当行为样本限定为资产规模超过7.5亿美元的公司，后续大量实证研究在选取样本时均参照了其做法（Khanna等，2015）。

2. Bivariate Probit 法

Poirier（1980）针对部分可观测问题最早提出双变量Probit（Bivariate Probit）法。Wang等（2010）将Poirier（1980）的方法应用到公司不当行为的研究中。Bivariate Probit估计法的基本思想是将研究目标分解为两个阶段，将所有能观测到的不当行为事件（Z）视作实施不当行为（F）与不当行为被发现（D）两个阶段共同作用的结果。同时，这两个阶段也并非完全相互独立（即 Z = F × D）。一方面，两个阶段均有各自不同的作用机理和影响因素；另一方面，两个阶段又可能存在相互影响，有些因素可能同时对两个阶段产生影响，使得不当行为的实施和被发现是互相依赖的两个阶段。例如，部分公司内部因素会导致实施不当行为的倾向升高或是降低，而一些外部因素由于影响不当行为被发现的概率，同样会被不当行为的实施者考虑在内，最终变相影响了公司实施不当行为的倾向。同理，有些影响公司实施不当行为倾向的内部因素由于可以被监管者观测到，因而也变相影响了不当行为被发现的概率。所以，不当行为事件发生的概率 P（Z）并不等于 P（F）× P（D），而是等于 P（F）× P（D/F），即公司实施不当行为的概率 P（F）与实施不当行为后被发现的条件概率 P（D/F）之积。定义一个标准化的二维正态分布的累积分布函数，求出两种情况各自发生概率的表达式，并得到其概率的对数似然函数，通过对该函数用最大似然法（Maximum-Likelihood Method，MLM）进行参数估计，就可以得到公司不当行为事件发生的概率。

Wang 等（2010）引入 Bivariate Probit 估计法的做法为解决公司不当行为研究中的部分可观测问题提供了一种新的思路，目前该方法成为研究公司不当行为、金融监管等问题普遍采用的一种实证方法。近年来，国内也有一些学者陆续将该方法引入到对公司违规活动的研究（陆瑶等，2012）。

3. 概率替代法

这种方法是 Dyck 等（2013）在估计上市公司不当行为的成本时构建的。该方法将不当行为最终被发现的概率视作不当行为的执行概率与条件概率的乘积。但是，实际上公司在实施不当行为后被发现的条件概率是未知的。凑巧的是，2002 年美国安达信会计事务所受到不当行为事件牵连而倒闭后，有大量的上市公司为此更换了外部审计师，这一背景恰好为条件概率的观测提供了契机。随后，Dyck 等（2013）通过构建一系列指标，将由安达信提供审计服务的公司与所有上市公司进行比较，证明两者之间并无显著的差异。最终，该研究使用安达信不当行为事件被发现的条件概率替代整个系统的条件概率，进而推导出所有上市公司不当行为事件的后果。Dyck 等（2013）的模型有两个重要假设。一是由安达信提供审计服务的公司实施不当行为的概率和由非安达信提供审计服务的公司实施不当行为的概率是相同的。为了证明这一假设的合理性，Dyck 等（2013）根据 Beneish（1999）提出的可以反映利润操纵程度的指标，将安达信服务的公司与其他公司进行了对比，发现各指标均无显著的差异。此外，Agrawal 和 Chada（2005）、Eisenberg 和 Macay（2004）也均发现由安达信服务的公司和其他公司在财务重述的频率以及事件引起的市场反应等方面并无显著的差别。二是由安达信提供审计服务的公司实施不当行为后被发现的概率为 1。Dyck 等（2013）认为，在安达信倒闭后，这些公司均更换了新的外部审计机构。由于新到任的外部审计师不愿承担之前由安达信的审计师隐瞒不当行为所带来的相关法律风险，其通常会选择对公司以前的财务状况重新进行审计，因此大量被安达信刻意隐瞒的不当行为得以暴露，从而排除了部分可观测问题的影响。

这一开创性的方法，为估算上市公司不当行为的严重程度提供了极大的帮助与借鉴，引起了学界广泛的关注。当然，值得我们注意的是，这一研究方法本质上仍然是一种自然实验法，其核心条件依赖于安达信的倒闭这一事件及同质性假设，但这也就成为其弊端所在，因为并不是所有的国家都存在这样良好的"实验场"。因此，如何将这一方法因地制宜地应用于除美国之外的其他资本市场，应当是下一步研究所面临的重要问题。

总的来看，这三种方法都只能在一定程度上解决部分可观测问题，如何能彻底消除该问题仍然是一个未解难题，需要更进一步的研究。此外，Hahn 等（2016）用 Bayesian 分类法对 Wang（2013）的方法进行了改进，Zakolyukina（2018）使用模拟矩估计（Simulated Method of Moments，SMM）构造了一个结构模型，对公司不当行为发生的概率进行估算，他们的研究结果显示这两种方法都提高了公司不当行为程度估算的准确性，有助于解决部分可观测问题。

第六节　本章小结

近十几年来，国外学术界有关公司不当行为的研究大量涌现。本章围绕着公司不当行为的动机、影响因素、识别和揭露、影响和后果等方面进行了梳理与总结。首先，就公司不当行为的动机而言，理论推导和实证研究都表明，因信息不对称而产生的委托代理问题往往是不当行为发生的根源，而上市公司管理层尤其是 CEO 是公司不当行为的主要实施主体，高管的不当行为与其绩效薪酬契约有密不可分的关系，而公司高管本身的一些特质，如年龄、心理特征和个人经历等会不同程度地增强或者减弱其实施不当行为的动机。其次，就公司不当行为的影响因素而言，公司的治理结构尤其是股权结构、董事会特征、内部和外部社会网络关系，公司并购政策、股利分配政策、融资政策以及公司文化都对公司不当行为具有重要的影响，宏观经济状况（经济周期、行业周期）、行业竞争、监管环境、市场中介以及当地文化等外部因素也起到至关重要的作用。再次，就公司不当行为的识别和揭露而言，传统的识别方法主要依靠财务指标、非财务指标和法律诉讼指标，新的方法主要是利用机器学习方法对上市公司披露报告进行文本分析和语调分析，以识别和预测误报，而公司不当行为的揭露主要依赖于内部举报人、卖空投机者、媒体记者和专业审计师，他们扮演揭发者的角色主要是受货币激励、职业和声誉激励、信息成本激励所驱使。最后，就公司不当行为的影响和后果而言，公司不当行为不仅在微观层面对股东利益、公司价值、CEO个人前途等造成严重影响，还会产生巨大的社会成本。另外，公司不当行为问题研究所面临的最严峻的考验是存在部分可观测问题，国外学者主要采用样本筛除法、Bivariate Probit 法、概率替代法三种方法，来试图消除或减少部分可观测问题给实际研究带来的困扰与偏差。

尽管公司不当行为的研究，无论是从研究范式还是从研究深度和广度来看都取得了重要进展，但依然还存在许多局限和不足。首先，研究的理论基础不统一，造成研究的结论差异较大。目前公司不当行为研究的核心思想建立在不当行为是预期收益高于被发现的预期成本的理性行为的基础上，假设所有影响因素的作用机制都是通过提高不当行为的预期收益，或降低不当行为的预期成本来实现的。虽然这种假设在现实中有一定的解释力，但是不当行为的实施主体是人，单独考察一两个可能的动机或约束，比如薪酬，而排除其他各种动机和约束的研究，其结论都有可能是错误的。尽管行为金融学已经对公司不当行为背后的非理性因素进行了探索，但尚未形成统一可靠的研究逻辑框架。其次，尽管现有研究成果对公司不当行为的识别有积极的作用，但是到目前为止，人们还没有找到一种有效预警公司不当行为的统一模型,识别公司不当行为主要还是依赖于常规指标及揭发检举等其他途径。最后,国外的研究对象主要集中于美国资本市场中的公司不当行为事件,对其他国家的公司不当行为的特点以及与美国的差异的研究较少,缺乏本土化的政策指导意义。

公司不当行为对公司、行业和投资者等都会造成严重的后果,并且不当行为的社会成本可能远超人们的预期,如何惩戒及遏制日益猖獗的公司不当行为,将是世界各国监管机构面临的最为紧迫的课题。未来,学者可以尝试深入挖掘的研究方向主要有以下四个。

一是进一步探索公司高管实施不当行为的心理因素。尽管美国大公司不当行为丑闻曝光以后,美国出台了一系列监管法案,但公司不当行为依然普遍存在,屡禁不止且规模巨大。是什么原因让公司高管铤而走险、以身试法,一直是困扰研究者和监管部门的问题。由于不当行为是人类的一种行为,具有复杂性、隐蔽性和动态性的特点,因此把心理学、医学和行为学的研究扩展到公司不当行为研究中来,探索公司高管实施不当行为的心理因素,尤其是恐惧、贪婪等心理造成的影响,将是未来的研究方向。

二是探讨外部不确定性对公司不当行为的影响。宏观政策环境会影响公司决策行为,当经济政策出现较大的不确定性时,公司可能试图采取极端的不当行为加以应对。经济政策不确定性提高会增加公司经营风险,例如,公司融资难度增加、金融市场波动剧烈、公司信用评级下降、信用违约风险上升等因素都会导致公司濒临破产,这就增强了公司的违规动机,促使其粉饰业绩、虚假披露。

三是进行跨国比较研究,探讨文化、制度、执法对公司不当行为的影响。来自美国和英国公司的证据表明,良好的文化、严格的执法在很大程度上对公司不当行为具有制约作用。通过对不同国家和制度背景下的公司不当行为进行比较研究,寻找这些公司不当行为现象的共性和差异,挖掘背后的制度、文化等因素,有助于探寻公司不当行为的普遍规律,减少公司不当行为。

四是创新研究方法，探索公司不当行为预测的可能性。由于存在部分可观测问题，目前被发现的公司不当行为只是冰山一角，而未被发现的公司不当行为是大量存在的。目前的方法都只能在一定程度上缓解而非彻底解决部分可观测问题。开拓更多的创新方法，尤其是充分利用人工智能技术和文本挖掘技术（大数据），通过与其他交叉学科的研究方法相结合，利用现有数据库的数据纠正目前实证研究中的统计偏误，尝试彻底解决部分可观测问题，提高公司不当行为预测的准确性，提高现有研究结果和推论的普适性和稳健性，是未来摆在研究者面前的重要课题。

第四章　经济政策不确定性与上市公司不当行为

政府和市场作为两种基本的资源配置方式，在促进经济增长和社会进步方面各自扮演着重要的角色。根据凯恩斯主义的观点，政府作为经济政策的制定者和规划者，会遵循价值规律，协调好市场，使其在资源配置中发挥决定性作用。尤其是当市场经济出现失衡时，政府应采取相应的宏观经济策略来维持经济增长，保障充分就业，稳定价格波动，缩小贫富差距。但是，由于经济波动无法被准确预知和判断，与之相关的经济政策也表现出不同程度的不确定性。

近年来，经济政策不确定性在全球范围内普遍存在（Pastor 和 Veronesi，2012），在经济低迷的时期表现得尤为显著（Benhabib 等，2018），政府改善经济衰退的行动会增加政策的不确定性（Bloom，2009）。在 2008 年国际金融危机之后，各国政府纷纷调整经济政策以重振经济，例如，美联储实施了四轮量化宽松政策（QE），我国政府出台了"四万亿计划"。这些政策的制定和实施有助于缓解经济增长困境，但是这些政策举措前所未有，长期影响难以评估和预测，无形之中提高了经济发展的一些潜在风险。

目前，我国正处于全面深化改革的重要阶段，也是实现经济转型、优化、升级的关键时期，相较于市场经济成熟的国家，我国经济政策不确定性的问题更为显著（陈国进等，2017）。Benhabib 等（2018）认为资本市场的金融不确定性和宏观经济的不确定性具有联动性，上市公司作为资本市场主体和市场经济的重要组成部分，也将会受到宏观经济政策变动的直接冲击。具体表现为，公司难以准确判断和预知政府是否会继续实行现有经济政策、何时以及如何改变现行政策。经济政策不确定性的增加意味着公司的外部环境风险上升、股价波动加剧、盈利增长停滞（Pastor 和 Veronesi，2013），公司将面临更高的决策成本和决策风险。在这种宏观政策环境之下，公司为规避不确定性风险会进行怎样的应对和调整，是否会采取极端的不当行为，这将是本书重点研究的问题和方向。

现有关于经济政策不确定性的研究主要集中于分析其对宏观经济变量和企业微观行为两个方面的影响。从对宏观经济变量的影响来看，经济政策不确定性上升会加剧关键宏观经济变量的波动和金融资产变量的波动，影响经济周期（Pastor 和 Veronesi，2012）。此外，经济政策不确定性上升对宏观经济变量的负面冲击主要表现为加剧房价波动，降低生产水平，导致实际有效汇率贬值。Villaverde 等（2015）发现政策波动加剧会降低总产出、总消费、总投资和工人劳动时间，并且持续保持较低水平，不利于实体经济的发展。从对企业微观行为的影响来看，经济政策不确定性增加会显著加剧上市公司的股票价格波动，减少公司的现金持有量，降低机构投资者的持股比例，增加融资成本和违约风险。而公司会采取相应的策略来对冲风险，例如降低高管变更的概率（饶品贵和徐子慧，2017），增加创新研发投资（顾夏铭等，2018），积极寻求跨国并购重组（Cao 等，2017）。

但是，既有文献中缺少对不确定环境下公司违规和公司不当行为的研究。陈德球和陈运森（2018）考察了地方领导人变更对公司盈余管理的影响，发现为避免政策不确定性的影响，降低公司未来可能增加的政策性成本，上市公司进行了更多的盈余管理以获取有利的外部发展环境。虽然过度盈余管理和利润操纵均属于公司不当行为的范畴，但是相比之下，公司不当行为包括公司高管的所有不当行为，涉及更广的违规类型，反映更为尖锐的社会问题。因此，本章重点关注我国的经济政策不确定性与上市公司不当行为两者之间的关系，丰富和拓展现有的研究文献，并提出有针对性的意见和政策性建议。通过研究发现，经济政策不确定性冲击能够影响上市公司不当行为的发生概率，具体来看，经济政策不确定性提高会增加公司经营风险甚至使公司濒临破产，这就增加了公司粉饰业绩、虚假披露的可能性，同时，经济政策不确定性提高也可能加大公司融资难度，限制公司资金来源，加剧金融市场波动，使公司的信用评级下降，信用违约风险上升，从而使公司具有了更明显的不当行为动机。

第一节　理论分析和研究假设

一、经济政策不确定性与上市公司不当行为的关系

自 2008 年国际金融危机以来，经济政策不确定性作为不确定性的一种具体形式，逐步引起国内外学术界的高度重视。经济政策不确定性主要反映了政府为了应对经济下行、保持经济稳定而积极作为，进行经济政策调整所带来的不可预期的影响。经济政策不确定性属于环境不确定性，它本质上反映的是由政策变动引发的经济环境的不确定性。对它的研究并不是对经济政策的优劣做出判断，而是集中于经济政策制定的时间、效力的波动性与不稳定性，以及由此带来的影响。通常而言，经济政策是政府塑造商业环境的有效工具，政府制定和出台的一系列经济政策会直接影响到企业生产运营所处的宏观经济环境。好的经济政策会有利于企业的发展，提高企业经营业绩；不好的经济政策则会增加企业的经营成本和经营风险，给企业发展带来负面效应。而经济政策不确定性反映的是一种二维影响，其使企业处于一种不确定的环境之中。一方面，经济政策的不确定性会影响企业的战略发展。经济政策的频繁变动会使企业的经营环境变得复杂、多变和难以预测，使得市场主体处于一种模糊、预期性差的经营环境中，从而极大地影响管理者对于政策预期的信心，管理者难以准确判断出政策出台的时点、政策的内容以及政策出台以后的潜在影响，无法及时做出调整和应对。另一方面，经济政策的不确定性可能会创造新的市场和投资机会，促进企业的发展。因此，如何应对经济政策的不确定性成为决定企业生存和发展的关键

问题。

　　企业为了规避经济政策不确定性的冲击，需要基于对未来政策走向的预判，针对可能出现的不同情况采取有力的应对措施。然而，在这一过程中，企业往往面临着经济政策不确定性预期下成本和收益不对称的难题：为应对不确定性冲击产生了较高的调整成本和较低的预期收益。具体体现为以下三个方面。一是沉没成本的不可控性。主要源于管理层的政策预期偏差导致企业没有沿着正确的轨迹发展，从而面临较高的沉没成本和失败风险。二是机会成本的复杂性。在经济政策不确定性预期下，企业根据不同的可能情况进行规划和部署。不同策略下企业所做出的应对和调整都将不可避免地耗费大量的内外部资源。机会成本来源的多元复杂导致企业面临流动性困境，造成企业经营发展举步维艰。三是未来预期收益的模糊性。企业的调整和转变同样面临风险隐患，致使未来预期收益也存在极大的不确定性。企业无法明确判断企业的经营发展能否达到预期，从而增大了企业的决策难度。

　　因此，大多数企业在不确定性冲击下总是会表现得有心无力，未能做到未雨绸缪，抑或是应对措施没有达到预期的效果，从而以失败告终。如果不能采取及时的响应措施，企业最终将会迫于不确定性冲击的压力而进行被动的调整和变革，那么企业面临的风险也会随之积聚。这是因为，外部环境的不确定性引起企业业绩的波动，增加了企业战略制定和实施的难度，企业经营业绩面临剧烈波动的风险增大，向资本市场传递了不利的信号，增加了企业的融资成本和信誉风险。一旦宏观不确定性的冲击超过了企业的承受限度，企业将无法完成预定的经营和财务目标，市场需求和投资者信心会受挫，进一步加剧企业的经营困境，高管进行盈余管理和违规操作的动机骤然增大。管理者会将违规操作视为一种对冲外部风险的有效方式，通过进行盈余管理能够平滑企业业绩波动，实现收益目标并达到财务指标要求，同时也保障了其私人收益免于遭受较大的损失。

　　综上，在经济政策高度不确定的环境下，企业的调整成本和预期收益存在较大的不对称性，缺少足够的转换时间和利润空间应对和规避不确定性的负面影响，从而揭示出在不确定性压力下企业不当行为动因增大的经济逻辑。由此，提出本章的第一个研究假设。

H1：在经济政策不确定性提高的情况下，公司实施不当行为的概率会增大。

政策变化引致的宏观经济环境的不确定性会波及资本市场中的全部参与者，但是由于公司个体在生产技术、经营模式、管理理念、财务状况等方面存在差异，对政策变化做出应对和调整的能力也有差异。具有不同个体特征的公司受到不确定性冲击的程度不同，进而会表现出不同程度的不当行为动机。因此，有必要从企业异质性的角度对经济政策不确定性下的公司不当行为进行深入探讨。参考现有文献的研究方法（饶品贵和徐子慧，2017；顾夏铭等，2018；彭俞超等，2018），本书分别从企业的风险承受能力和生产经营能力两个角度对企业异质性展开讨论。

企业风险承受能力异质性分析。本书选取企业所有制性质（*State*）和公司债务杠杆（*LEV*）作为衡量指标。相对于非国有企业，国有企业大多属于国家支柱产业，掌控整个经济的发展命脉，而且受到政府的扶持，具有一定的政策倾向性（顾夏铭等，2018），在面对外部环境冲击时与非国有企业的反应存在差异。低债务杠杆的公司具有良好的商业信用和较低的违约风险，公司债务杠杆越高，出现债务危机和融资约束的概率越大，其风险承受能力相对越低。综上，本书认为国有企业和低债务杠杆的公司的风险承受能力较高，而风险承受能力较高的公司受政策变化带来的负面冲击影响的程度较弱。一方面，国有企业能够依托良好的商业信用、宽松的融资环境和持续的政府补助（顾夏铭等，2018）积极应对危机。另一方面，负债较高的公司，在市场需求环境恶化时，市场份额会明显下降；而低债务杠杆的公司在外部经营环境恶化时，有一定缓冲空间来应对融资困境（饶品贵和徐子慧，2017）。所以，当经济政策不确定性提高时，风险承受能力较高的公司面临财务困境和经营危机的可能性较低，往往具有相对较弱的实施不当行为的动机（陆瑶等，2012）。

企业生产经营能力异质性分析。本书选取资产报酬率（ROA）和公司规模（$Size$）作为衡量指标。资产报酬率反映了公司的经营绩效和盈利能力，资产报酬率越高，公司的生产经营能力越强。不同规模的公司具有的市场份额和行业地位不同，不可否认，大规模公司可以达到更优的规模经济的生产状态，拥有较大的生产规模和较高的生产水平，但是大规模公司的政策性成本较高（陈德球和陈运森，2018），当外部政策环境变化时，大规模重新进行要素投入调整和生产技术转型需要耗费大量的成本，而且达到规模经济生产状态的时间较为漫长，难以在生产和经营方式上做出快速调整，而小规模公司则更易于做出灵活的调整和转变（Dhawan，1999）。综上，本书认为高资产报酬率和小规模公司的生产经营能力较高，而生产经营能力较高的公司受政策变化带来的负面冲击影响的程度较弱。一方面，具有较高资产报酬率的企业具有较高的盈利能力，当经营环境恶化时，高盈利企业具备较高的保持业绩稳定、达到财务目标的能力，能够从容应对不确定性的冲击。另一方面，小规模公司为了在竞争激烈的市场中占有一席之地，面对市场环境变化必须具备快速应变能力，而且规模较小的公司在宏观经济政策发生变化时做出生产调整和技术转变的成本较低，即政策性成本较低（陈德球和陈运森，2018），因此小规模公司对外部政策环境的变动更为敏感，受到影响的程度较小。所以，当经济政策不确定性提高时，生产经营能力较高的公司面临经营困境和业绩亏损的可能性较低，往往具有相对较弱的实施不当行为的动机（陆瑶等，2012）。

综合上述分析，经济政策不确定性对风险承受能力和生产经营能力较低的公司的影响程度更大。由此可以得出本章的第二个和第三个研究假设。

H2：在经济政策不确定性较高的环境下，具有较低风险承受能力的公司实施不当行为的概率较大。

H3：在经济政策不确定性较高的环境下，具有较低生产经营能力的公司实施不当行为的概率较大。

二、经济政策不确定性对上市公司不当行为的影响机制分析

通过上述分析发现,经济政策不确定性提高,一方面会影响企业对于未来成本和收益的预期,从而使得企业改变其经营决策,另一方面会加大上市公司在资本市场上的价格波动及影响利益相关者的判断,这些改变会直接影响企业的资金状况,有可能加大企业面临的融资约束,从而使得企业的经营困难进一步放大,企业决策者出于短期利益考量,往往不惜采取不当行为来粉饰经营业绩。因此,本书选取以下四个相关渠道,围绕经济政策不确定性改变企业资金状况的几个途径来分析经济政策不确定性对上市公司不当行为的影响机制。

1. 并购重组

并购重组(M&A)是企业长期经营发展的战略选择,也是企业重要的投资融资活动。在我国,每年上市公司进行并购重组的总交易价值在总资本支出中占据很大的比重。当面临经济政策不确定性的冲击时,企业所处的经济环境发生变化,生产和经营业绩面临着巨大的波动风险,其并购重组活动也会随之受到影响。具体来看,从"不确定性多元化假说"的观点出发,Cao 等(2017)解释了企业在面临较高的不确定性时,跨国并购投资活动显著增加的现象。跨国并购能够帮助企业实现经营收入多元化,这将减少企业收益出现巨大波动的风险。如果一个公司同时从事国内与国外业务,国内不确定环境所导致的风险就可以通过跨国并购而被分散。从企业风险管理的观点出发,Garfinkel 和 Hankins(2011)认为现金流不确定性的增加促使企业进行重组整合,也将推动资本市场并购浪潮的开始。企业将并购战略视为风险管理的工具,以对冲不确定现金流造成的冲击,即通过增加并购重组活动,减少限制资产所占用和耗费的成本,减轻未来现金流的波动性。此外,对于企图进行规模扩张的公司来说,更加不确定的经济环境会导致有限的投资者关注,降低集合竞价的激烈程度,更有利于其通过并购重组来扩大公司

规模（Duchin 和 Schmidt，2013）。所以，在经济政策不确定的环境下，企业的并购重组活动增加。

从兼并收购活动对公司不当行为的影响情况来看，Erickson 等（2011）和 Lo 等（2017）发现企业的兼并收购活动与违规盈余管理之间存在正向联系。并购重组交易完成后企业财务报表的会计信息会变得复杂，这就会增加财务审计难度，降低不当行为被稽查的可能性，为高层管理者进行利润操纵和违规披露提供可乘之机。而且，公司的收购战略可以为已经进行盈余管理和利润操纵的经理提供好处，不当行为公司的经理可以通过收购来模糊公司真正的基本业绩，改善公司账面上的盈利水平并使之出现资金富裕。更进一步，在关于并购活动与公司不当行为的研究中，Erickson 等（2006）、Wang（2013）和 Harjoto（2017）认为兼并收购与公司不当行为发生的概率呈正相关，参与并购重组活动的公司表现出更高的不当行为倾向，这是因为进行并购重组的公司希望能够获取可观的估值和收益，在寻求交易对象的过程中，会通过经营业绩粉饰和财务数据造假来吸引市场关注，提高自身在并购交易中的议价能力。综上，提出本章的第四个研究假设。

H4：经济政策不确定性提高会促进公司开展并购重组活动，进而增加公司实施不当行为的倾向。

2. 现金持有水平

经济政策不确定性对公司现金持有水平的影响可以从融资和投资两个角度来分析。从影响企业融资的角度来看，不确定的环境导致企业未来经营状况和现金流量难以预测，这就加大了企业与投资方的信息不对称性，使得信用违约风险增加，信贷利差提高，企业融资难度增加（Gilchrist 和 Zakrajsek，2012），而且随着不确定性的上升，银行会出现惜贷行为，导致信贷规模下降（Bordo 等，2016；Valencia，2017）。从影响企业投资的角度来看，Knight（1921）提出了企业在不确定性冲击下对发展机遇的把握是其利润的根本来源的观点。增长期权理论认为，经济政策不确定环境下的投资类似于行使一个看涨期权，由于从企业付出投资到获得收益之间存在着时间间隔，投资价值并非取决于项目当前的价值，而是取决于项目未来可能产生的成长机会和增值收益，不确定性的增加会为投资者带来潜在的超额收益，而可能的损失却是有限的。尤其是新兴技术、互联网行业和R&D（顾夏铭等，2018）等，企业会更多选择这些成长型投资，当坏结果出现时，企业可以选择终止投资，进行止损，而一旦投资成功，未来收益将十分可观。所以，当经济政策不确定性增加时，企业会面临融资约束，更多选择成长型投资，其现金持有水平会下降。

公司现金持有水平会影响公司不当行为发生的概率。Schrand和Zechman（2012）在研究中比较了发生不当行为的公司和不发生不当行为的公司的现金流量水平，发现不当行为公司具有较少的现金流量。公司现金持有水平与公司不当行为之间的关系具体可以从两方面来分析。一方面，当公司的现金及现金等价物的持有水平较低时，说明存在融资约束，公司用于正常生产经营和技术研发的资金不足，公司的高层管理者可能会通过粉饰业绩、虚假披露等违规手段来吸引投资者的关注，以获得资金支持用于保障公司正常的商业活动。另一方面，公司现金资产较少说明资本支出相对较多，甚至出现过度投资的现象，资本过度支出增加了未来资金流出现较大波动的隐患（Harjoto，2017），这将引发股东等利益相关者的质疑和不满，提高各方投资者的警惕，加大市场对公司业绩的负面预期，同时也将增加公司股价大幅波动的潜在风险，管理者会更倾向于选择掩饰和隐藏公司资本投资的实际情况。所以，公司现金持有水平较低时，公司实施不当行为的倾向更大。综上，提出本章的第五个研究假设。

H5：经济政策不确定性提高会降低公司现金持有水平，进而增加公司实施不当行为的倾向。

3. 股价波动

根据风险溢价理论，投资者是理性的且是风险厌恶的，当面临更高的风险和不确定性时，投资者会寻求更高的收益补偿。在经济政策不确定性的冲击下，企业未来经营业绩的波动性增加，信息不对称程度提高，投资者更难以根据历史的财务数据和当下获取的信息做出交易决策，股价崩盘风险和企业违约风险增加，风险厌恶的投资者期望得到更高的收益作为风险承担的补偿，这就造成了股票价格的大幅波动。Anderson 等（2009）通过构建均衡分析模型，将不确定性作为重要的资产定价因子，认为投资者在政策不确定环境下表现出更显著的风险厌恶特征，对不确定性寻求的投资溢价要明显高于针对传统的市场风险寻求的投资溢价。不确定性上升会加大股票的负向变动程度和股票收益波动性（Pastor 和 Veronesi，2012）。所以，经济政策不确定性上升会提高股票价格的波动率。

发行股票是企业为生产和发展进行融资的重要渠道，股票价格的稳定能够保证企业未来获得持续稳定的资金支持。而股票价格的大幅波动也将导致企业未来融资情况出现较大幅度的波动，股价波动率提高不利于企业正常的发展和战略规划，影响企业未来的业绩。Wang（2013）将公司投资失败和经营亏损归为公司违规的导火索，这就意味着股价波动率与公司违规呈正相关。另外，根据有效市场假说（Efficient Markets Hypothesis，EMH），股票价格信息是公司经营状况的直观体现。而股价异常波动可以通过公司股票波动率来衡量，反映出公司可能存在的诉讼风险（Jones 和 Weingram，1996），股价大幅下跌可能是由于知情人内部交易引起的（Agrawal 和 Cooper，2015）。Wang 等（2010）认为当股票价格出现大幅波动时，由于股东对其投资损失不满意，因此可能会起诉那些经历大额负回报和高回报波动的公司。此外，Lo 等（2017）发现股价波动与盈余管理呈正相关。Kuang 和 Lee（2017）、Harjoto（2017）也发现公司股价收益波动率提高增加了管理层实施不当行为的可能性。综上，提出本章的第六个研究假设。

H6：经济政策不确定性提高会加剧公司股票价格波动，进而增加公司实施不当行为的倾向。

4. 机构投资者持股

根据 Francis 等（2014）的研究，未来经济政策的不确定性，以及企业投资和资本配置的异质性都会影响机构投资者的持股策略。经济不确定带来的动荡，以及经济政策的不确定，会导致企业未来经营现金流和融资现金流受到约束，股票价格信息含量降低，机构投资者会减少其持股比例。而且相比于个体投资者，机构投资者在获取和处理信息方面经验丰富，对于宏观经济政策和企业经营业绩的波动更为敏感，因此，当经济政策不确定性影响企业未来现金流时，机构投资者会重新平衡其投资组合以减少股价波动对投资收益造成的负面影响。所以，当经济政策不确定性上升时，机构投资者会减少其持股比例。

机构投资者持有上市公司较大比重的股票份额，公司业绩和股价波动与其经济利益密切相关（Uzun 等，2004）。所以，机构投资者会表现出显著的经济动机去了解和监督公司管理层的行为，督促企业强化公司治理的内外机制。"有效监管假设"（Active Monitoring Hypothesis）认为，相比于一般的中小股东，机构投资者有更大的动力去扮演公司内部治理监管者的角色。他们会更加主动地行使公司大股东的权利，积极地参与公司的经营管理和规划决策，并督促公司及时、准确、公允地披露经营和财务信息。机构投资者在高管薪酬合同方面发挥着监督作用。机构投资者既可以通过行使大股东权力直接影响管理层的经营活动，也能够以大量抛售股票为借口，向公司管理层施压，以实现对管理层的间接影响，从而在机构投资者与公司高管之间形成良性的权力制衡机制，谨防高管滥用职权。因此，机构投资者持有大部分股份的公司，违规行为的发生率较低。陆瑶等（2012）认为机构投资者的监管能够提高公司绩效，降低出现亏损的可能性，抑制公司不当行为的发生，机构投资者持股比例与公司不当行为动机呈负向关系。综上，提出本章的第七个研究假设。

H7：经济政策不确定性提高会降低机构投资者持股比例，进而增加公

司实施不当行为的倾向。

第二节 研究设计

一、实证模型构建

本章主要分两部分来检验上述研究假设：一是经济政策不确定性对公司不当行为产生影响的直接效应；二是经济政策不确定性通过四个渠道（并购重组、现金持有水平、股价波动、机构投资者持股）对公司不当行为产生影响的中介效应。假设检验模型包含一个主要解释变量和四个中介变量，属于一元并行的多重中介模型（柳士顺等，2009）。在这一模型中，既包含自变量对因变量产生影响的直接效应，也包含自变量通过中介变量间接对因变量产生影响的中介效应。本章按照温忠麟和叶宝娟（2014）梳理的中介效应检验流程来判断四个传导机制的存在性：首先，构建经济政策不确定性影响公司不当行为倾向的总效应方程，即主要解释变量影响因变量的方程；其次，构建经济政策不确定性冲击下企业的并购重组、现金持有水平、股价波动、机构投资者持股动态调整的方程，即主要解释变量影响中介变量的方程；最后，分别构建经济政策不确定性与企业的并购重组、现金持有水平、股价波动、机构投资者持股联合影响公司不当行为倾向的方程，即控制中介变量后主要解释变量影响因变量的方程。直接效应和中介效应检验模型的具体形式如下。

1. 直接效应检验模型

$$P(Fraud_{i,t} = 1) = \gamma_0 + \gamma_1 EPU_{i,t-1} + \sum_{j=2}^{n} \gamma_j Control\ Variables_{i,t-1} + \mu_{i,year} + \mu_{i,industry} + \mu_{i,area} + \varepsilon_{i,t-1} \quad (4-1)$$

在考察公司不当行为事件时，考虑的是事前因素对该估计方程的影响，所有解释变量和控制变量均采用滞后一期处理。$\mu_{i,year}$、$\mu_{i,industry}$、$\mu_{i,area}$ 分别表示年份、行业和地区层面上的固定效应。

本章研究的被解释变量公司不当行为倾向（Fraud）属于二值哑变量。对于二值因变量，常常采用线性概率模型（LMP）、Logit 模型或 Probit 模型来进行估计。Wooldridge（2002）在研究二元选择问题时，比较了线性概率模型（LMP）的普通最小二乘法估计（Ordinary Least Square，OLS）和多元概率比回归模型（Logit 和 Probit）的极大似然估计（Maximum Likelihood Estimate，MLE），最后得出了一致的结论，即相同变量在不同模型中的系数符号相同且都是统计显著的。但是在进行复杂嵌套模型间的系数比较时，线性概率模型具有显著的优势和说服力（Mood，2010）。因此，本章在实证分析时先采用线性概率模型进行系数比较，再通过 Probit 模型进行检验和补充说明。

2. 中介效应检验模型

$$Fraud_{i,t} = \alpha_0 + \beta_1 EPU_{i,t-1} + \sum_{j=2}^{n} \alpha_j Control\ Variables_{i,t-1} + \mu_{i,year} + \mu_{i,industry} + \mu_{i,area} + \varepsilon_{1,i,t-1} \quad (4-2)$$

$$M_{i,t-1} = \alpha_0 + \beta_2 EPU_{i,t-1} + \sum_{j=2}^{n} \alpha_j Control\ Variables_{i,t-1} + \mu_{i,year} + \mu_{i,industry} + \mu_{i,area} + \varepsilon_{2,i,t-1} \quad (4-3)$$

$$Fraud_{i,t} = \alpha_0 + \beta_3 EPU_{i,t-1} + \beta_4 M_{i,t-1} + \sum_{j=2}^{n} \alpha_j Control\ Variables_{i,t-1} + \mu_{i,year} + \mu_{i,industry} + \mu_{i,area} + \varepsilon_{3,i,t-1} \quad (4-4)$$

其中，经济政策不确定性指数（EPU）为主要解释变量。M 表示中介变量，包括企业的并购重组（M&A）、现金持有水平（Cash）、股价波动（VOL）、机构投资者持股（In_Investor）。Fraud 为因变量，表示公司不当行为倾向。通过检验拟合系数 β_1、β_2、β_3、β_4 的显著性来判断是否存在中介效应。如果中介效应成立，则需要保证 β_1、β_2、β_4 的系数均显著。而且更严格的要求是保证主要解释变量和中介变量之间不具有调节效应，即在（4-4）式中引入两者交互项后得到下式，进而检验该式中主要解释变量与中介变量的交互项（$EPU_{i,t-1} \times M_{i,t-1}$）的系数是否显著。

$$Fraud_{i,t} = \alpha_0 + \beta_5 EPU_{i,t-1} + \beta_6 M_{i,t-1} + \beta_7 EPU_{i,t-1} \times M_{i,t-1} +$$
$$\sum_{j=2}^{n} \alpha_j Control\ Variables_{i,t-1} + \mu_{i,year} + \mu_{i,industry} + \mu_{i,area} + \varepsilon_{3,i,t-1} \quad (4-5)$$

需要注意的是，中介效应的检验一般针对线性模型，自变量、中介变量和因变量均为连续变量。本章的因变量（是否存在被稽查出的不当行为事件）为（0，1）哑变量，自变量和中介变量为连续变量，如果采用线性模型对中介变量进行回归，同时采用非线性模型对因变量进行回归，则线性模型和非线性模型的系数估计方法不同，难以直接进行比较（温忠麟，2014）。为了保证系数之间便于诠释比较且具有说服力，本章先通过线性概率模型（LMP）对因变量（$Fraud$）进行 OLS 回归，同时对中介变量进行 OLS 回归，按照中介效应的检验程序来判断是否存在中介机制，进而运用 Probit 模型再次对因变量进行回归和中介判断，确保中介检验的准确稳健。

二、变量选取和指标构建

1. 主要解释变量

我国的经济政策不确定性（EPU）是根据 Baker 等（2016）构建的经济政策不确定性指数来衡量的。Baker 等（2016）选取中国香港最具影响力的《南华早报》（SCMP），基于文本分析技术，检索并过滤出《南华早报》中每个月内刊发的包含"China""Economy""Uncertainty"信息的文章，得到有关经济政策不确定性的文章出现的月度频率。将该月度频率除以同月所有 SCMP 文章的数量并进行标准化处理后即得出了中国的经济政策不确定性指数。本章在实证分析时通过计算年度平均值，将月份经济政策不确定性指数转化为年度经济政策不确定性指数。学术界认为，经济政策不确定性和经济不确定性的主要区别在于，前者反映了报纸上出现的与不确定性相关的术语的频率，而后者则度量了从经济数据中收集的特定信息的波动情况，也就是说，EPU 传递的信息更多的是主观和定性的，取决于记者的词汇选择，而经济不确定性则主要依靠客观数据来定量测度。

2. 特征变量

在实证探究经济政策不确定性与公司不当行为的关系时，通过企业风险承受能力和企业生产经营能力两个角度来进行企业异质性分析。结合上一节的理论分析，共涉及四个特征变量，代表企业风险承受能力的变量分别为所有制性质（$State$）和债务杠杆（LEV），代表企业生产经营能力的变量分别为资产报酬率（ROA）和公司规模（$Size$）。其中：所有制性质（$State$）根据国泰安数据库分为国有企业和非国有企业两类，因为存在政策保护，国有企业的风险承受能力相对较高；债务杠杆（LEV）以总负债在总资产中的占比来衡量，公司债务杠杆越高，出现债务危机和融资约束的概率越大，其风险承受能力相对越低；资产报酬率（ROA）是公司的息税前利润占总资产的比重，反映了企业的盈利水平；公司规模（$Size$）通过公司资产总额的对数值来衡量。

3. 其他控制变量

参考既有文献，本章选取了以下变量作为影响公司不当行为动机的控制变量：上市时间（$Firmage$）（Harjoto，2017；Lo 等，2017）；高管职务兼任的情况（$Duality$）（Kuang 和 Lee，2017；Chen，2018）；研发投入（$R\&D$）（Wang，2013；Harjoto，2017）；企业社会责任（CSR）（Harjoto，2017；Zhang，2016）；四大审计（$Big4$）（Kuang 和 Lee，2017；Harjoto，2017）；审计意见类型（$Au\_Opinion$），包含了审计师发布的错报、漏报、不合格等不利意见或材料缺失的意见（Harjoto，2017；Zhang，2016）；托宾 Q 值（$Tobin's\ Q$）（Povel 等，2007；Kuang 和 Lee，2017；Zhang，2016）。实证分析中涉及的主要变量的定义及度量方法列示在表 4.1 中。

表 4.1 变量定义及度量方法

变量名称	变量符号	变量度量方法
所有制性质	State	控股股东为国有性质取 1，否则为 0
债务杠杆	LEV	总负债占总资产的比重
资产报酬率	ROA	息税前利润与总资产的比值
公司规模	Size	公司资产总额的对数值
上市时间	Firmage	公司上市的时间
两职合一	Duality	公司董事长与总经理为同一人取 1，否则为 0
研发投入	R&D	企业研发投入占总资产的比重
企业社会责任	CSR	当年发布了社会责任报告取 1，否则为 0
四大审计	Big4	审计公司为四大之一取 1，否则为 0
审计意见类型	Au_Opinion	标准无保留意见取 1，其他为 0
托宾 Q 值	Tobin's Q	公司市值与资产重置成本之比

三、样本数据的统计分析

本章对企业微观行为的实证分析基于国泰安（CSMAR）上市公司违规行为数据库，选取 2007—2017 年沪深 A 股上市公司作为研究对象，参考相关文献，剔除创业板上市公司、金融类上市公司和 ST 状态的上市公司以保证各样本财务数据一致可靠，构建了一个由 2514 个不当行为事件构成的包括 18752 个公司年度观测值的研究样本组。其中，公司不当行为、公司并购和董事会结构数据来自国泰安数据库，其他财务数据来自 iFinD 数据库。

1. 描述性统计分析

表 4.2 对实证分析中的各个变量进行了描述性统计分析，并且基于公司不当行为存在与否进行分组，查看了各个变量在分组之后的均值水平和组间差异性。结果表明在不当行为样本组（*Fraud*=1）和非不当行为样本组（*Fraud*=0），经济政策不确定性指数存在明显差异，而且不当行为样本组内

的经济政策不确定性更高。此外，在至少 10% 的显著性水平下，各个控制变量也存在显著的组间均值差异性。

表 4.2 变量描述性统计分析

变量	均值	中位数	标准差	最小值	最大值	组间差异		
						Fraud=0	Fraud=1	Mean Diff
$Fraud$	0.128	0	0.335	0	1			
EPU	0.197	0.171	0.099	0.082	0.365	0.195	0.217	−0.022*
$State$	0.508	1	0.500	0	1	0.528	0.375	0.153*
LEV	0.497	0.493	0.237	0.061	1.504	0.492	0.535	−0.043*
ROA	0.058	0.052	0.072	−0.210	0.314	0.060	0.041	0.019*
$Size$	21.93	21.81	1.325	18.78	25.81	21.96	21.77	0.188*
$Firmage$	10.47	11	5.819	1	26	10.40	10.95	−0.548*
$Duality$	0.190	0	0.392	0	1	0.183	0.239	−0.056*
$R\&D$	0.009	0.001	0.014	0	0.070	0.009	0.011	−0.001*
CSR	0.226	0	0.418	0	1	0.230	0.201	0.029*
$Big4$	0.061	0	0.240	0	1	0.066	0.028	0.038*
$Au\_Opinion$	0.057	0	0.232	0	1	0.045	0.141	−0.096*
$Tobin's\ Q$	2.130	1.508	2.097	0.205	13.05	2.086	2.431	−0.345*

注：* 表示具有至少 10% 的显著性水平。

2. 相关性分析

在实证分析之前，对各个变量之间的关系进行 Spearman 相关性检验和 Pearson 相关性检验，结果详见表 4.3。可以看出，公司不当行为与经济政策不确定性（EPU）、债务杠杆（LEV）、研发投入（$R\&D$）、上市时间（$Firmage$）、两职合一（$Duality$）、审计意见类型（$Au\_Opinion$）和托宾 Q 值（$Tobin's\ Q$）呈正向关系，与所有制性质（$State$）、资产报酬率（ROA）、公司规模（$Size$）、企业社会责任（CSR）、四大审计（$Big4$）呈负向关系，符合初步理论预期。此外，各个变量之间相关系数的绝对值较小，不存在严重的多重共线性问题。

表 4.3 主要变量间相关系数矩阵

变量	Fraud	EPU	State	LEV	ROA	Size	R&D	CSR	Firmage	Duality	Big4	Au_Opinion	Tobin's Q
Fraud		0.088	−0.102	0.047	−0.090	−0.040	0.066	−0.021	0.029	0.046	−0.052	0.133	0.039
EPU	0.075		−0.084	−0.073	−0.019	0.200	0.256	0.138	0.165	0.054	0.008	−0.038	0.173
State	−0.102	−0.092		0.205	−0.079	0.254	−0.215	0.130	0.266	−0.245	0.123	−0.038	−0.272
LEV	0.057	−0.084	0.176		−0.254	0.328	−0.249	0.055	0.254	−0.109	0.057	0.184	−0.530
ROA	−0.091	−0.019	−0.067	−0.290		0.101	0.053	0.077	−0.141	0.019	0.060	−0.188	0.238
Size	−0.045	0.200	0.266	0.238	0.104		0.052	0.395	0.207	−0.109	0.296	−0.186	−0.557
R&D	0.030	0.179	−0.187	−0.235	0.089	−0.029		0.152	−0.178	0.139	−0.026	−0.108	0.182
CSR	−0.021	0.131	0.130	0.031	0.079	0.422	0.096		0.125	−0.058	0.185	−0.092	−0.169
Firmage	0.031	0.188	0.261	0.239	−0.105	0.174	−0.179	0.125		−0.135	0.019	0.088	−0.134
Duality	0.046	0.057	−0.245	−0.096	0.014	−0.108	0.126	−0.058	−0.133		−0.057	0.001	0.137
Big4	−0.052	0.007	0.123	0.046	0.055	0.361	−0.023	0.185	0.021	−0.057		−0.040	−0.144
Au_Opinion	0.133	−0.034	−0.038	0.292	−0.250	−0.207	−0.085	−0.092	0.088	0.001	−0.040		0.087
Tobin's Q	0.055	0.176	−0.221	−0.253	0.157	−0.491	0.143	−0.131	−0.028	0.109	−0.104	0.180	

注：上三角阵为 Spearman 相关性检验，下三角阵为 Pearson 相关性检验。

第三节 实证结果与分析

一、经济政策不确定性对上市公司不当行为的直接效应检验

1. 基准回归

表 4.4 中的第（1）列给出了基于 OLS 估计的 LMP 模型的全样本回归结果，显示经济政策不确定性指数（*EPU*）的拟合系数为 0.456，达到了 1% 的显著性水平，说明在经济政策不确定性提高的情况下，公司实施不当行为的概率显著增大，研究假设 H1 成立。从控制变量的回归结果来看，与陆瑶等（2012）、Povel 等（2007）、Kuang 和 Lee（2017）、Zhang（2016）等的研究结果一致，公司的所有制性质（*State*）对公司不当行为发生概率的拟合系数为 -0.042，表明国有性质的公司实施不当行为的倾向较低。公司的债务杠杆（*LEV*）的拟合系数为 0.086，说明当公司总负债占总资产的比重较高时，公司容易出现经营困境，更倾向于采取不当行为。公司规模（*Size*）与公司不当行为负相关，拟合系数为 -0.006，说明大规模公司的内部监控和治理机制较为完善，不当行为发生概率相对较低。公司上市时间（*Firmage*）的拟合系数为 -0.001，说明公司上市时间越长，不当行为发生的概率越低。两职合一（*Duality*）的拟合系数为 0.010，说明当公司的董事长和总经理为同一人时，公司高管的权力过于集中，增加了其实施不当行为的动机。四大审计（*Big4*）的拟合系数为 -0.030，表明经由四大会计师事务所进行财务审计的公司表现出更低的不当行为倾向。审计意见类型（*Au_Opinion*）的拟合系数为 0.149，说明被给出标准无保留意见的公司更容易发生不当行为，这可能是由于此类公司在不当行为被揭露之前采取隐匿措施掩盖了其违规操作，因此财务报告得到标准无保留意见，并且未进行整改。此外，与 Harjoto（2017）、Wang（2013）的研究一致，资产报酬率（*ROA*）和研发

投入（R&D）与公司不当行为发生的概率呈显著的负相关，拟合系数分别为 –0.192 和 –0.626，说明当公司注重科技研发投资，提高专业技术水平，改进生产模式，改善经营理念，具备较高的盈利能力时，公司实施不当行为的倾向较低。企业社会责任（CSR）的拟合系数为 –0.017，说明积极承担企业社会责任的公司具备较低的实施不当行为的动机。表 4.4 中的第（6）列是基于 MLE 估计的 Probit 模型的全样本回归结果。主要解释变量 EPU 的拟合系数为 3.024，显著性水平为 1%，其他各控制变量对公司不当行为发生概率的影响方向均未改变，依然支持假设 H1。

2. 基于企业风险承受能力的异质性分析

不同公司之间的风险承受能力存在较大的差异，主要与公司自身的所有制性质以及负债比重有关。国有企业、低债务杠杆的公司风险承受能力相对较高，非国有企业、高债务杠杆的公司风险承受能力相对较低。公司风险承受能力不同，在经济政策不确定性冲击下，所表现出的不当行为动机也可能会存在差异。在表 4.4 中，按照公司所有制性质（State）和债务杠杆（LEV）的不同对总体样本进行分组，通过对各个变量的分组回归，考察并检验对于不同风险承受能力的公司，经济政策不确定性冲击对其不当行为动机的异质性影响。

在第（2）、第（3）列回归结果中，非国有企业样本组中 EPU 的回归系数为 0.544，而国有企业样本组中 EPU 的回归系数为 0.392，表明在经济政策不确定性冲击下，非国有企业出现不当行为的概率要比国有企业高出 0.152。在第（4）、第（5）列回归结果中，高债务杠杆样本组中 EPU 的回归系数为 0.632，而低债务杠杆样本组中 EPU 的回归系数为 0.304，表明在经济政策不确定性冲击下，高负债率的公司实施不当行为的倾向要比低负债率的公司高出 0.328，也就是说，随着公司债务杠杆的增加，经济政策不确定性冲击对公司不当行为动机的正向影响显著提升。所以，表 4.4 中第（2）至（5）列 LMP 模型的回归结果能够说明假设 H2 成立。此外，第（7）至（10）列 Probit 模型的分组回归结果与第（2）至（5）列的结果一致，说明

表 4.4 基于企业风险承受能力的异质性分析

	LMP (1) ALL	LMP (2) State=0	LMP (3) State=1	LMP (4) 高 LEV	LMP (5) 低 LEV	Probit (6) ALL	Probit (7) State=0	Probit (8) State=1	Probit (9) 高 LEV	Probit (10) 低 LEV
EPU	0.456***	0.544***	0.392***	0.632***	0.304***	3.024***	3.134***	2.810***	3.603***	2.536***
	(0.047)	(0.080)	(0.058)	(0.068)	(0.066)	(0.287)	(0.430)	(0.398)	(0.375)	(0.473)
State	-0.042***			-0.037***	-0.052***	-0.228***			-0.186***	-0.293***
	(0.006)			(0.008)	(0.008)	(0.030)			(0.041)	(0.045)
LEV	0.086***	0.066***	0.123***			0.436***	0.291***	0.700***		
	(0.013)	(0.020)	(0.018)			(0.064)	(0.082)	(0.109)		
ROA	-0.192***	-0.214***	-0.150***	-0.272***	-0.175***	-0.856***	-0.832***	-0.766**	-1.172***	-0.780***
	(0.039)	(0.058)	(0.052)	(0.057)	(0.054)	(0.191)	(0.241)	(0.330)	(0.264)	(0.287)
Size	-0.006*	-0.004	-0.007**	-0.011***	-0.001	-0.046***	-0.025	-0.063***	-0.083***	-0.018
	(0.003)	(0.005)	(0.003)	(0.004)	(0.005)	(0.016)	(0.023)	(0.023)	(0.021)	(0.026)
Firmage	-0.001*	-0.001	-0.001	-0.003***	0.001	-0.004	-0.003	-0.005	-0.011***	0.003
	(0.000)	(0.001)	(0.001)	(0.001)	(0.001)	(0.002)	(0.003)	(0.004)	(0.004)	(0.003)
Duality	0.010	0.008	0.008	0.028***	-0.002	0.038	0.030	0.043	0.113**	-0.016
	(0.006)	(0.009)	(0.010)	(0.010)	(0.008)	(0.031)	(0.037)	(0.063)	(0.047)	(0.043)
R&D	-0.626***	-0.791**	-0.392	-0.526	-0.581**	-2.411**	-3.183**	-1.590	-1.885	-2.667*
	(0.203)	(0.308)	(0.270)	(0.344)	(0.253)	(1.043)	(1.338)	(1.711)	(1.668)	(1.372)

续表

	(1) LMP ALL	(2) LMP State=0	(3) LMP State=1	(4) LMP 高 LEV	(5) LMP 低 LEV	(6) Probit ALL	(7) Probit State=0	(8) Probit State=1	(9) Probit 高 LEV	(10) Probit 低 LEV
CSR	-0.017**	-0.025**	-0.006	-0.014	-0.022**	-0.055	-0.101**	-0.003	-0.019	-0.101**
	(0.007)	(0.011)	(0.008)	(0.010)	(0.009)	(0.034)	(0.050)	(0.050)	(0.048)	(0.050)
Big4	-0.030***	-0.034	-0.028**	-0.035***	-0.020	-0.242***	-0.169	-0.286***	-0.244***	-0.207*
	(0.011)	(0.022)	(0.011)	(0.015)	(0.016)	(0.067)	(0.104)	(0.091)	(0.089)	(0.107)
Au_Opinion	0.149***	0.173***	0.127***	0.170***	0.168***	0.530***	0.587***	0.482***	0.633***	0.624***
	(0.012)	(0.019)	(0.016)	(0.015)	(0.022)	(0.055)	(0.073)	(0.086)	(0.064)	(0.099)
Tobin's Q	0.004**	0.001	0.008***	-0.002	0.008***	0.005	-0.001	0.024	-0.022*	0.029***
	(0.002)	(0.002)	(0.002)	(0.003)	(0.002)	(0.008)	(0.010)	(0.015)	(0.012)	(0.011)
_cons	0.098	0.021	0.104	0.250***	0.063	-1.161***	-1.627***	-1.083**	-0.145	-1.520***
	(0.064)	(0.113)	(0.076)	(0.092)	(0.100)	(0.349)	(0.497)	(0.520)	(0.475)	(0.584)
行业效应	Y	Y	Y	Y	Y	Y	Y	Y	Y	Y
年份效应	Y	Y	Y	Y	Y	Y	Y	Y	Y	Y
地区效应	Y	Y	Y	Y	Y	Y	Y	Y	Y	Y
N	18752	9132	9620	9142	9610	18752	9132	9620	9142	9610
R^2	0.066	0.057	0.069	0.090	0.051					
Pseudo R^2						0.088	0.064	0.106	0.112	0.074

注：每个自变量对应两行结果，第一行为系数估计值，第二行括号内为稳健标准误。*、**、*** 分别表示 10%、5%、1% 的显著性水平。

公司的风险承受能力越低，经济政策不确定性与公司不当行为发生概率之间的正向关系越强。

3. 基于企业生产经营能力的异质性分析

不同公司之间的生产经营能力也存在较大的差异，主要是因为各个公司的盈利能力和资产规模差距较大。小规模、高资产报酬率的公司生产经营能力相对较高，大规模、低资产报酬率的公司生产经营能力相对较低。公司生产经营能力不同，在经济政策不确定性冲击下，公司对生产规模进行调整转变，保持盈利能力的程度也不相同，因此所表现出的不当行为动机可能会存在差异。在表4.5中，按照公司资产报酬率（ROA）和公司规模（Size）的不同将总体样本进行分组，通过对各个变量的分组回归，考察并检验对于不同生产经营能力的公司，经济政策不确定性冲击对其不当行为动机的异质性影响。

在第（2）、第（3）列回归结果中，资产报酬率较高的样本组中 EPU 的回归系数为 0.342，而资产报酬率较低的样本组中 EPU 的回归系数为 0.580，表明在经济政策不确定性冲击下，具有较低盈利水平的公司的不当行为倾向要比具有较高盈利水平的公司高出 0.238。在第（4）、第（5）列回归结果中，大规模公司的样本组中 EPU 的回归系数为 0.506，而小规模公司的样本组中 EPU 的回归系数为 0.414，表明在经济政策不确定性冲击下，大规模公司实施不当行为的倾向要比小规模公司高出 0.092。由于大规模公司的生产经营规模庞大，在经济政策出现变动时，大规模公司往往被动做出技术要素调整和管理模式转变，而且需要耗费大量的时间和成本，而相比之下，小规模公司在不确定的经济政策面前显得更为灵活和主动。这就解释了公司规模越大，经济政策不确定性冲击对公司不当行为动机的正向影响越大的原因。综上所述，第（2）至（5）列 LMP 模型的回归结果能够说明假设 H3 成立。此外，第（7）至（10）列 Probit 模型的分组回归结果与第（2）至（5）列的结果一致，说明公司的生产经营能力越低，经济政策不确定性与公司不当行为发生概率之间的正向关系越强。

表 4.5 基于企业生产经营能力的异质性分析

	LMP (1) ALL	LMP (2) 高ROA	LMP (3) 低ROA	LMP (4) 大规模	LMP (5) 小规模	Probit (6) ALL	Probit (7) 高ROA	Probit (8) 低ROA	Probit (9) 大规模	Probit (10) 小规模
EPU	0.456***	0.342***	0.580***	0.506***	0.414***	3.024***	3.066***	3.204***	4.771***	2.453***
	(0.047)	(0.065)	(0.067)	(0.074)	(0.064)	(0.287)	(0.514)	(0.357)	(0.780)	(0.344)
State	-0.042***	-0.038***	-0.044***	-0.039***	-0.047***	-0.228***	-0.245***	-0.213***	-0.204***	-0.263***
	(0.006)	(0.008)	(0.008)	(0.008)	(0.008)	(0.030)	(0.048)	(0.038)	(0.045)	(0.040)
LEV	0.086***	0.063***	0.118***	0.159***	0.074***	0.436***	0.383***	0.535***	0.936***	0.342***
	(0.013)	(0.019)	(0.018)	(0.024)	(0.016)	(0.064)	(0.110)	(0.078)	(0.136)	(0.076)
ROA	-0.192***			-0.071	-0.252***	-0.856***			-0.306	-1.136***
	(0.039)			(0.070)	(0.048)	(0.191)			(0.395)	(0.223)
Size	-0.006*	-0.004	-0.011**			-0.046***	-0.041*	-0.066***		
	(0.003)	(0.004)	(0.004)			(0.016)	(0.025)	(0.020)		
Firmage	-0.001*	0.000	-0.002***	-0.002**	0.000	-0.004	-0.000	-0.008**	-0.009**	0.002
	(0.000)	(0.001)	(0.001)	(0.001)	(0.001)	(0.002)	(0.004)	(0.003)	(0.004)	(0.003)
Duality	0.010	0.003	0.017*	0.013	0.007	0.038	0.006	0.063	0.052	0.022
	(0.006)	(0.008)	(0.009)	(0.010)	(0.008)	(0.031)	(0.049)	(0.041)	(0.052)	(0.040)
R&D	-0.626***	-0.402	-0.771**	-0.752**	-0.669**	-2.411**	-2.292	-2.420*	-3.332*	-2.528*
	(0.203)	(0.260)	(0.317)	(0.304)	(0.280)	(1.043)	(1.533)	(1.464)	(1.715)	(1.356)

续表

	LMP (1) ALL	LMP (2) 高 ROA	LMP (3) 低 ROA	LMP (4) 大规模	LMP (5) 小规模	Probit (6) ALL	Probit (7) 高 ROA	Probit (8) 低 ROA	Probit (9) 大规模	Probit (10) 小规模
CSR	−0.017**	−0.022**	−0.012	−0.017**	−0.011	−0.055	−0.090*	−0.031	−0.093**	−0.022
	(0.007)	(0.008)	(0.010)	(0.008)	(0.012)	(0.034)	(0.052)	(0.047)	(0.042)	(0.059)
Big4	−0.030***	−0.013	−0.050***	−0.023**	−0.057*	−0.242***	−0.127	−0.345***	−0.186***	−0.554**
	(0.011)	(0.013)	(0.017)	(0.011)	(0.032)	(0.067)	(0.094)	(0.098)	(0.072)	(0.233)
Au_Opinion	0.149***	0.131***	0.160***	0.205***	0.135***	0.530***	0.475***	0.578***	0.724***	0.497***
	(0.012)	(0.025)	(0.015)	(0.024)	(0.015)	(0.055)	(0.125)	(0.061)	(0.109)	(0.064)
Tobin's Q	0.004**	0.003*	0.002	0.014***	0.002	0.005	0.012	−0.004	0.075***	0.003
	(0.002)	(0.002)	(0.002)	(0.004)	(0.002)	(0.008)	(0.012)	(0.010)	(0.022)	(0.008)
_cons	0.098	0.072	0.163*	−0.091**	0.002	−1.161***	−1.423**	−0.834*	−3.158***	−1.959***
	(0.064)	(0.088)	(0.093)	(0.038)	(0.036)	(0.349)	(0.572)	(0.448)	(0.325)	(0.188)
行业效应	Y	Y	Y	Y	Y	Y	Y	Y	Y	Y
年份效应	Y	Y	Y	Y	Y	Y	Y	Y	Y	Y
地区效应	Y	Y	Y	Y	Y	Y	Y	Y	Y	Y
N	18752	8506	10246	8712	10040	18752	8506	10246	8712	10040
R^2	0.066	0.050	0.075	0.077	0.070					
Pseudo R^2						0.088	0.080	0.091	0.111	0.089

注：每个自变量对应两行结果，第一行为系数估计值，第二行括号内为稳健标准误差。*、**、*** 分别表示 10%、5%、1% 的显著性水平。

二、经济政策不确定性影响上市公司不当行为的传导机制检验

1. 经济政策不确定性、并购重组与公司不当行为

表 4.6 中第（1）至（4）列是通过线性概率模型对因变量（Fraud）进行 OLS 回归的结果，第（5）至（8）列是通过 Probit 模型对因变量（Fraud）进行 MLE 回归的结果。为了能够与后续检验结果进行更直观的比照，在第（1）列中仍然汇报了经济政策不确定性对公司不当行为的直接效应检验的回归结果。第（2）列是主要解释变量（EPU）对中介变量（M&A）的回归结果，经济政策不确定性指数（EPU）的回归系数为 0.368，显著性水平为 1%，说明当经济政策不确定性提高时，公司的并购重组活动增加。第（3）列报告了因变量对主要解释变量（EPU）和中介变量（M&A）同时回归的结果，可以看出中介变量（M&A）的回归系数在 5% 的水平上显著为正，表明当公司的并购重组活动频繁时，公司出现不当行为的概率会明显增大。并且在引入中介变量后，主要解释变量（EPU）的估计系数仍然显著，绝对值有所下降，说明公司的并购重组是经济政策不确定性影响公司不当行为的一个渠道。第（4）列是对主要解释变量和中介变量之间是否存在调节效应的检验，结果显示主要解释变量和中介变量的交互项（EPU × M&A）的系数并不显著，说明两者之间不存在交互效应。在第（5）至（8）列中，采用 Probit 模型再次对因变量（Fraud）进行回归，仍能得出一致的结论，即在经济政策不确定性提高的情况下，公司并购重组活动的增加会提升公司实施不当行为的倾向，印证了本章的研究假设 H4。

2. 经济政策不确定性、现金持有水平与公司不当行为

表 4.7 中第（1）列基准回归结果显示，经济政策不确定性对公司不当行为的直接效应为 0.456。第（2）列中汇报了主要解释变量（EPU）对中介变量（Cash）的回归结果，经济政策不确定性指数（EPU）的回归系数

表 4.6 经济政策不确定性、并购重组与公司不当行为

	LMP (1) Fraud	LMP (2) M&A	LMP (3) Fraud	LMP (4) Fraud	Probit (5) Fraud	Probit (6) M&A	Probit (7) Fraud	Probit (8) Fraud
EPU	0.456*** (0.047)	0.368*** (0.071)	0.452*** (0.047)	0.456*** (0.053)	3.024*** (0.287)	0.941*** (0.186)	3.003*** (0.287)	3.038*** (0.315)
M&A			0.011** (0.005)	0.013 (0.011)			0.053** (0.026)	0.067 (0.057)
EPU × M&A				−0.007 (0.048)				−0.066 (0.246)
State	−0.042*** (0.006)	−0.075*** (0.009)	−0.041*** (0.006)	−0.041*** (0.006)	−0.228*** (0.030)	−0.199*** (0.023)	−0.223*** (0.030)	−0.224*** (0.030)
LEV	0.086*** (0.013)	0.053*** (0.020)	0.086*** (0.013)	0.086*** (0.013)	0.436*** (0.064)	0.142*** (0.052)	0.434*** (0.064)	0.434*** (0.064)
ROA	−0.192*** (0.039)	0.131** (0.059)	−0.193*** (0.039)	−0.193*** (0.039)	−0.856*** (0.191)	0.356** (0.155)	−0.862*** (0.192)	−0.862*** (0.192)

续表

	LMP (1) Fraud	LMP (2) M&A	LMP (3) Fraud	LMP (4) Fraud	Probit (5) Fraud	Probit (6) M&A	Probit (7) Fraud	Probit (8) Fraud
Size	-0.006* (0.003)	0.057*** (0.004)	-0.006** (0.003)	-0.006** (0.003)	-0.046*** (0.016)	0.151*** (0.012)	-0.049*** (0.016)	-0.049*** (0.016)
Firmage	-0.001* (0.000)	0.002*** (0.001)	-0.001* (0.000)	-0.001* (0.000)	-0.004 (0.002)	0.006*** (0.002)	-0.004 (0.002)	-0.004 (0.002)
Duality	0.010 (0.006)	0.016* (0.010)	0.010 (0.006)	0.010 (0.006)	0.038 (0.031)	0.041 (0.025)	0.037 (0.031)	0.037 (0.031)
R&D	-0.626*** (0.203)	-1.070*** (0.307)	-0.613*** (0.204)	-0.614*** (0.204)	-2.411** (1.043)	-2.857*** (0.812)	-2.336** (1.043)	-2.337** (1.043)
CSR	-0.017** (0.007)	-0.008 (0.010)	-0.016** (0.007)	-0.016** (0.007)	-0.055 (0.034)	-0.022 (0.026)	-0.055 (0.034)	-0.055 (0.034)
Big4	-0.030*** (0.011)	-0.074*** (0.016)	-0.029*** (0.011)	-0.029*** (0.011)	-0.242*** (0.067)	-0.197*** (0.043)	-0.237*** (0.067)	-0.238*** (0.067)

续表

	LMP (1) Fraud	LMP (2) M&A	LMP (3) Fraud	LMP (4) Fraud	Probit (5) Fraud	Probit (6) M&A	Probit (7) Fraud	Probit (8) Fraud
Au_Opinion	0.149***	−0.011	0.149***	0.149***	0.530***	−0.032	0.530***	0.530***
	(0.012)	(0.019)	(0.012)	(0.012)	(0.055)	(0.050)	(0.055)	(0.055)
Tobin's Q	0.004**	0.004*	0.004**	0.004**	0.005	0.011*	0.005	0.005
	(0.002)	(0.002)	(0.002)	(0.002)	(0.008)	(0.006)	(0.008)	(0.008)
_cons	0.098	−0.851***	0.107*	0.107*	−1.161***	−3.559***	−1.115***	−1.121***
	(0.064)	(0.097)	(0.064)	(0.065)	(0.349)	(0.257)	(0.350)	(0.350)
行业效应	Y	Y	Y	Y	Y	Y	Y	Y
年份效应	Y	Y	Y	Y	Y	Y	Y	Y
地区效应	Y	Y	Y	Y	Y	Y	Y	Y
N	18752	18752	18752	18752	18752	18752	18752	18752
R^2	0.066	0.065	0.067	0.067				
Pseudo R^2					0.088	0.049	0.088	0.088

注：每个自变量对应两行结果，第一行为系数估计值，第二行括号内为稳健标准误。*、**、*** 分别表示 10%、5%、1% 的显著性水平。

表 4.7 经济政策不确定性、现金持有水平与公司不当行为

	LMP	OLS	LMP	LMP	Probit	OLS	Probit	Probit
	(1)	(2)	(3)	(4)	(5)	(6)	(7)	(8)
	Fraud	Cash	Fraud	Fraud	Fraud	Cash	Fraud	Fraud
EPU	0.456***	−0.090***	0.455***	0.440***	3.024***	−0.009***	0.300***	0.288***
	(0.005)	(0.001)	(0.005)	(0.006)	(0.287)	(0.001)	(0.029)	(0.034)
Cash			−0.047**	−0.055			−0.225*	−0.366
			(0.023)	(0.047)			(0.121)	(0.257)
EPU×Cash				0.005				0.075
				(0.023)				(0.119)
State	−0.042***	0.009***	−0.041***	−0.041***	−0.228***	0.009***	−0.225***	−0.225***
	(0.006)	(0.002)	(0.006)	(0.006)	(0.030)	(0.002)	(0.030)	(0.030)
LEV	0.086***	−0.154***	0.079***	0.079***	0.436***	−0.154***	0.403***	0.401***
	(0.013)	(0.004)	(0.013)	(0.013)	(0.064)	(0.004)	(0.066)	(0.066)
ROA	−0.192***	0.191***	−0.183***	−0.183***	−0.856***	0.191***	−0.814***	−0.812***
	(0.039)	(0.012)	(0.039)	(0.039)	(0.191)	(0.012)	(0.193)	(0.193)

续表

	LMP	OLS	LMP	LMP	Probit	OLS	Probit	Probit
	(1)	(2)	(3)	(4)	(5)	(6)	(7)	(8)
	Fraud	Cash	Fraud	Fraud	Fraud	Cash	Fraud	Fraud
Size	-0.006*	0.004***	-0.005*	-0.005*	-0.046***	0.004***	-0.045***	-0.045***
	(0.003)	(0.001)	(0.003)	(0.003)	(0.016)	(0.001)	(0.016)	(0.016)
Firmage	-0.001*	-0.001***	-0.001*	-0.001*	-0.004	-0.001***	-0.004*	-0.004*
	(0.000)	(0.000)	(0.000)	(0.000)	(0.002)	(0.000)	(0.002)	(0.002)
Duality	0.010	0.000	0.010	0.010	0.038	0.000	0.038	0.038
	(0.006)	(0.002)	(0.006)	(0.006)	(0.031)	(0.002)	(0.031)	(0.031)
R&D	-0.626***	0.371***	-0.608***	-0.608***	-2.411**	0.371***	-2.320**	-2.317**
	(0.203)	(0.065)	(0.204)	(0.204)	(1.043)	(0.065)	(1.044)	(1.044)
CSR	-0.017**	-0.003	-0.017**	-0.017**	-0.055	-0.003	-0.056	-0.056
	(0.007)	(0.002)	(0.007)	(0.007)	(0.034)	(0.002)	(0.034)	(0.034)
Big4	-0.030***	-0.018***	-0.031***	-0.031***	-0.242***	-0.018***	-0.245***	-0.246***
	(0.011)	(0.003)	(0.011)	(0.011)	(0.067)	(0.003)	(0.067)	(0.067)

续表

	LMP	OLS	LMP	LMP	Probit	OLS	Probit	Probit
	(1)	(2)	(3)	(4)	(5)	(6)	(7)	(8)
	Fraud	Cash	Fraud	Fraud	Fraud	Cash	Fraud	Fraud
Au_Opinion	0.149***	0.010**	0.149***	0.149***	0.530***	0.010**	0.532***	0.532***
	(0.012)	(0.004)	(0.012)	(0.012)	(0.055)	(0.004)	(0.055)	(0.055)
Tobin's Q	0.004**	0.008***	0.004***	0.004***	0.005	0.008***	0.007	0.007
	(0.002)	(0.001)	(0.002)	(0.002)	(0.008)	(0.001)	(0.008)	(0.008)
_cons	0.098	0.112***	0.103	0.104	−1.161***	0.112***	−1.140***	−1.121***
	(0.064)	(0.021)	(0.064)	(0.065)	(0.349)	(0.021)	(0.349)	(0.350)
行业效应	Y	Y	Y	Y	Y	Y	Y	Y
年份效应	Y	Y	Y	Y	Y	Y	Y	Y
地区效应	Y	Y	Y	Y	Y	Y	Y	Y
N	18752	18752	18752	18752	18752	18752	18752	18752
R^2	0.066	0.238	0.067	0.067		0.238		
Pseudo R^2					0.088		0.088	0.088

注：每个自变量对应两行结果，第一行为系数估计值，第二行括号内为稳健标准误。*、**、*** 分别表示 10%、5%、1% 的显著性水平。

为 –0.090，显著性水平为 1%，说明当经济政策不确定性提高时，公司的现金持有水平会下降，这一结果通过公司可能面临的融资约束增大和机会投资增加加以解释。第（3）列是同时考虑主要解释变量（EPU）和中介变量（Cash）的回归结果，可以看出中介变量（Cash）的回归系数在 5% 的水平上显著为负，表明公司的现金持有水平与公司出现不当行为的概率之间具有显著的负向关系，公司的现金持有水平越低，为了应对公司正常运营的资金需求，避免公司业绩大幅下滑，公司实施不当行为的倾向越大。并且在引入中介变量后，主要解释变量（EPU）的估计系数仍然显著，绝对值有所下降，说明公司的现金持有水平是经济政策不确定性影响公司不当行为的一个渠道。第（4）列是对主要解释变量和中介变量之间是否存在调节效应的检验，结果显示主要解释变量和中介变量的交互项（EPU×Cash）的系数并不显著，说明两者之间不存在交互效应，补充和完善了中介效应的检验结果。此外，在第（5）至（8）列中，采用 Probit 模型再次对因变量（Fraud）进行回归，结果表明经济政策不确定性（EPU）对公司现金持有水平（Cash）的估计系数显著为负，现金持有水平对公司不当行为发生概率的估计系数显著为负。可以认为，在经济政策不确定性提高的情况下，公司现金持有水平的降低会增加公司实施不当行为的倾向，假设 H5 成立。

3. 经济政策不确定性、股价波动与公司不当行为

表 4.8 中第（1）列基准回归结果显示，经济政策不确定性对公司不当行为的直接效应为 0.456。第（2）列是主要解释变量（EPU）对中介变量（VOL）的回归结果，经济政策不确定性指数（EPU）的回归系数为 0.464，显著性水平为 1%，说明当经济政策不确定性提高时，公司股价的波动率将会显著提高。第（3）列是同时考虑主要解释变量（EPU）和中介变量（VOL）的回归结果，可以看出中介变量（VOL）的回归系数在 1% 的水平上显著为正，表明当公司的股价波动加剧时，公司出现不当行为的概率会明显增大。并且在引入中介变量后，主要解释变量（EPU）的估计系数

依然显著，绝对值有所下降，说明公司股价波动是经济政策不确定性影响公司不当行为的一个渠道。第（4）列中主要解释变量和中介变量的交互项（EPU×VOL）的系数并不显著，说明两者之间不存在交互效应。更进一步，在第（5）至（8）列中，采用 Probit 模型进行稳健性讨论，结论与基准回归一致。可以看出，经济政策不确定性（EPU）对公司股价波动（VOL）的估计系数显著为正，股价波动对公司不当行为发生概率的估计系数显著为正，仍然说明，在经济政策不确定性提高的情况下，公司股价波动的加剧会增加公司实施不当行为的倾向，本章研究假设 H6 成立。

4. 经济政策不确定性、机构投资者持股与公司不当行为

表 4.9 中第（1）列基准回归结果显示，经济政策不确定性对公司不当行为的直接效应为 0.456。第（2）列是主要解释变量（EPU）对中介变量（In_Investor）的回归结果，经济政策不确定性指数（EPU）的回归系数为 −0.507，显著性水平为 1%，说明当经济政策不确定性提高时，机构投资者的持股比例会显著降低。机构投资者能更好地把握经济政策的不确定性，更敏锐地感知公司生产经营业绩的变化，因此能够在股价出现暴跌风险前迅速做出交易调整，降低持股比例。第（3）列的结果显示，中介变量（In_Investor）的回归系数在 1% 的水平上显著为负，这就说明机构投资者的持股比例与公司出现不当行为的概率负相关。机构投资者为了获得股票投资收益，会积极地督促公司实现业绩达标，并且监督和审查公司的财务信息，从而大大降低公司实施不当行为的倾向，因此机构投资者协助并加强公司治理的积极作用是不容忽视的。同时在第（3）列中主要解释变量（EPU）的估计系数仍然显著，绝对值有所下降，说明机构投资者持股是经济政策不确定性影响公司不当行为的一个渠道。第（4）列的结果表明，主要解释变量和中介变量的交互项（EPU×In_Investor）的系数并不显著，说明两者之间不存在交互效应。在第（5）至（8）列中，采用 Probit 模型再次进行回归检验，结果依然显著稳健。可以看出，经济政策不确定性（EPU）对机构投资

表 4.8 经济政策不确定性、股价波动与公司不当行为

	LMP	OLS	LMP	LMP	Probit	OLS	Probit	Probit
	(1)	(2)	(3)	(4)	(5)	(6)	(7)	(8)
	Fraud	VOL	Fraud	Fraud	Fraud	VOL	Fraud	Fraud
EPU	0.456***	0.464***	0.455***	0.537***	3.024***	0.464***	3.030***	3.788***
	(0.047)	(0.018)	(0.047)	(0.071)	(0.287)	(0.018)	(0.288)	(0.445)
VOL			0.103***	0.149***			0.402***	0.854***
			(0.012)	(0.032)			(0.070)	(0.227)
EPU×VOL				−0.177				−1.613
				(0.117)				(0.722)
State	−0.042***	0.027***	−0.042***	−0.042***	−0.228***	0.027***	−0.228***	−0.228***
	(0.006)	(0.004)	(0.006)	(0.006)	(0.030)	(0.004)	(0.030)	(0.030)
LEV	0.086***	0.062***	0.084***	0.084***	0.436***	0.062***	0.434***	0.437***
	(0.013)	(0.009)	(0.013)	(0.013)	(0.064)	(0.009)	(0.064)	(0.064)
ROA	−0.192***	−0.095***	−0.181***	−0.180***	−0.856***	−0.095***	−0.829***	−0.822***
	(0.039)	(0.026)	(0.039)	(0.039)	(0.191)	(0.026)	(0.192)	(0.192)
Size	−0.006*	−0.014***	−0.005*	−0.005	−0.046***	−0.014***	−0.044***	−0.043***
	(0.003)	(0.002)	(0.003)	(0.003)	(0.016)	(0.002)	(0.016)	(0.016)
Firmage	−0.001*	−0.003***	−0.001*	−0.001*	−0.004	−0.003***	−0.004	−0.004
	(0.000)	(0.000)	(0.000)	(0.000)	(0.002)	(0.000)	(0.003)	(0.003)

续表

	LMP (1) Fraud	OLS (2) VOL	LMP (3) Fraud	LMP (4) Fraud	Probit (5) Fraud	OLS (6) VOL	Probit (7) Fraud	Probit (8) Fraud
Duality	0.010 (0.006)	-0.006 (0.004)	0.010 (0.006)	0.010 (0.006)	0.038 (0.031)	-0.006 (0.004)	0.036 (0.031)	0.035 (0.032)
R&D	-0.626*** (0.203)	-1.747*** (0.129)	-0.651*** (0.203)	-0.653*** (0.203)	-2.411** (1.043)	-1.747*** (0.129)	-2.530** (1.045)	-2.545** (1.045)
CSR	-0.017** (0.007)	-0.032*** (0.004)	-0.016** (0.007)	-0.016** (0.007)	-0.055 (0.034)	-0.032*** (0.004)	-0.054 (0.034)	-0.053 (0.034)
Big4	-0.030*** (0.011)	-0.011 (0.007)	-0.027** (0.011)	-0.027** (0.011)	-0.242*** (0.067)	-0.011 (0.007)	-0.236*** (0.068)	-0.235*** (0.068)
Au_Opinion	0.149*** (0.012)	-0.032*** (0.008)	0.151*** (0.012)	0.151*** (0.012)	0.530*** (0.055)	-0.032*** (0.008)	0.537*** (0.055)	0.542*** (0.055)
Tobin's Q	0.004** (0.002)	0.010*** (0.001)	0.003* (0.002)	0.003* (0.002)	0.005 (0.008)	0.010*** (0.001)	0.002 (0.008)	0.003 (0.008)
_cons	0.098 (0.064)	0.689*** (0.042)	0.036 (0.065)	0.013 (0.066)	-1.161*** (0.349)	0.689*** (0.042)	-1.385*** (0.353)	-1.619*** (0.371)
行业效应	Y	Y	Y	Y	Y	Y	Y	Y
年份效应	Y	Y	Y	Y	Y	Y	Y	Y

续表

	LMP	OLS	LMP	LMP	Probit	OLS	Probit	Probit
	(1)	(2)	(3)	(4)	(5)	(6)	(7)	(8)
	Fraud	VOL	Fraud	Fraud	Fraud	VOL	Fraud	Fraud
地区效应	Y	Y	Y	Y	Y	Y	Y	Y
N	18752	18752	18752	18752	18752	18752	18752	18752
R^2	0.066	0.078	0.070	0.070		0.078		
Pseud R^2					0.088		0.091	0.092

注：每个自变量对应两行结果，第一行为系数估计值，第二行括号内为稳健标准误。*、**、*** 分别表示 10%、5%、1% 的显著性水平。

表 4.9 经济政策不确定性、机构投资者持股与公司不当行为

	LMP	OLS	LMP	LMP	Probit	OLS	Probit	Probit
	(1)	(2)	(3)	(4)	(5)	(6)	(7)	(8)
	Fraud	ln_Investor	Fraud	Fraud	Fraud	ln_Investor	Fraud	Fraud
EPU	0.456***	−0.507***	0.423***	0.442***	3.024***	−0.507***	2.757***	2.717***
	(0.047)	(0.016)	(0.048)	(0.053)	(0.287)	(0.016)	(0.294)	(0.315)
ln_Investor			−0.066***	−0.026			−0.563***	−0.658**
			(0.022)	(0.051)			(0.136)	(0.306)
EPU×ln_ Investor				−0.243				0.528
				(0.278)				(1.525)

续表

	LMP (1) Fraud	OLS (2) ln_Investor	LMP (3) Fraud	LMP (4) Fraud	Probit (5) Fraud	OLS (6) ln_Investor	Probit (7) Fraud	Probit (8) Fraud
State	-0.042*** (0.006)	-0.003* (0.002)	-0.042*** (0.006)	-0.042*** (0.006)	-0.228*** (0.030)	-0.003* (0.002)	-0.231*** (0.030)	-0.231*** (0.030)
LEV	0.086*** (0.013)	-0.018*** (0.004)	0.085*** (0.013)	0.086*** (0.013)	0.436*** (0.064)	-0.018*** (0.004)	0.425*** (0.064)	0.424*** (0.064)
ROA	-0.192*** (0.039)	0.276*** (0.013)	-0.174*** (0.039)	-0.173*** (0.039)	-0.856*** (0.191)	0.276*** (0.013)	-0.729*** (0.194)	-0.730*** (0.194)
Size	-0.006* (0.003)	0.026*** (0.001)	-0.004 (0.003)	-0.004 (0.003)	-0.046*** (0.016)	0.026*** (0.001)	-0.031* (0.016)	-0.031* (0.016)
Firmage	-0.001* (0.000)	-0.000*** (0.000)	-0.001* (0.000)	-0.001* (0.000)	-0.004 (0.002)	-0.000*** (0.000)	-0.004* (0.002)	-0.004* (0.002)
Duality	0.010 (0.006)	0.006*** (0.002)	0.011* (0.006)	0.011* (0.006)	0.038 (0.031)	0.006*** (0.002)	0.041 (0.031)	0.041 (0.031)
R&D	-0.626*** (0.203)	0.799*** (0.068)	-0.573*** (0.204)	-0.570*** (0.204)	-2.411** (1.043)	0.799*** (0.068)	-1.962* (1.048)	-1.964* (1.048)
CSR	-0.017** (0.007)	0.006*** (0.002)	-0.016** (0.007)	-0.016** (0.007)	-0.055 (0.034)	0.006*** (0.002)	-0.055 (0.034)	-0.055 (0.034)

续表

	LMP (1) Fraud	OLS (2) ln_Investor	LMP (3) Fraud	LMP (4) Fraud	Probit (5) Fraud	OLS (6) ln_Investor	Probit (7) Fraud	Probit (8) Fraud
Big4	−0.030***	−0.011***	−0.031***	−0.031***	−0.242***	−0.011***	−0.245***	−0.245***
	(0.011)	(0.004)	(0.011)	(0.011)	(0.067)	(0.004)	(0.067)	(0.067)
Au_Opinion	0.149***	−0.007	0.149***	0.148***	0.530***	−0.007	0.527***	0.527***
	(0.012)	(0.004)	(0.012)	(0.012)	(0.055)	(0.004)	(0.055)	(0.055)
Tobin's Q	0.004**	0.011***	0.005***	0.005***	0.005	0.011***	0.011	0.011
	(0.002)	(0.001)	(0.002)	(0.002)	(0.008)	(0.001)	(0.008)	(0.008)
_cons	0.098	−0.404***	0.071	0.067	−1.161***	−0.404***	−1.396***	−1.388***
	(0.064)	(0.022)	(0.065)	(0.065)	(0.349)	(0.022)	(0.353)	(0.354)
行业效应	Y	Y	Y	Y	Y	Y	Y	Y
年份效应	Y	Y	Y	Y	Y	Y	Y	Y
地区效应	Y	Y	Y	Y	Y	Y	Y	Y
N	18752	18752	18752	18752	18752	18752	18752	18752
R^2	0.600	0.304	0.067	0.067		0.304		
Pseudo R^2					0.088		0.089	0.089

注：每个自变量对应两行结果，第一行为系数估计值，第二行括号内为稳健标准误。*、**、*** 分别表示 10%、5%、1% 的显著性水平。

者持股比例（$In\_Investor$）的估计系数显著为负，机构投资者持股比例对公司不当行为发生概率的估计系数显著为负，表明在经济政策不确定性提高的情况下，机构投资者持股比例的降低会增加公司实施不当行为的倾向，本章研究假设 H7 成立。

5. 中介效应机制判断

依据中介效应检验流程，对经济政策不确定性影响公司不当行为的渠道中可能存在的中介效应进行推断和分析。表 4.10 的汇总结果表明，经济政策不确定性的提高显著增大了公司实施不当行为的倾向，且影响渠道中包含四个中介变量，分别是企业的并购重组、现金持有水平、股价波动和机构投资者持股，检验结果依然支持假设 H4—H7 成立。当宏观经济政策环境出现波动，政策推进方向不再明朗时，企业的经营和财务状况都将受到冲击。为了规避经济政策不确定性引致的潜在风险，企业和投资者会做出相应的动态调整。随着经济政策不确定性的提高，企业并购重组活动增加，现金持有水平降低，投资者为了规避不确定性风险，会大幅减持并寻求更高的风险收益，导致股价剧烈波动，机构投资者的持股比例下降。公司经营和财务指标的变化调整都直接导致了公司不当行为发生风险的加剧，为资本市场埋下巨大的隐患。

表 4.10 中介机制检验结果及推断

	第一步	第二步	第三步	第四步
检验步骤	检验主要解释变量（EPU）对因变量（$Fraud$）的总效应 β_1	检验主要解释变量（EPU）对中介变量（M）的效应 β_2；以及控制主要解释变量（EPU）后，中介变量（M）对因变量（$Fraud$）的效应 β_4	控制中介变量（M）后，检验主要解释变量（EPU）对因变量（$Fraud$）的效应 β_3	检验 $\beta_2 \times \beta_4$ 与 β_3 是否同号，进行中介效应推断

续表

	第一步	第二步	第三步	第四步
H4：经济政策不确定性（EPU）、并购重组（M&A）与公司不当行为（Fraud）的中介效应判断				
实证结果	β_1=0.456*** 可能存在中介效应	β_2=0.368*** β_4=0.011** β_2、β_4均显著，说明EPU、M&A、Fraud三者之间的间接影响效应显著	β_3=0.452*** 直接效应显著，可能存在其他中介	$\beta_2\times\beta_4$与β_3同号，可以推断EPU对Fraud的影响渠道中，存在M&A的部分中介效应，影响程度为$\beta_2\times\beta_4/\beta_3$=0.0090
H5：经济政策不确定性（EPU）、现金持有水平（Cash）与公司不当行为（Fraud）的中介效应判断				
实证结果	β_1=0.456*** 可能存在中介效应	β_2=−0.090*** β_4=−0.047** β_2、β_4均显著，说明EPU、Cash、Fraud三者之间的间接影响效应显著	β_3=0.455*** 直接效应显著，可能存在其他中介	$\beta_2\times\beta_4$与β_3同号，可以推断EPU对Fraud的影响渠道中，存在Cash的部分中介效应，影响程度为$\beta_2\times\beta_4/\beta_3$=0.0093
H6：经济政策不确定性（EPU）、股价波动（VOL）与公司不当行为（Fraud）的中介效应判断				
实证结果	β_1=0.456*** 可能存在中介效应	β_2=0.464*** β_4=0.103*** β_2、β_4均显著，说明EPU、VOL、Fraud三者之间的间接影响效应显著	β_3=0.455*** 直接效应显著，可能存在其他中介	$\beta_2\times\beta_4$与β_3同号，可以推断EPU对Fraud的影响渠道中，存在VOL的部分中介效应，影响程度为$\beta_2\times\beta_4/\beta_3$=0.1050
H7：经济政策不确定性（EPU）、机构投资者持股（In_Investor）与公司不当行为（Fraud）的中介效应判断				

续表

	第一步	第二步	第三步	第四步
实证结果	$\beta_1=0.456^{***}$ 可能存在中介效应	$\beta_2=-0.507^{***}$ $\beta_4=-0.066^{***}$ β_2、β_4均显著，说明EPU、In_Investor、Fraud三者之间的间接影响效应显著	$\beta_3=0.423^{***}$ 直接效应显著，可能存在其他中介	$\beta_2 \times \beta_4$与β_3同号，可以推断EPU对Fraud的影响渠道中，存在In_Investor的部分中介效应，影响程度为$\beta_2 \times \beta_4/\beta_3=0.0791$

三、内生性讨论

考虑到实证分析过程中可能存在由于遗漏变量和双向因果造成的内生性问题，本章通过构造工具变量来讨论由内生性引起的估计偏差。第一个工具变量（EPU1）采用年度经济政策不确定性指数的滞后一期值来衡量（顾夏铭等，2018），选择该工具变量进行验证可以有效避免可能存在的反向因果关系。第二个工具变量（EPU2）用哑变量来替代，具体做法是以研究区间内的月度经济政策不确定性指数的均值作为划分标准，高于标准的指数记为1，低于标准的指数记为0，求出年度几何平均值来衡量年度经济政策不确定性（饶品贵和徐子慧，2017；饶品贵等，2017）。另外，参考王义中和宋敏（2014）的研究方法，考虑到美国的经济政策存在显著的溢出效应，其经济政策不确定性会影响到其他国家，所以构造第三个工具变量（EPU3），采用美国的经济政策不确定性指数来衡量我国的经济政策不确定性。选择后两个工具变量进行验证可以有效避免可能存在的遗漏变量的情况。在基准回归中，分别用这三个工具变量来替代本书的主要解释变量（EPU），实证结果详见表4.11。第（1）至（3）列的结果显示，无论采用哪种工具变量，经济政策不确定性指数的系数均显著为正，与本书的基准回归结果保持一致。在第（4）至（6）列中，用Probit模型再次进行回归，结果显示主要解释变量

（EPU）和控制变量与公司不当行为倾向的关系依然支持上文结论。

表 4.11　EPU 工具变量的检验结果

	（1）LMP	（2）LMP	（3）LMP	（4）Probit	（5）Probit	（6）Probit
EPU1	0.440***			2.921***		
	（0.045）			（0.277）		
EPU2		0.128***			0.852***	
		（0.013）			（0.081）	
EPU3			3.201***			21.226***
			（0.329）			（2.016）
State	−0.042***	−0.042***	−0.042***	−0.228***	−0.228***	−0.228***
	（0.006）	（0.006）	（0.006）	（0.030）	（0.030）	（0.030）
LEV	0.086***	0.086***	0.086***	0.436***	0.436***	0.436***
	（0.013）	（0.013）	（0.013）	（0.064）	（0.064）	（0.064）
ROA	−0.192***	−0.192***	−0.192***	−0.856***	−0.856***	−0.856***
	（0.039）	（0.039）	（0.039）	（0.191）	（0.191）	（0.191）
Size	−0.006*	−0.006*	−0.006*	−0.046***	−0.046***	−0.046***
	（0.003）	（0.003）	（0.003）	（0.016）	（0.016）	（0.016）
R&D	−0.626***	−0.626***	−0.626***	−2.411**	−2.411**	−2.411**
	（0.203）	（0.203）	（0.203）	（1.043）	（1.043）	（1.043）
CSR	−0.017**	−0.017**	−0.017**	−0.055	−0.055	−0.055
	（0.007）	（0.007）	（0.007）	（0.034）	（0.034）	（0.034）
Firmage	−0.001*	−0.001*	−0.001*	−0.004	−0.004	−0.004
	（0.000）	（0.000）	（0.000）	（0.002）	（0.002）	（0.002）
Duality	0.010	0.010	0.010	0.038	0.038	0.038
	（0.006）	（0.006）	（0.006）	（0.031）	（0.031）	（0.031）
Big4	−0.030***	−0.030***	−0.030***	−0.242***	−0.242***	−0.242***
	（0.011）	（0.011）	（0.011）	（0.067）	（0.067）	（0.067）

续表

	（1）LMP	（2）LMP	（3）LMP	（4）Probit	（5）Probit	（6）Probit
Au_Opinion	0.149***	0.149***	0.149***	0.530***	0.530***	0.530***
	（0.012）	（0.012）	（0.012）	（0.055）	（0.055）	（0.055）
Tobin's Q	0.004**	0.004**	0.004**	0.005	0.005	0.005
	（0.002）	（0.002）	（0.002）	（0.008）	（0.008）	（0.008）
_cons	0.103	0.135**	−0.093	−1.126***	−0.912***	−2.426***
	（0.064）	（0.065）	（0.064）	（0.349）	（0.351）	（0.361）
行业效应	Y	Y	Y	Y	Y	Y
年份效应	Y	Y	Y	Y	Y	Y
地区效应	Y	Y	Y	Y	Y	Y
N	18752	18752	18752	18752	18752	18752
R^2	0.066	0.066	0.066			
Pseudo R^2				0.088	0.088	0.088

注：每个自变量对应两行结果，第一行为系数估计值，第二行括号内为稳健标准误。*、**、*** 分别表示 10%、5%、1% 的显著性水平。

进一步选取工具变量（EPU3）来替代主要解释变量，对经济政策不确定性下的企业异质性分析和中介效应分析进行稳健性检验，具体结果详见表 4.12 和表 4.13。当经济政策不确定性提高时，风险承受能力和生产经营能力较低的公司具有更强烈的实施不当行为的动机。从四个机制的检验结果来看，当经济政策不确定性提高时，公司并购重组活动增加，现金持有水平下降，股价波动率增大，机构投资者的持股比例降低，公司实施不当行为的倾向更强烈，与上文结果保持一致。在表 4.13 的第（6）列中，经济政策不确定性指数对股价波动的影响系数并未达到 10% 的显著性水平，但是仍能看出当经济政策不确定性提高时，股价波动受到了正向的影响，所以保留该结果，并在下一节对四个中介效应进行进一步的稳健性分析。

表 4.12 基于 EPU3 指标的企业异质性分析

	（1）ALL	（2）非国企	（3）国企	（4）高负债	（5）低负债	（6）高盈利	（7）低盈利	（8）大规模	（9）小规模
EPU3	3.201***	3.822***	2.755***	4.436***	2.132***	2.400***	4.072***	3.553***	2.903***
	(0.329)	(0.558)	(0.406)	(0.477)	(0.467)	(0.455)	(0.471)	(0.518)	(0.451)
State	−0.042***			−0.037***	−0.052***	−0.038***	−0.044***	−0.039***	−0.047***
	(0.006)			(0.008)	(0.008)	(0.008)	(0.008)	(0.008)	(0.008)
LEV	0.086***	0.066***	0.123***			0.063***	0.118***	0.159***	0.074***
	(0.013)	(0.020)	(0.018)			(0.019)	(0.018)	(0.024)	(0.016)
ROA	−0.192***	−0.214***	−0.150***	−0.272***	−0.175***			−0.071	−0.252***
	(0.039)	(0.058)	(0.052)	(0.057)	(0.054)			(0.070)	(0.048)
Size	−0.006*	−0.004	−0.007**	−0.011***	−0.001	−0.004	−0.011**		
	(0.003)	(0.005)	(0.003)	(0.004)	(0.005)	(0.004)	(0.004)		
R&D	−0.626***	−0.791**	−0.392	−0.526	−0.581**	−0.402	−0.771**	−0.752**	−0.669**
	(0.203)	(0.308)	(0.270)	(0.344)	(0.253)	(0.260)	(0.317)	(0.304)	(0.280)
CSR	−0.017**	−0.025**	−0.006	−0.014	−0.022**	−0.022***	−0.012	−0.017**	−0.011
	(0.007)	(0.011)	(0.008)	(0.010)	(0.009)	(0.008)	(0.010)	(0.008)	(0.012)
Firmage	−0.001*	−0.001	−0.001	−0.003***	0.001	0.000	−0.002**	−0.002**	0.000
	(0.000)	(0.001)	(0.001)	(0.001)	(0.001)	(0.001)	(0.001)	(0.001)	(0.001)

续表

	(1) ALL	(2) 非国企	(3) 国企	(4) 高负债	(5) 低负债	(6) 高盈利	(7) 低盈利	(8) 大规模	(9) 小规模
Duality	0.010	0.008	0.008	0.028***	-0.002	0.003	0.017*	0.013	0.007
	(0.006)	(0.009)	(0.010)	(0.010)	(0.008)	(0.008)	(0.009)	(0.010)	(0.008)
Big4	-0.030***	-0.034	-0.028**	-0.035**	-0.020	-0.013	-0.050***	-0.023**	-0.057*
	(0.011)	(0.022)	(0.011)	(0.015)	(0.016)	(0.013)	(0.017)	(0.011)	(0.032)
Au_Opinion	0.149***	0.173***	0.127***	0.170***	0.168***	0.131***	0.160***	0.205***	0.135***
	(0.012)	(0.019)	(0.016)	(0.015)	(0.022)	(0.025)	(0.015)	(0.024)	(0.015)
Tobin's Q	0.004**	0.001	0.008***	-0.002	0.008***	0.003*	0.002	0.014***	0.002
	(0.002)	(0.002)	(0.002)	(0.003)	(0.002)	(0.002)	(0.002)	(0.004)	(0.002)
_cons	-0.093	-0.206*	-0.061	-0.015	-0.065	-0.071	-0.080	-0.303***	-0.171***
	(0.064)	(0.112)	(0.077)	(0.091)	(0.100)	(0.090)	(0.091)	(0.061)	(0.051)
行业效应	Y	Y	Y	Y	Y	Y	Y	Y	Y
年份效应	Y	Y	Y	Y	Y	Y	Y	Y	Y
地区效应	Y	Y	Y	Y	Y	Y	Y	Y	Y
N	18752	9132	9620	9142	9610	8506	10246	8712	10040
R^2	0.066	0.057	0.069	0.090	0.051	0.050	0.075	0.077	0.070

注：每个自变量对应两行结果，第一行为系数估计值，第二行括号内为稳健标准误。*、**、*** 分别表示10%、5%、1%的显著性水平。

表 4.13　基于 EPU3 指标的中介效应检验

	（1）	（2）	（3）	（4）	（5）	（6）	（7）	（8）	（9）
	Fraud	M&A	Fraud	Cash	Fraud	VOL	Fraud	In_Investor	Fraud
EPU3	3.201***	2.586***	3.172***	−0.665***	3.170***	0.055	3.195***	−3.558***	2.967***
	（0.329）	（0.495）	（0.329）	（0.105）	（0.329）	（0.197）	（0.328）	（11.010）	（0.338）
M&A			0.011**						
			（0.005）						
Cash					−0.047**				
					（0.023）				
VOL							0.103***		
							（0.012）		
In_Investor									−0.066***
									（0.022）
State	−0.042***	−0.075***	−0.041***	0.009***	−0.041***	0.002	−0.042***	−0.003*	−0.042***
	（0.006）	（0.009）	（0.006）	（0.002）	（0.006）	（0.003）	（0.006）	（0.002）	（0.006）
LEV	0.086***	0.053***	0.086***	−0.154***	0.079***	0.021***	0.084***	−0.018***	0.085***
	（0.013）	（0.020）	（0.013）	（0.004）	（0.013）	（0.008）	（0.013）	（0.004）	（0.013）

续表

	(1) Fraud	(2) M&A	(3) Fraud	(4) Cash	(5) Fraud	(6) VOL	(7) Fraud	(8) ln_Investor	(9) Fraud
ROA	-0.192***	0.131**	-0.193***	0.191***	-0.183***	-0.108***	-0.181***	0.276***	-0.174***
	(0.039)	(0.059)	(0.039)	(0.012)	(0.039)	(0.023)	(0.039)	(0.013)	(0.039)
Size	-0.006*	0.057***	-0.006*	0.004***	-0.005*	-0.006***	-0.005*	0.026***	-0.004
	(0.003)	(0.004)	(0.003)	(0.001)	(0.003)	(0.002)	(0.003)	(0.001)	(0.003)
R&D	-0.626***	-1.070***	-0.613***	0.371***	-0.608***	0.247**	-0.651***	0.799***	-0.573***
	(0.203)	(0.307)	(0.204)	(0.065)	(0.204)	(0.122)	(0.203)	(0.068)	(0.204)
CSR	-0.017**	-0.008	-0.016**	-0.003	-0.017**	-0.007*	-0.016**	0.006***	-0.016**
	(0.007)	(0.010)	(0.007)	(0.002)	(0.007)	(0.004)	(0.007)	(0.002)	(0.007)
Firmage	-0.001*	0.002***	-0.001*	-0.001***	-0.001*	-0.000	-0.001*	-0.001***	-0.001*
	(0.000)	(0.001)	(0.000)	(0.000)	(0.000)	(0.000)	(0.000)	(0.000)	(0.000)
Duality	0.010	0.016*	0.010	0.000	0.010	0.004	0.010	0.006***	0.011*
	(0.006)	(0.010)	(0.006)	(0.002)	(0.006)	(0.004)	(0.006)	(0.002)	(0.006)
Big4	-0.030***	-0.074***	-0.029***	-0.018***	-0.031***	-0.026***	-0.027**	-0.011***	-0.031***
	(0.011)	(0.016)	(0.011)	(0.003)	(0.011)	(0.006)	(0.011)	(0.004)	(0.011)

续表

	(1)	(2)	(3)	(4)	(5)	(6)	(7)	(8)	(9)
	Fraud	M&A	Fraud	Cash	Fraud	VOL	Fraud	In_Investor	Fraud
Au_Opinion	0.149***	−0.011	0.149***	0.010**	0.149***	−0.013*	0.151***	−0.007	0.149***
	(0.012)	(0.019)	(0.012)	(0.004)	(0.012)	(0.007)	(0.012)	(0.004)	(0.012)
Tobin's Q	0.004**	0.004*	0.004**	0.008***	0.004**	0.005***	0.003*	0.011***	0.005***
	(0.002)	(0.002)	(0.002)	(0.001)	(0.002)	(0.001)	(0.002)	(0.001)	(0.002)
_cons	−0.093	−1.005***	−0.082	0.152***	−0.086	0.580***	−0.154**	−0.192***	−0.106
	(0.064)	(0.097)	(0.064)	(0.021)	(0.064)	(0.039)	(0.065)	(0.022)	(0.064)
行业效应	Y	Y	Y	Y	Y	Y	Y	Y	Y
年份效应	Y	Y	Y	Y	Y	Y	Y	Y	Y
地区效应	Y	Y	Y	Y	Y	Y	Y	Y	Y
N	18752	18752	18752	18752	18752	18752	18752	18752	18752
R^2	0.066	0.065	0.067	0.238	0.067	0.276	0.070	0.304	0.067

注：每个自变量对应两行结果，第一行为系数估计值，第二行括号内为稳健标准误。*、**、*** 分别表示10%、5%、1% 的显著性水平。

第四节　稳健性检验

一、经济政策不确定性指数测算方法讨论

本书在研究上市公司不当行为时，选择了企业层面的年度财务数据进行实证分析，因为上市公司的年度财务报告需要经过正规审计以确保公允且合规。相较于季度数据而言，年度数据更具科学性和准确性。Baker 等（2016）给出了衡量我国月度经济政策不确定性的指标，本书在构建主要解释变量（EPU）时，将我国 EPU 的月度指数进行转化，得出适用于实证检验的年度数据。为了降低实证分析中可能存在的估计偏差，这里采用不同的经济政策不确定性指数的构建方法来构造 EPU 的工具变量，将 EPU 指标进行替换后再次对基准回归进行检验。

具体选取以下三种方法对经济政策不确定性指数进行重新测算。第一，定义变量 EPU4 是将经济政策不确定性指数的月度数据进行几何平均得到的年度经济政策不确定性指数。第二，定义变量 EPU5 采用年度中位数值来衡量（顾夏铭等，2018）。第三，考虑到经济政策不确定性冲击造成的影响程度不同，而且较高的不确定性影响范围较大，会引起企业持续高度关注并做出应对和调整，所以定义变量 EPU6 用年度极大值来衡量。分别将三个重新测算的指标代入基准回归模型中进行检验，回归结果汇总见表 4.14。其中，第（1）至（3）列的结果表明，经济政策不确定性指数的拟合系数显著为正，并且在第（4）至（6）列中通过 Probit 模型再次验证，发现回归结果与本书结论一致。

表 4.14　EPU 指标重新测算后的稳健性检验

	（1）LMP	（2）LMP	（3）LMP	（4）Probit	（5）Probit	（6）Probit
EPU4	0.493***			3.270***		
	（0.051）			（0.311）		

续表

	(1) LMP	(2) LMP	(3) LMP	(4) Probit	(5) Probit	(6) Probit
EPU5		0.230***			1.526***	
		(0.024)			(0.145)	
EPU6			0.536***			3.555***
			(0.055)			(0.338)
State	−0.042***	−0.042***	−0.042***	−0.228***	−0.228***	−0.228***
	(0.006)	(0.006)	(0.006)	(0.030)	(0.030)	(0.030)
LEV	0.086***	0.086***	0.086***	0.436***	0.436***	0.436***
	(0.013)	(0.013)	(0.013)	(0.064)	(0.064)	(0.064)
ROA	−0.192***	−0.192***	−0.192***	−0.856***	−0.856***	−0.856***
	(0.039)	(0.039)	(0.039)	(0.191)	(0.191)	(0.191)
Size	−0.006*	−0.006*	−0.006*	−0.046***	−0.046***	−0.046***
	(0.003)	(0.003)	(0.003)	(0.016)	(0.016)	(0.016)
R&D	−0.626***	−0.626***	−0.626***	−2.411**	−2.411**	−2.411**
	(0.203)	(0.203)	(0.203)	(1.043)	(1.043)	(1.043)
CSR	−0.017**	−0.017**	−0.017**	−0.055	−0.055	−0.055
	(0.007)	(0.007)	(0.007)	(0.034)	(0.034)	(0.034)
Firmage	−0.001*	−0.001*	−0.001*	−0.004	−0.004	−0.004
	(0.000)	(0.000)	(0.000)	(0.002)	(0.002)	(0.002)
Duality	0.010	0.010	0.010	0.038	0.038	0.038
	(0.006)	(0.006)	(0.006)	(0.031)	(0.031)	(0.031)
Big4	−0.030***	−0.030***	−0.030***	−0.242***	−0.242***	−0.242***
	(0.011)	(0.011)	(0.011)	(0.067)	(0.067)	(0.067)
Au_Opinion	0.149***	0.149***	0.149***	0.530***	0.530***	0.530***
	(0.012)	(0.012)	(0.012)	(0.055)	(0.055)	(0.055)
Tobin's Q	0.004**	0.004**	0.004**	0.005	0.005	0.005
	(0.002)	(0.002)	(0.002)	(0.008)	(0.008)	(0.008)

续表

	（1）LMP	（2）LMP	（3）LMP	（4）Probit	（5）Probit	（6）Probit
_cons	0.096 （0.064）	0.104 （0.064）	0.093 （0.064）	−1.171*** （0.349）	−1.121*** （0.349）	−1.192*** （0.349）
行业效应	Y	Y	Y	Y	Y	Y
年份效应	Y	Y	Y	Y	Y	Y
地区效应	Y	Y	Y	Y	Y	Y
N	18752	18752	18752	18752	18752	18752
R^2	0.066	0.066	0.066			
Pseudo R^2				0.088	0.088	0.088

注：每个自变量对应两行结果，第一行为系数估计值，第二行括号内为稳健标准误。*、**、*** 分别表示 10%、5%、1% 的显著性水平。

下面选取经济政策不确定性的年度极大值（EPU6）替代主要解释变量，对经济政策不确定性下的企业异质性分析和中介效应分析进行稳健性检验。仍旧按照上文的分组方法，用公司的所有制性质和债务杠杆来衡量公司的风险承受能力，用资产报酬率和公司规模来衡量公司的生产经营能力，各分组回归结果详见表 4.15。回归结果表明，经济政策不确定性提高以后，非国有企业、高负债的公司发生不当行为的可能性高于总体样本的平均水平，低盈利、大规模的公司发生不当行为的可能性高于总体样本的平均水平，这就说明当公司的风险承受能力和生产经营能力较低时，对经济政策不确定性的冲击表现得更为敏感，公司具有较高的实施不当行为的倾向。

此外，在表 4.16 中汇报了用 EPU6 替换后的中介效应检验结果。从四个机制的检验结果来看，经济政策不确定性的增加提高了公司并购重组的可能性，降低了公司的现金持有水平，加剧了公司股票价格的波动，减少了机构投资者的持股比例，进而增加了公司实施不当行为的倾向。这与上文结果保持一致。

表 4.15 基于 EPU6 指标的企业异质性分析

	(1) ALL	(2) 非国企	(3) 国企	(4) 高负债	(5) 低负债	(6) 高盈利	(7) 低盈利	(8) 大规模	(9) 小规模
EPU6	0.536***	0.640***	0.461***	0.743***	0.357***	0.402***	0.682***	0.595***	0.486***
	(0.055)	(0.094)	(0.068)	(0.080)	(0.078)	(0.076)	(0.079)	(0.087)	(0.076)
State	-0.042***			-0.037***	-0.052***	-0.038***	-0.044***	-0.039***	-0.047***
	(0.006)			(0.008)	(0.008)	(0.008)	(0.008)	(0.008)	(0.008)
LEV	0.086***	0.066***	0.123***			0.063***	0.118***	0.159***	0.074***
	(0.013)	(0.020)	(0.018)			(0.019)	(0.018)	(0.024)	(0.016)
ROA	-0.192***	-0.214***	-0.150***	-0.272***	-0.175***			-0.071	-0.252***
	(0.039)	(0.058)	(0.052)	(0.057)	(0.054)			(0.070)	(0.048)
Size	-0.006*	-0.004	-0.007**	-0.011***	-0.001	-0.004	-0.011**		
	(0.003)	(0.005)	(0.003)	(0.004)	(0.005)	(0.004)	(0.004)		
R&D	-0.626***	-0.791**	-0.392	-0.526	-0.581**	-0.402	-0.771**	-0.752**	-0.669**
	(0.203)	(0.308)	(0.270)	(0.344)	(0.253)	(0.260)	(0.317)	(0.304)	(0.280)
CSR	-0.017**	-0.025**	-0.006	-0.014	-0.022**	-0.022***	-0.012	-0.017**	-0.011
	(0.007)	(0.011)	(0.008)	(0.010)	(0.009)	(0.008)	(0.010)	(0.008)	(0.012)
Firmage	-0.001*	-0.001	-0.001	-0.003***	0.001	0.000	-0.002***	-0.002**	0.000
	(0.000)	(0.001)	(0.001)	(0.001)	(0.001)	(0.001)	(0.001)	(0.001)	(0.001)

续表

	(1) ALL	(2) 非国企	(3) 国企	(4) 高负债	(5) 低负债	(6) 高盈利	(7) 低盈利	(8) 大规模	(9) 小规模
Duality	0.010	0.008	0.008	0.028***	-0.002	0.003	0.017*	0.013	0.007
	(0.006)	(0.009)	(0.010)	(0.010)	(0.008)	(0.008)	(0.009)	(0.010)	(0.008)
Big4	-0.030***	-0.034	-0.028**	-0.035**	-0.020	-0.013	-0.050***	-0.023**	-0.057*
	(0.011)	(0.022)	(0.011)	(0.015)	(0.016)	(0.013)	(0.017)	(0.011)	(0.032)
Au_Opinion	0.149***	0.173***	0.127***	0.170***	0.168***	0.131***	0.160***	0.205***	0.135***
	(0.012)	(0.019)	(0.016)	(0.015)	(0.022)	(0.025)	(0.015)	(0.024)	(0.015)
Tobin's Q	0.004**	0.001	0.008***	-0.002	0.008***	0.003*	0.002	0.014***	0.002
	(0.002)	(0.002)	(0.002)	(0.003)	(0.002)	(0.002)	(0.002)	(0.004)	(0.002)
_cons	0.093	0.016	0.100	0.243***	0.059	0.069	0.157*	-0.096**	-0.002
	(0.064)	(0.113)	(0.076)	(0.091)	(0.100)	(0.088)	(0.093)	(0.038)	(0.036)
行业效应	Y	Y	Y	Y	Y	Y	Y	Y	Y
年份效应	Y	Y	Y	Y	Y	Y	Y	Y	Y
地区效应	Y	Y	Y	Y	Y	Y	Y	Y	Y
N	18752	9132	9620	9142	9610	8506	10246	8712	10040
R^2	0.066	0.057	0.069	0.090	0.051	0.050	0.075	0.077	0.070

注：每个自变量对应两行结果，第一行为系数估计值，第二行括号内为稳健标准误。*、**、*** 分别表示10%、5%、1%的显著性水平。

表 4.16 基于 EPU6 指标的中介效应检验

	(1) Fraud	(2) M&A	(3) Fraud	(4) Cash	(5) Fraud	(6) VOL	(7) Fraud	(8) ln_Investor	(9) Fraud
EPU6	0.536*** (0.055)	0.433*** (0.083)	0.531*** (0.055)	−0.111*** (0.018)	0.531*** (0.055)	0.009 (0.033)	0.535*** (0.055)	−0.596*** (0.018)	0.497*** (0.057)
M&A			0.011** (0.005)						
Cash					−0.047** (0.023)				
VOL							0.103*** (0.012)		
ln_Investor									−0.066*** (0.022)
State	−0.042*** (0.006)	−0.075*** (0.009)	−0.041*** (0.006)	0.009*** (0.002)	−0.041*** (0.006)	0.002 (0.003)	−0.042*** (0.006)	−0.003* (0.002)	−0.042*** (0.006)
LEV	0.086*** (0.013)	0.053*** (0.020)	0.086*** (0.013)	−0.154*** (0.004)	0.079*** (0.013)	0.021*** (0.008)	0.084*** (0.013)	−0.018*** (0.004)	0.085*** (0.013)
ROA	−0.192*** (0.039)	0.131** (0.059)	−0.193*** (0.039)	0.191*** (0.012)	−0.183*** (0.039)	−0.108*** (0.023)	−0.181*** (0.039)	0.276*** (0.013)	−0.174*** (0.039)
Size	−0.006* (0.003)	0.057*** (0.004)	−0.006** (0.003)	0.004*** (0.001)	−0.005* (0.003)	−0.006*** (0.002)	−0.005* (0.003)	0.026*** (0.001)	−0.004 (0.003)
R&D	−0.626*** (0.203)	−1.070*** (0.307)	−0.613*** (0.204)	0.371*** (0.065)	−0.608*** (0.204)	0.247** (0.122)	−0.651*** (0.203)	0.799*** (0.068)	−0.573*** (0.204)

续表

	（1） Fraud	（2） M&A	（3） Fraud	（4） Cash	（5） Fraud	（6） VOL	（7） Fraud	（8） ln_Investor	（9） Fraud
CSR	−0.017**	−0.008	−0.016**	−0.003	−0.017**	−0.007*	−0.016**	0.001***	−0.016**
	(0.007)	(0.010)	(0.007)	(0.002)	(0.007)	(0.004)	(0.007)	(0.002)	(0.007)
Firmage	−0.001*	0.002***	−0.001*	−0.001***	−0.001*	−0.000	−0.001*	−0.000***	−0.001*
	(0.000)	(0.001)	(0.000)	(0.000)	(0.000)	(0.000)	(0.000)	(0.000)	(0.000)
Duality	0.010	0.016*	0.010	0.000	0.010	0.004	0.010	0.006***	0.011*
	(0.006)	(0.010)	(0.006)	(0.002)	(0.006)	(0.004)	(0.006)	(0.002)	(0.006)
Big4	−0.030***	−0.074***	−0.029***	−0.018***	−0.031***	−0.026***	−0.027**	−0.011***	−0.031***
	(0.011)	(0.016)	(0.011)	(0.003)	(0.011)	(0.006)	(0.011)	(0.004)	(0.011)
Au_Opinion	0.149***	−0.011	0.149***	0.010**	0.149***	−0.013*	0.151***	−0.007	0.149***
	(0.012)	(0.019)	(0.012)	(0.004)	(0.012)	(0.007)	(0.012)	(0.004)	(0.012)
Tobin's Q	0.004**	0.004*	0.004**	0.008***	0.004**	0.005***	0.003**	0.011***	0.005**
	(0.002)	(0.002)	(0.002)	(0.001)	(0.002)	(0.001)	(0.002)	(0.001)	(0.002)
_cons	0.093	−0.855***	0.103	0.113***	0.098	0.584***	0.032	−39.866***	0.067
	(0.064)	(0.097)	(0.064)	(0.020)	(0.064)	(0.038)	(0.064)	(2.151)	(0.065)
行业效应	Y	Y	Y	Y	Y	Y	Y	Y	Y
年份效应	Y	Y	Y	Y	Y	Y	Y	Y	Y
地区效应	Y	Y	Y	Y	Y	Y	Y	Y	Y
N	18752	18752	18752	18752	18752	18752	18752	18752	18752
R^2	0.066	0.065	0.067	0.238	0.067	0.276	0.070	0.304	0.067

注：每个自变量对应两行结果，第一行为系数估计值，第二行括号内为稳健标准误。*、**、*** 分别表示 10%、5%、1% 的显著性水平。

二、中介效应机制的检验

本章在实证部分对二值哑变量的四个中介机制假设进行检验。先通过线性概率模型实证检验主要解释变量、中介变量、二值因变量三者之间的中介效应，再通过 Probit 模型来进行相同的回归分析和补充说明，以得出稳健的研究结论。Imai 等（2010）、Hicks 等（2011）提出了当中介变量或者因变量为二元哑变量时，在 Stata 操作环境下基于 medeff 和 medsens 命令来识别和分析中介因果效应的方法。本章借鉴该做法，再次对中介效应模型进行回归分析。但是，在该命令中无法进行控制行业和地区效应的分析。根据伍德里奇（2015，PP472-474）在书中所讲，当一类观测样本属于一组明确定义的"聚类样本"时（如家庭、企业、城市等），也可以进行"聚类相关"的处理，对标准误和检验统计量加以修正以消除聚类样本组内的相关性问题。这里，在对中介效应进行实证检验的同时，选择地区和行业层面进行 Cluster 聚类修正，结果汇总在表 4.17 中[①]。可以看出，当经济政策不确定性提高时，公司并购重组的可能性增大，现金持有水平下降，股价波动更加剧烈，机构投资者的持股比例下降，进而公司实施不当行为的可能性增大。这就表明经济政策不确定性对公司不当行为的影响路径中存在四个可行且稳健的中介渠道。

三、关于样本选择偏误的检验

在样本统计和数据收集过程中，只能观察到公司已经发生并且被监察机构查处曝光的不当行为事件，仍然存在无法在统计上获取的公司已经发生但尚未被稽查出来的不当行为事件样本数据，这就表明公司不当行为事件具有部分可观测性（Wang，2013；Kuang 和 Lee，2017；Chen 等，2018）。如

[①] 本章又分别在行业和地区层面对标准误进行了 Cluster 聚类调整，回归结果的拟合估计系数差异甚微，所以在此只列示了基于行业和地区层面的聚类调整结果。

表 4.17 中介效应模型稳健性分析

	(1) M&A	(2) Fraud	(3) Cash	(4) Fraud	(5) VOL	(6) Fraud	(7) ln_Investor	(8) Fraud
EPU	0.062 (0.041)	0.938*** (0.107)	−0.078*** (0.009)	0.916*** (0.114)	0.454*** (0.018)	0.900*** (0.137)	−0.172*** (0.014)	0.770*** (0.114)
M&A		0.080*** (0.019)						
Cash				−0.374*** (0.098)				
VOL						0.098** (0.046)		
ln_Investor								−1.217*** (0.106)
State	−0.094*** (0.008)	−0.316*** (0.023)	−0.094*** (0.008)	−0.321*** (0.022)	0.023*** (0.004)	−0.326*** (0.022)	0.015*** (0.005)	−0.316*** (0.019)
LEV	0.007 (0.019)	0.262*** (0.048)	−0.146*** (0.004)	0.210*** (0.052)	0.060*** (0.008)	0.257*** (0.050)	0.026*** (0.010)	0.276*** (0.050)

续表

	(1) M&A	(2) Fraud	(3) Cash	(4) Fraud	(5) VOL	(6) Fraud	(7) ln_Investor	(8) Fraud
ROA	-0.060 (0.058)	-1.299*** (0.155)	0.191*** (0.013)	-1.233*** (0.148)	-0.091*** (0.026)	-1.293*** (0.151)	0.386** (0.031)	-0.945*** (0.160)
Size	0.072*** (0.004)	-0.001 (0.012)	0.001 (0.001)	0.006 (0.012)	-0.015*** (0.002)	0.006 (0.013)	0.013*** (0.004)	0.023** (0.011)
R&D	-0.402 (0.266)	3.272*** (0.635)	0.455*** (0.058)	3.376*** (0.660)	-1.558*** (0.118)	3.354*** (0.680)	-0.510** (0.208)	3.033*** (0.725)
CSR	-0.007 (0.010)	0.002 (0.031)	-0.001 (0.002)	0.001 (0.029)	-0.030*** (0.004)	0.004 (0.031)	-0.011*** (0.004)	-0.006 (0.031)
Firmage	0.005*** (0.001)	0.008*** (0.002)	-0.001*** (0.001)	0.008*** (0.002)	-0.003*** (0.001)	0.009*** (0.002)	-0.003*** (0.001)	0.005*** (0.002)
Duality	0.018* (0.010)	0.080*** (0.018)	0.001 (0.002)	0.081*** (0.018)	-0.006 (0.004)	0.081*** (0.018)	-0.001 (0.003)	0.079*** (0.019)
Big4	-0.085*** (0.016)	-0.331*** (0.068)	-0.014*** (0.003)	-0.342*** (0.070)	-0.010 (0.007)	-0.339*** (0.069)	0.001 (0.008)	-0.335*** (0.077)

续表

	(1)	(2)	(3)	(4)	(5)	(6)	(7)	(8)
	M&A	Fraud	Cash	Fraud	VOL	Fraud	ln_Investor	Fraud
Au_Opinion	-0.023	0.532***	0.005	0.532***	-0.031***	0.534***	-0.014*	0.524***
	(0.019)	(0.038)	(0.004)	(0.037)	(0.008)	(0.037)	(0.006)	(0.036)
Tobin's Q	0.008***	0.007*	0.008***	0.011***	0.010***	0.006	0.011***	0.018***
	(0.002)	(0.004)	(0.001)	(0.004)	(0.001)	(0.004)	(0.001)	(0.004)
_cons	-1.134***	-1.439***	0.184***	-1.478***	0.727***	-1.604***	-0.189**	-1.820***
	(0.087)	(0.239)	(0.019)	(0.248)	(0.039)	(0.282)	(0.075)	(0.232)
行业效应	Y	Y	Y	Y	Y	Y	Y	Y
年份效应	Y	Y	Y	Y	Y	Y	Y	Y
地区效应	Y	Y	Y	Y	Y	Y	Y	Y
N	18752	18752	18752	18752	18752	18745	18752	18752
R^2	0.0341	0.049	0.1686	0.049	0.0654	0.048	0.1126	0.056
Pseudo R^2								

注：每个自变量对应两行结果，第一行为系数估计值，第二行括号内为稳健标准误。*、**、*** 分别表示10%、5%、1%的显著性水平。

果选取公司已经发生且被查处的不当行为事件数据作为因变量进行回归分析，可能存在由于样本遗漏而造成的拟合估计偏差。因此，有必要对可能出现的样本选择偏误进行讨论。Wang（2013）将公司不当行为事件分为不当行为发生和不当行为查处两个过程，不当行为发生源自公司管理层的实施和操作，而不当行为稽查和查处是监管机构的行为，同时也受到不当行为发生的影响。在统计分析时，公司不当行为在被稽查前是不能被观测到的，也就是说，只能观测到存在不当行为并被查处的公司，而不能发现已经实施了不当行为却没有被查处曝光的公司。为了尽可能降低这种部分可观测性引致的样本估计偏误，这里借鉴Wang（2013）、Kuang和Lee（2017）、Chen等（2018）的研究方法，采用部分可观测的双变量Probit模型（Bivariate Probit Model with Partial Observability）进行估计，其中影响公司不当行为发生过程的变量有经济政策不确定性指数（EPU）、所有制性质（State）、债务杠杆（LEV）、资产报酬率（ROA）、公司规模（Size）、上市时间（Firmage）、两职合一（Duality）、研发投入（R&D）、企业社会责任（CSR）、四大审计（Big4）、审计意见类型（Au_Opinion）、托宾Q值（Tobin's Q），影响公司不当行为稽查过程的变量有公司规模（Size）、审计意见类型（Au_Opinion）、托宾Q值（Tobin's Q）、董事会规模（Boardsize）、超额资产收益率（AbROA）。两个过程的估计方程形式如下：

$$F_{i,t} = \alpha_0 + \alpha_1 EPU_{i,t-1} + \alpha_2 State_{i,t-1} + \alpha_3 LEV_{i,t-1} + \alpha_4 ROA_{i,t-1} + \alpha_5 Size_{i,t-1} +$$
$$\alpha_6 R\&D_{i,t-1} + \alpha_7 CSR_{i,t-1} + \alpha_8 Firmage_{i,t-1} + \alpha_9 Big4_{i,t-1} + \alpha_{10} Au\_Opinion_{i,t-1} +$$
$$\mu_{i,year} + \mu_{i,industry} + \mu_{i,area} + \varepsilon_{i,t-1} \tag{4-6}$$

$$D_{i,t} = \beta_0 + \beta_1 Tobin's\ Q_{i,t-1} + \beta_2 LnBoardsize_{i,t-1} + \beta_3 Size_{i,t-1} + \beta_4 Au\_Opinion_{i,t-1} +$$
$$\beta_5 AbROA_{i,t-1} + \mu_{i,year} + \mu_{i,industry} + \mu_{i,area} + \varepsilon_{i,t-1} \tag{4-7}$$

从表4.18的回归结果来看，当采用部分可观测的Bivariate Probit样本进行基准回归时，经济政策不确定性对公司不当行为的影响系数仍显著为正。当样本区间的部分可观测性逐渐下降，EPU冲击对公司不当行为发生概率的正向作用越来越大。所以，无论是采用线性概率模型还是Probit模型，该结论仍然成立。因此，在考虑样本可能存在的部分可观测性的情况下，研究结论依然成立。

表 4.18　基于样本选择偏误的稳健性检验结果

	（1）P（F）	（2）P（D|F）
EPU	2.467***	
	（0.808）	
State	−0.276***	
	（0.053）	
LEV	0.910***	
	（0.151）	
ROA	−0.762*	
	（0.436）	
R&D	−2.354	
	（1.482）	
CSR	−0.049	
	（0.044）	
Firmage	−0.007*	
	（0.004）	
Duality	0.032	
	（0.046）	
Big4	−0.188**	
	（0.079）	
Size	−0.095*	0.011*
	（0.051）	（0.038）
Au_Opinion	0.131	0.483***
	（0.172）	（0.104）
Tobin's Q	0.082***	−0.026*
	（0.020）	（0.014）

续表

	（1） P（F）	（2） P（DIF）
LnBoardsize		0.054*
		（0.064）
AbROA		0.246
		（0.312）
_cons	2.850*	-1.258***
	（1.555）	（0.199）
行业效应	Y	Y
年份效应	Y	Y
地区效应	Y	Y
N	18752	
Prob > chi^2	0.0000	
Log likelihood	-6390.8993	

注：每个自变量对应两行结果，第一行为系数估计值，第二行括号内为稳健标准误。*、**、*** 分别表示 10%、5%、1% 的显著性水平。

第五节　进一步讨论

从上市公司注册地的地域分布情况来看，各个省份的上市公司数量存在明显差异，上市公司主要集中在东部地区，而中西部地区相对较少。而且由于我国疆域辽阔，各个地区和省份的资源禀赋和市场发达程度有所不同，这就造成了各个地区的经济发展水平和政策影响程度存在差异。因此，有必要进一步考察当公司所在地区的地理位置和经济总量水平不同时，经济政策不确定性对公司不当行为的影响程度是否一致。具体的做法是，将总体样本分为东部、中西部两个子样本，分别对基准模型进行回归，结果详见表 4.19。

表 4.19 中第（1）至（2）列的结果显示，无论是在东部地区还是在中西部地区，经济政策不确定性的影响系数均显著为正，但中西部地区的经济政策

不确定性对公司不当行为发生概率的影响系数要高于东部地区，这就表明在中西部地区，经济政策不确定性冲击对公司不当行为倾向的影响程度更大。根据实际来分析，中西部地区的经济总量和金融发展均处于较低水平，企业面对政策变更时进行市场供求调整、产业结构调整、经营理念转变、管理模式优化的能力较差，这使得经济增长出现更大的波动和不确定性，进而放大了对公司经营环境的冲击。再加上多数省份地理位置较为偏远，缺少完善的公司治理制度和严格的监管稽查机制，从而为高管实施不当行为提供了可乘之机。相对而言，东部地区具备了较高的市场化程度和经济发展水平，公司对经济政策的不确定性更加敏感，会积极做出调整转变以适应经济政策，顺应发展趋势。因此，经济政策不确定性对公司不当行为的影响相对较小。如果按照地区生产总值的大小将总产值位于前10%的省份定义为高产出地区，余下的省份定义为中低产出地区，再次对基准模型进行回归【详见表4.19中第（3）至（4）列】，可以看到经济政策不确定性指数的拟合估计值在不同产出水平的地区之间存在显著差异。当经济政策不确定性提高时，中低产出地区的公司实施不当行为的概率要高于高产出地区的公司，印证了本节的观点。

表 4.19　经济政策不确定性对公司不当行为影响的地区差异

	（1）东部地区	（2）中西部地区	（3）高产出地区	（4）中低产出地区
EPU	0.458***	0.462***	0.436***	0.471***
	（0.059）	（0.077）	（0.076）	（0.060）
State	−0.040***	−0.046***	−0.045***	−0.040***
	（0.007）	（0.009）	（0.009）	（0.007）
LEV	0.088***	0.088***	0.074***	0.096***
	（0.017）	（0.021）	（0.021）	（0.017）
ROA	−0.197***	−0.190***	−0.262***	−0.137***
	（0.050）	（0.063）	（0.063）	（0.049）

续表

	（1）东部地区	（2）中西部地区	（3）高产出地区	（4）中低产出地区
Size	−0.010***	0.001	−0.003	−0.006*
	（0.004）	（0.005）	（0.005）	（0.004）
R&D	−0.646***	−0.467	−0.624**	−0.557**
	（0.245）	（0.367）	（0.309）	（0.272）
CSR	−0.023***	−0.003	−0.020*	−0.014*
	（0.008）	（0.011）	（0.010）	（0.008）
Firmage	−0.001	−0.002**	−0.001	−0.001
	（0.001）	（0.001）	（0.001）	（0.001）
Duality	0.004	0.023**	0.016*	0.004
	（0.008）	（0.011）	（0.009）	（0.009）
Big4	−0.020	−0.046**	−0.034*	−0.028**
	（0.012）	（0.023）	（0.018）	（0.013）
Au_Opinion	0.157***	0.142***	0.147***	0.152***
	（0.017）	（0.019）	（0.021）	（0.016）
Tobin's Q	0.002	0.006**	0.001	0.006***
	（0.002）	（0.003）	（0.003）	（0.002）
_cons	0.175**	−0.041	0.047	0.106
	（0.082）	（0.104）	（0.111）	（0.078）
行业效应	Y	Y	Y	Y
年份效应	Y	Y	Y	Y
地区效应	Y	Y	Y	Y
N	11467	7285	8100	10652
R^2	0.059	0.081	0.051	0.085

注：每个自变量对应两行结果，第一行为系数估计值，第二行括号内为稳健标准误。*、**、*** 分别表示 10%、5%、1% 的显著性水平。

另外，本章还讨论了上市公司所处行业的竞争程度对公司面对经济政策不确定性时的经济行为的影响。在衡量行业竞争程度时，选取每个行业排名前五的公司，分别按照公司当年的营业收入和总资产两个口径来计算该公司

的赫芬达尔 – 赫希曼指数（HHI）。HHI 指数的构建方程如下：

$$HHIIndex_{i,t} = \sum_{f \in \Omega_i}(s_{ft} \div S_{it})^2 = \sum_{f \in \Omega_i} share_{ft}^2 \qquad (4-8)$$

其中，s_{ft} 为公司 f 在 t 期的营业收入（总资产），S_{it} 为行业 i 在 t 期的营业收入总额（资产总额），$share_{ft}$ 为公司 f 在 t 期所占的市场份额。HHI 指数较小说明该行业的竞争程度较高；反之，该行业的竞争程度较低，垄断程度较高。将 HHI 指数高于均值的行业划分为低竞争行业，HHI 指数低于均值的行业划分为高竞争行业，共得到四组样本。对各组样本分别进行基准回归的结果详见表 4.20，其中第（1）至（2）列是以总资产为基准的分组结果，第（3）至（4）列是以营业收入为基准的分组结果。无论是按照哪种统计标准，经济政策不确定性的拟合系数均显著为正。而且，低竞争行业内的公司面对经济政策不确定性冲击时实施不当行为的概率要高于高竞争行业，说明在市场竞争程度较低的行业，经济政策不确定性冲击对加大公司不当行为倾向的作用更强。HHI 指数值较大，则行业内的竞争程度较低，行业内的龙头企业具有垄断地位并占有较多的市场份额，当经济政策发生变化时，这些垄断公司将承担更大的市场风险，遭受较大的不确定性冲击。另外，垄断公司具有较强的市场势力和议价能力，当受到政策冲击时，公司采用不当行为来操纵市场、应对危机的可能性增大。相较之下，对于高竞争行业的公司而言，其对经济政策变动更加敏感，行业内竞争机制和优胜劣汰的退出机制激励着公司积极应对不确定性的冲击，通过灵活调整来规避不确定性风险。因此，当经济政策不确定性上升时，处于低竞争行业的公司发生不当行为的概率更大。

表 4.20　经济政策不确定性对公司不当行为影响的行业差异

	HHI-ASSET		HHI-SALE	
	（1）	（2）	（3）	（4）
	低竞争行业	高竞争行业	低竞争行业	高竞争行业
EPU	0.449***	0.408***	0.489***	0.401***
	（0.071）	（0.058）	（0.092）	（0.051）

续表

	HHI-ASSET		HHI-SALE	
	（1）	（2）	（3）	（4）
	低竞争行业	高竞争行业	低竞争行业	高竞争行业
State	−0.043***	−0.038***	−0.057***	−0.032***
	(0.009)	(0.008)	(0.0120)	(0.007)
LEV	−0.004*	−0.001	−0.002	−0.002
	(0.002)	(0.001)	(0.001)	(0.002)
ROA	−0.039***	−0.070**	−0.041***	−0.038***
	(0.011)	(0.032)	(0.015)	(0.014)
Size	−0.002	−0.004	0.003	−0.004
	(0.004)	(0.003)	(0.005)	(0.003)
R&D	−0.162	−0.956***	−0.186	−0.616***
	(0.210)	(0.257)	(0.259)	(0.207)
CSR	−0.016	−0.024***	−0.033**	−0.015**
	(0.011)	(0.008)	(0.014)	(0.007)
Firmage	0.001	−0.003	0.002*	−0.001
	(0.001)	(0.001)	(0.001)	(0.001)
Duality	0.014	0.007	0.016	0.009
	(0.009)	(0.009)	(0.013)	(0.007)
Big4	−0.014	−0.044***	−0.017	−0.031***
	(0.018)	(0.013)	(0.029)	(0.012)
Au_Opinion	0.187***	0.207***	0.170***	0.208***
	(0.017)	(0.017)	(0.020)	(0.015)
Tobin's Q	0.001	−0.001**	−0.001***	0.001
	(0.001)	(0.001)	(0.001)	(0.001)
_cons	0.119	0.097	−0.036	0.087
	(0.098)	(0.068)	(0.115)	(0.066)
行业效应	Y	Y	Y	Y
年份效应	Y	Y	Y	Y
地区效应	Y	Y	Y	Y

续表

	HHI-ASSET		HHI-SALE	
	（1）	（2）	（3）	（4）
	低竞争行业	高竞争行业	低竞争行业	高竞争行业
N	8167	10585	4931	13821
R^2	0.068	0.066	0.067	0.066

注：每个自变量对应两行结果，第一行为系数估计值，第二行括号内为稳健标准误。*、**、*** 分别表示 10%、5%、1% 的显著性水平。

第六节　本章小结

本章以我国资本市场中的上市公司为主要研究对象，在企业层面探讨了宏观经济政策不确定性与公司不当行为之间的关系。本研究认为，经济政策不确定性对公司不当行为既存在直接影响的效应，也存在通过中介渠道间接影响的中介效应。基于此，本章构建了一元并行的多重中介模型，通过线性概率模型（LMP 模型）和 Probit 模型来实证检验经济政策不确定性对公司不当行为的直接效应和中介效应。研究结果表明，经济政策不确定性的提高会增大公司实施不当行为的可能性，并且这种直接效应因企业的异质性而存在差异，即具有较低风险承受能力和生产经营能力的公司受到影响的程度更大，具有更显著的不当行为动机。在传递机制中介检验方面，发现经济政策不确定性提高会增加企业并购重组活动、提高现金持有水平、加剧股价波动、降低机构投资者持股比例，进而增加公司不当行为发生的概率。进一步，本章从地区经济发展水平和行业竞争程度方面讨论了经济政策不确定性对公司不当行为影响的差异，发现所在地区经济发展程度以及所属行业竞争程度均处于较低水平的公司受到宏观政策变化影响的程度更大，表现出更高的实施不当行为的可能性。

综上所述，本研究具有现实意义，尤其是在宏观政策波动时，可以为有效监察和防范公司不当行为，正确引导企业应对危机、规避风险提供政策性建议。对政府而言，在出台新政策的过程中，应加大宣传和普及力度，让市场充分了解政策走向，降低政府和企业之间的信息不对称性。在政策实施过程中，要加大政策的执行力度，针对政策受众落实政策目标。对企业而言，要准确理解和把握政策发展方向，尽可能把宏观政策不确定性可能引致的风险降到最低。同时要注重提高企业自身的风险承受能力和生产经营能力，降低债务杠杆，提高盈利能力，顺应经济发展趋势调整生产、变革技术、转变思路，做到未雨绸缪，有备无患。对监管机构而言，在宏观政策环境变动时，应密切关注公司的微观行为，重点监察经济发展缓慢地区以及垄断性行业内的公司，审查其并购重组事项、现金持有水平、股价波动以及机构投资者持股变动情况，对公司不当行为动机尽早发现、尽快遏制。

第五章　地方法治环境与上市公司不当行为

自我国证券市场创建以来，有关部门先后出台了近百部法律法规，以打击不当行为，维护资本市场的健康有序运行。2021年，新《证券法》、《刑法修正案（十一）》、《关于依法从严打击证券违法活动的意见》的推出，进一步加大了对上市公司不当行为的惩罚力度，明确了高管人员、控股股东和实际控制人在欺诈发行等证券违法行为中的连带赔偿责任。相比许多发达国家，我国针对证券市场的法律条文更为严格，证监会等监管部门对违规公司的处罚力度逐渐从公开谴责转向公开处罚。近年来，监管部门对违法违规行为的查处效率也有了较大幅度的提升，例如，对公司欺诈等违法行为的平均稽查间隔从2004年的2.981年降至2018年的1.118年。这些措施和成效在一定程度上反映出我国法治环境在不断优化。然而，与之相对应的是，上市公司不当行为事件有增无减，而且有相当多的上市公司屡次实施不当行为，并在同一起不当行为事件中涉及多种不当行为，严重扰乱市场秩序，打击投资者信心。这种法治环境不断改善和不当行为事件有增无减的"悖论"，让人不禁思考：法治环境的改善，究竟能否有效抑制公司不当行为的发生？

针对这一问题，部分研究发现，司法独立性的提高能够有效遏制地方政府对当地公司不当行为的包庇行为，增加公司不当行为被查处的概率，从而有效抑制不当行为的发生（曹春方等，2017）。而公司通过聘请具有法律背景的独立董事或董事会成员，同样可以起到有效的内部监督作用（雷宇和张宁，2019），进而支持了法治环境改善将有效抑制公司不当行为的研究结论。而企业如果与地方政府建立政治关联，会干预或拖延监管机构和司法部门的调查，进而影响欺诈等违法行为被查处的及时性（许年行等，2013）。

本章将从理论和实证两方面进行分析，探讨地方法治环境与上市公司不当行为之间的关系，以揭示良好的法治环境是否有助于遏制上市公司不当行为。

第一节　理论分析和研究假设

法与金融理论强调法律特别是投资者保护对公司治理和一国金融市场发展的重要作用。法治环境的改善有助于缓解股东和管理者之间的信息不对称问题，使市场为公司提供更多的外部融资机会，防止管理者和控股股东侵占公司资源，推动公司创新。当公司所在地的法治环境较差或法律体系不完善时，建立政治关联便成为弥补地方法治缺位的重要替代机制，帮助公司获得充足的信贷资源。但同样削弱了证监会等监管机构对公司欺诈等违法行为的监管，延长了违法行为的稽查间隔并降低了公司面临的处罚成本，使执法效率大打折扣（许年行等，2013）。为此，我国分别于2008年和2013年开展了省级高院院长异地任职交流活动，对提高司法效率和打破司法地方保护主义具有积极作用。但对于参与异地交流的法官而言，需要花费大量精力来了解当地文化和工作环境，这一过程无益于司法效率的提高（陈刚，2012）。因此，法律制度的完善并不必然等同于金融体系和资本市场的健全，也并不必然等同于资本市场行为主体的规范。

一、地方法治环境与上市公司不当行为

从内部信息获取的角度来看，独立董事制度是公司治理的重要机制。独立董事通常受聘于股东，这导致独立董事监管的外部有效性较弱。特别是对于具有法律背景的独立董事而言，他们会及时纠正公司的违规行为，防止公司发生不当行为而为其带来声誉损失。但独立董事出于维护自身声誉而采取的一系列监督行为，都需要地方法律制度环境的支撑（吕荣杰等，2017）。

特别是在法治环境较差的地区，即使独立董事可以及时甄别出公司不当行为，但地方司法制度的公平性和有效性难以保证，导致公司实施不当行为的成本较低，仍会造成公司不当行为的发生。因此，在法治环境较好的地区，不仅提高了公司实施不当行为的成本和被稽查的概率，而且独立董事将承担因公司不当行为而带来的严重声誉损失和法律责任，一定程度上削弱了独立董事对公司不当行为的"视而不见"。

从内部人控制的角度来看，法治环境的改善将防止管理层和大股东侵犯小股东利益，防止内部人为获得私人利益而进行盈余管理等不当行为。特别地，即使小股东或内部员工举报公司的不当行为，但在法治环境较差的地区，官司获胜的可能性也较小，而举报人还易遭到大股东或管理层的报复或免职（张翼和马光，2005；Dyck等，2013）。因此，法治环境的改善将有助于缓解因内部人控制问题而引起的公司不当行为，并保护小股东或内部员工等举报人免遭大股东或管理层的报复，有助于其更好地揭露公司不当行为（Claessens等，2003；Dyck和Zingales，2004）。

从政府与企业关系的角度来看，法治环境越好的地区，政府对上市公司不当行为的偏袒和保护越少，公司不当行为可以被及时稽查（周美华等，2015）。在法治环境较好的地区，政府干预较少，国有企业被庇护的可能性降低，从而削弱国有企业实施不当行为的动机（曹春方等，2017）。与此同时，在法治环境较差的地区，非国有企业将更多地承担政府的社会性目标，不仅导致公司偏离价值最大化的目标，也对公司治理结构产生负面影响。因此，对于受政府控制的非国有企业而言，地方法治环境的改善将提高法律对政府权力的限制，减少对公司中小股东的侵害并形成良好的公司治理环境，一定程度上减少公司不当行为的发生。

一般而言，犯罪经济学分别从违法行为特征与动机和激励两个角度分析违法行为[①]。涉嫌实施违法行为的公司的特征差别不大，但公司实施违法行为

---

① 为简便分析，本书将违法行为和犯罪行为均归为违法行为。

的动机和激励不同。根据公司的违法动机和激励来预测公司的违法行为特征更加有效（Becker，1968）。例如，政府在全国范围内施行相同的法律法规标准，但不同地区在监管方式的有效性和惩罚力度的严格程度上存在差异，从而表现出违法行为在不同地区间的差异。因此，从地区层面分析不同政治、经济及法治环境对公司不当行为动机和激励的影响具有重要的现实意义。

犯罪经济学的威慑理论指出，惩罚威慑的有效性取决于违法后惩罚的确定性（Certainty）和惩罚的严重性（Severity）。具体到本书研究，确定性是指公司实施违法行为后被政府发现的可能性，而严重性是指公司违法行为被发现后政府惩罚的力度。一般认为，公司对于确定性的敏感度要大于严重性，即公司对实施违法行为后被发现的担忧要大于被惩罚的担忧（Becker，1968）。结合犯罪经济学的威慑理论，本书在 Becker（1968）的基础上对公司不当行为进行理论分析。

首先，本章假定存在两类企业：一类是风险偏好型企业，其对于确定性的敏感度要大于严重性；另一类是风险规避型企业，其对于确定性的敏感度要小于严重性。其次，假定公司不当行为被政府稽查后将面临罚款，降低公司的预期收益。最后，假定实施不当行为的公司的预期收益以彩票（Lottery）的形式表示：

$$EU_c = pu(\gamma - f) + (1-p) u(\gamma) \quad (5-1)$$

其中，p 表示公司不当行为发生后被惩罚（稽查）的概率，$u(\cdot)$ 表示冯·诺依曼－摩根斯坦效用函数（von Neumann–Morgenstern Utility Function），γ 表示不当行为发生后没有被发现时的财富收益，f 表示不当行为被发现后的惩罚，以货币形式表现。Becker（1968）用 p 代表确定性，用 f 代表严重性。

假定 $pf = k$，确定性和严重性反向变动，表示被发现的可能性越大或政府司法监督的强度越大，其惩罚力度相应会降低，反之亦然。将其代入期望效用函数中可得：

$$EU_c = pu\left(\gamma - \frac{k}{p}\right) + (1-p) u(\gamma) \quad (5-2)$$

或：

$$EU_c = \frac{k}{f}u(\gamma-f) + \left(1-\frac{k}{f}\right)u(\gamma) \tag{5-3}$$

用第一个公式对 p 求偏导，可得：

$$\frac{\partial EU_c}{\partial p} = -[u(\gamma) - u(\gamma-f)] + fu'(\gamma-f) \tag{5-4}$$

根据中值定理，存在一些 $z \in [\gamma-f, \gamma]$，故

$$fu'(z) = u(\gamma) - u(\gamma-f) \tag{5-5}$$

因此，

$$\frac{\partial EU_c}{\partial p} = f[u'(\gamma-f) - u'(z)] \tag{5-6}$$

若企业是风险偏好的，则企业的效用函数为凸函数，故 $u''(\cdot) > 0$。由于 $z > \gamma-f$，所以 $u'(z) > u'(\gamma-f)$，可得：

$$\frac{\partial EU_c}{\partial p} = f[u'(\gamma-f) - u'(z)] < 0 \tag{5-7}$$

此时，虽然存在 f 的抵消作用，但 p 的增加仍然会带来公司不当行为期望效用的降低。在现实中，对于风险偏好型的企业来说，法治环境的改善比惩罚力度的提高更容易使企业减少不当行为。

若企业是风险规避的，则企业的效用函数为凹函数，故 $u''(\cdot) < 0$。由于 $z > \gamma-f$，所以 $u'(z) < u'(\gamma-f)$，可得：

$$\frac{\partial EU_c}{\partial p} = f[u'(\gamma-f) - u'(z)] > 0 \tag{5-8}$$

同样，我们将企业的期望效用函数对严重性 f 求偏导，即：

$$\frac{\partial EU_c}{\partial f} = -\left[\frac{k}{f^2}u(\gamma-f) + \frac{k}{f}u'(\gamma-f) + \frac{k}{f^2}u(\gamma)\right] < 0 \tag{5-9}$$

此时，政府仅通过提高法治环境的监察力度并不能减少风险规避型公司的不当行为，反而可能会增加，只有通过提高惩罚力度才有可能减少公司的不当行为。

因此，综合上述分析，提出本章的第一个假设。

H1：地方法治环境的改善会抑制公司的不当行为。

二、地方法治环境与上市公司不当行为之间的传导路径

法律是重要的正式制度，能够在很大程度上影响社会主体的行为。良好的法治环境，在宏观上意味着社会执法效率更高，在微观上意味着企业行为更加规范。因此，本章从宏观和微观两个方面来分析地方法治环境与公司不当行为之间的传导路径。

1. 地方法治环境与公司不当行为之间的传导路径一：执法效率

Becker 在 1968 年提出了著名的犯罪威慑理论（Theory of Crime Deterrence），强调违法犯罪活动是否实施需要进行成本效益分析，如果犯罪事件的预期收益低于预期成本，理性的经济人将不会参与违法活动，所以可以通过提高不当行为被稽查的可能性来威慑这一行为。之后，Correia（2009）提出的"公司违规成本与收益分析"模型同样支持了 Becker（1986）的犯罪威慑理论，认为不当行为成本包括公司不当行为被稽查的概率，以及管理层因不当行为而受到的离职和罚款等惩罚。一般来说，监管部门对违法违规行为的稽查时间越短，代表法律的执行效率越高（许年行等，2013）。因此，在法治环境较好的地区，法律执行效率的提高将增加公司不当行为事件被稽查的可能性，提高公司实施不当行为的成本，进而降低公司实施不当行为的可能性（Wilde，2017）。此外，法治环境水平的提高将赋予中小股东对抗管理层的权力，从而通过董事会及时解雇并惩罚涉嫌实施不当行为的 CEO（Defond 和 Huang，2004）。及时解雇并惩罚涉嫌实施不当行为的 CEO 也是法律有效性的体现（Chen 等，2006）。

通过上述分析，我们认为当法治环境水平提高时，公司不当行为事件被稽查的可能性更高，有可能给公司和管理层的声誉带来严重的负面影响，提高公司实施不当行为的成本，进而降低公司实施不当行为的可能性。为此，提出本章的第二个假设。

H2：地方法治环境的改善会提高公司实施不当行为的成本，即缩短不

当行为事件被稽查的间隔，进而减少公司不当行为的发生。

2. 地方法治环境与公司不当行为之间的传导路径二：公司透明度

透明度较高的公司往往更充分和及时地进行信息披露，以帮助股东或投资者及时甄别信息并做出最好的预测（辛清泉等，2014）。信息披露作为最基础的公司治理机制，不仅可以缓解委托代理问题，还可以减少大股东掏空中小投资者的现象（高雷和宋顺林，2007）。从信息披露的角度来看，法治环境的改善有助于公司更加规范地披露信息，提高公司自身监管水平并使外部监管者获得更多关于公司内部的信息（Dyck 和 Zingales，2004），提高公司不当行为被稽查的可能性。当公司所披露的会计信息缺乏规范性时，将会面临较高的诉讼风险和处罚成本，使得公司实施虚假披露等不当行为所付出的成本较高，公司实施不当行为的可能性较低。此外，完备的信息披露机制将使利益相关者获得充分的信息，降低银行放贷风险，从而有助于公司获得更多的银行信贷，缓解公司财务约束并降低债务融资成本，防止公司因进行盈余管理和提前确认收入而引发公司不当行为（刘慧等，2016）。为此，提出本章的第三个假设。

H3：地方法治环境的改善将提高公司透明度，进而减少公司不当行为的发生。

第二节　研究设计

一、数据来源与样本选择

本章选取 2004—2019 年沪深两市 A 股上市公司作为研究样本，为保证样本的可靠性，还做了以下处理：剔除 ST 公司和数据缺失的公司；剔除当年上市或者退市的公司；剔除金融类公司。最终保留 3701 家上市公司的 37401 个观测值，为非平衡面板数据。公司不当行为数据来自锐思（RESSET）和国泰安（CSMAR）数据库，其他公司财务数据来自万得（Wind）和国泰安（CSMAR）数据库，宏观层面数据来自EPS数据库和中国研究数据服务平台（CNRDS）。为避免极端值的影响，本章对连续变量进行上下1%的Winsorize缩尾处理。

二、变量选择

1. 被解释变量

公司当年是否实施不当行为（$fraud_{it}$）。若上市公司i在t年被发现有不当行为时，$fraud_{it}=1$；未发现有不当行为时，$fraud_{it}=0$。

公司当年不当行为的强度（$strength_{it}$）。借鉴孟庆斌等（2018）的研究，笔者手工收集了每一个不当行为事件对应的不当行为数量[①]，以衡量公司当年的不当行为强度。对不当行为强度的衡量不仅有助于细致地描述公司不当行为，也有助于针对不同不当行为强度的上市公司进行异质性分析。

2. 解释变量

本章使用王小鲁、樊纲等《中国分省份市场化指数报告（2018）》中的法律制度环境得分，来衡量公司注册地的地方法治环境（万良勇，2014；何平林等，2019）。同时还借鉴王珏等（2015）的处理，令2015年各省份法治环境得分等于2014年对应省份的数值，令2017—2019年各省份法治环境得分等于2016年对应省份的数值。另外，笔者借鉴Djankov等（2006）和陈德球等（2013）的研究，选取各省份律师人数与总人口的比重来衡量地方法治环境并进行稳健性检验。数据来自各省份统计年鉴，并根据司法部、各省份司法厅和律师协会官网数据进行补齐。

[①] 本书重点关注以下12种构成不当行为事件的不当行为：虚构利润、虚假陈述、虚列资产、占用公司资产、违规担保、关联交易、擅自改变资金用途、延迟披露定期公告、延迟披露业绩预告、违规买卖股票、操纵股价和内幕交易。

在对假设 H2 的验证中，笔者借鉴 Khanna 等（2015）的研究，采用稽查间隔（$detect_{it}$）衡量公司不当行为的成本。所谓稽查间隔，是指公司实施不当行为的年份与证监会和地方证监局等处罚机构出具处罚文件年份的间隔。对于实施不当行为的公司而言，监管部门的处罚是其首要考虑的不当行为成本，公司不当行为的稽查间隔越长，通过不当行为获得预期收益的可能性越大，则公司实施不当行为的成本越低。

已有研究使用会计稳健性和盈余管理等公司层面的指标来衡量信息透明度，但公司层面的指标一定程度上受管理层操控，特别是在我国法治环境和投资者保护较差的地区，其无法真实地反映公司的信息透明度。也有学者使用分析师跟踪数量和预测分歧度来衡量公司透明度（辛清泉等，2014），但证券分析师等信息中介机构处在发展初期，且大部分上市公司并没有分析师跟踪（辛清泉等，2014），使用分析师跟踪和预测等相关数据来衡量公司透明度有失准确性。为此，在对假设 H3 的验证中，笔者借鉴辛清泉等（2014）的研究，使用深交所各年对上市公司信息披露透明度的评级来衡量公司的透明度水平。深交所将公司信息披露质量由高到低划分为 A、B、C、D 四个等级（即优秀、良好、及格和不及格），本书将其分别赋值为 4、3、2、1，形成有序变量 $transparent_{it}$ 来衡量公司的透明度水平。分值越大，则公司信息披露质量越好。一方面，交易所在对上市公司的信息披露状况进行评级时更具有公平性和客观性；另一方面，交易所不仅关注公司强制性信息披露的及时性，也兼顾自愿性信息披露的合法性和规范性（辛清泉等，2014）。

3. 控制变量

参考已有的研究上市公司不当行为的文献，本章控制了可能会影响公司不当行为的公司特征、公司治理、诉讼风险和宏观层面的因素。

（1）公司特征层面的因素主要有公司规模、杠杆率、资产回报率和企业性质。规模较大的公司往往具有健全的企业制度，并且被媒体监管和曝光的概率更大，所以公司不当行为发生的概率较低（Hass 等，2016）。杠杆率更低以及盈利能力更好的上市公司实施不当行为的概率更低（Li 等，2015；Wang，2013）。国有企业实施不当行为的预期成本更高，因此国有企业实施不当行为的可能性更低，考虑到社会关注度以及高管和实际控制人分离的情况，国有企业实施不当行为后被曝光的可能性更大（胡海峰等，2019）。

（2）公司治理层面的因素主要有两职合一、独立董事比例、并购活动和股权集中度。两职合一加强了 CEO 的权力，其对内部负面信息的包庇会导致公司不当行为的发生。独立董事是维护股东利益和公司内部治理有效性的重要一环，独立董事占比的提高会减少公司不当行为的发生。此外，企业并购被视为一种掩饰不当行为的策略，因此相比于非不当行为公司，发生不当行为的公司将开展更加积极的并购活动（Erickson 等，2011）。较高的股权集中度不仅使不当行为不易被曝光（胡海峰等，2019），也会带来内部人控制问题，在损害中小股东利益的同时造成公司内部控制失效（梁杰等，2004）。

（3）诉讼风险层面的因素主要有机构投资者持股、分析师数量、四大审计和股价同步性。与中小投资者相比，机构投资者在资金、信息和人才等方面具有优势，信息披露质量的提高将会抑制公司的不当行为（陆瑶等，2012）；机构投资者还会通过集体公开声明来吸引媒体和监管部门的注意，加大不当行为事件被稽查的可能性。四大会计师事务所作为审计行业标杆，具有较高的审计独立性和专业性，对公司不当行为进行了有效的外部监督（孟庆斌等，2019）。马奔和杨耀武（2020）发现分析师可以有效监督公司不当行为，表现出积极的治理作用。此外，股价同步性反映了股价信息含量，当股价同步性提高时，公司透明度较低，公司违规被查处的概率会降低。本章借鉴许年行等（2012）的研究，依据股价信息含量计算股价同步性，并使用流通市值进行加权平均。

此外，笔者还进一步控制了地区发展和人力资本两方面宏观因素的影响。经济周期或股票市场的向好，会放松投资者和监管者的注意，公司不当行为发生的可能性更大，被曝光的可能性相对更低（马奔和杨耀武，2020）。

当市场处于极度繁荣状态时，即使公司披露的财务报表较差，投资者仍然会对自己持有的股票抱有信心，因此管理者实施不当行为所需支付的额外成本较低（Povel 等，2007）。Li 等（2015）发现，对于金融发展较好的省份而言，较好的外部监管降低了不当行为发生的可能性。

所有变量的名称、符号和度量方法如表 5.1 所示。

表 5.1 变量定义及度量方法

变量名称	变量符号	变量度量方法
因变量		
是否发生不当行为	fraud	当年公司被发现有不当行为取 1，否则为 0
不当行为强度	strength	当年公司不当行为事件对应的不当行为数量
解释变量		
法治环境	law	王小鲁、樊纲等《中国分省份市场化指数报告（2018）》中各省份市场中介发育和法律制度环境得分
法治环境	law	公司所在省份律师人数与总人口的比重
稽查间隔	detect	不当行为事件被稽查年份 – 不当行为事件发生年份
公司透明度	transparent	深交所和上交所信息披露指数，取值为 1—4，1 表示不及格，2 表示及格，3 表示良好，4 表示优秀
控制变量		
公司规模	size	Log（总资产）
公司杠杆	lev	总负债 / 总资产
资产回报率	roa	净利润 / 总资产
股权集中度	concentration	公司前十大股东持股比例
企业性质	quality	公司属性为国有企业取 1，否则为 0
两职合一	duality	公司 CEO 与董事长为同一人取 1，否则为 0

续表

变量名称	变量符号	变量度量方法
独立董事比例	dd	独立董事人数/董事会总人数
并购活动	ma	发生并购赋值为1，否则为0
机构投资者持股	institution	机构投资者持股占比
分析师数量	analysis	当年对公司进行跟踪的分析师（团队）数量
股价同步性	syn	依据股价信息含量计算，并使用流通市值进行加权平均
四大审计	big4	审计机构为四大会计师事务所取值为1，否则为0
地区发展	gdp	上市公司所在省份的GDP增长率
人力资本	education	上市公司所在省份的在校学生数量对数值

表5.2报告了相关变量的描述性统计。第二列至第五列显示了各变量的基本统计量；第六列和第七列将样本按照是否发生不当行为进行分组，并报告了各变量的均值；第八列报告了分组均值下t检验的P值，除了公司杠杆未通过t检验外，其余变量均通过t检验。其中，相比发生不当行为的公司，未发生不当行为的公司所在地的法治环境更好，公司透明度更高。而未发生不当行为的公司聘请四大会计师事务所进行外部审计的比例更高，机构投资者持股比例和分析师跟踪数量也更高，说明未发生不当行为的公司的外部监管质量较高。

此外，笔者发现在发生不当行为的公司中，平均一起不当行为事件包括2.256个不当行为；不当行为稽查间隔为1.835年（约670天），这一数字小于美国上市公司1080天的不当行为稽查间隔（Khanna等，2015）。特别地，笔者手工搜集了公司当年实施不当行为与上次实施不当行为的年份间隔，发现公司大约在1.382年（约504天）后再次实施不当行为，这一数字小于公司不当行为事件的稽查间隔，一定程度上解释了中国上市公司同年反复实施不当行为的现象。在其他变量方面，样本中发生不当行为的上市公司在两职合一、并购活动、独立董事比例和人力资本上的均值更大，而在总资产规模、资产回报率、股权集中度、股价同步性和地区发展上的均值更小。

表 5.2　样本描述性统计

变量	总体样本 均值	标准差	最小值	最大值	fraud=1 均值	fraud=0 均值	P 值
fraud	0.154	0.361	0.000	1.000			
strength	0.347	0.940	0.000	7.000	2.256	0.000	0.000
detect	0.282	1.012	0.000	15.000	1.835	0.000	0.000
transparent	2.953	0.653	1.000	4.000	2.498	3.049	0.000
law	8.782	4.513	−0.700	16.94	8.527	8.828	0.000
size	21.87	1.366	10.80	28.60	21.729	21.891	0.000
lev	0.528	4.850	−0.195	880	0.563	0.522	0.278
roa	0.033	0.077	−0.388	0.210	−0.001	0.039	0.000
concentration	58.94	15.40	1.310	101.2	54.900	59.655	0.000
quality	0.424	0.494	0.000	1.000	0.305	0.445	0.000
duality	0.253	0.435	0.000	1.000	0.288	0.246	0.000
dd	0.370	0.0550	0.000	0.800	0.372	0.370	0.003
ma	0.561	0.496	0.000	1.000	0.692	0.538	0.000
institution	33.59	24.46	0.000	326.7	30.995	34.047	0.000
analysis	9.320	9.508	1.000	75.000	7.656	9.578	0.000
syn	0.465	0.193	0.000	1.000	0.429	0.471	0.000
big4	0.058	0.234	0.000	1.000	0.026	0.064	0.000
gdp	0.104	0.0540	−0.334	0.244	0.097	0.105	0.000
education	13.702	0.662	9.598	14.657	13.720	13.699	0.013

资料来源：国泰安数据库（CSMAR）、万得数据库（Wind）、锐思数据库（RESSET）和 EPS 数据库。

三、模型设定

根据前文讨论和相关变量的定义,设定检验假设 H1 的估计方程为:

$$fraud_{it} = \alpha_0 + \alpha_1 law_{it} + \alpha_2 control_{it} + \mu_{i,year} + \mu_{i,industry} + \varepsilon_{it} \quad (5-10)$$

其中,$fraud_{it}$ 表示公司是否施行了不当行为,law_{it} 表示公司所在地的法治环境,$control_{it}$ 为表 5.1 中所列示的控制变量,ε_{it} 为随机扰动项。$\mu_{i,year}$、$\mu_{i,industry}$ 分别表示年份和行业固定效应,并以公司所在省份对标准误进行聚类调整。

在对地方法治环境与公司不当行为之间的传导机制进行探讨的过程中,笔者借鉴 Baron 和 Kenny(1986)提出的中介效应模型进行估计,设定检验假设 H2 的估计方程为:

$$fraud_{it} = \alpha_0 + \alpha_1 law_{it} + \alpha_2 control_{it} + \mu_{i,year} + \mu_{i,industry} + \varepsilon_{it} \quad (5-11)$$

$$detect_{it} = \alpha_0 + \alpha_1 law_{it} + \alpha_2 control_{it} + \mu_{i,year} + \mu_{i,industry} + \varepsilon_{it} \quad (5-12)$$

$$fraud_{it} = \alpha_0 + \alpha_1 law_{it} + \alpha_2 detect_{it} + \alpha_3 control_{it} + \mu_{i,year} + \mu_{i,industry} + \varepsilon_{it} \quad (5-13)$$

此外,将模型(5-12)和模型(5-13)中的不当行为稽查间隔($detect_{it}$)替换为公司透明度($transparent_{it}$),便可对假设 H3 进行检验。

第三节 实证结果与分析

一、地方法治环境与上市公司不当行为

表 5.3 使用 Probit 模型对假设 H1 进行验证。第(2)列中按照每年公司所在省份的法治环境中位数进行分组,大于中位数的省份赋值为 1,反之则为 0,形成地方法治环境的二分类变量(law_d_{it})。此外,进一步控制行业和年份固定效应,为防止引入过多行业的控制变量而导致估计效率降低,按照证监会行业分类(2012 版),选择样本期内发生不当行为事件最多的前十

大行业进行控制[①]。从表 5.3 的估计结果中发现，地方法治环境的改善有助于降低公司不当行为事件发生的可能性。边际效应的估计结果显示，地方法治环境每提高 1 单位，公司实施不当行为的可能性降低 0.3%。首先，在法治环境较好的地区，证券分析师和媒体等外部监管者将更好地发挥外部监管作用，缓解经理人和股东之间的代理问题，限制经理人为追求私人利益而进行盈余管理等不当行为（万良勇，2013）。其次，在法治环境较好的地区，CEO 的任免更多地遵循公司绩效等市场表现，而非由管理层内部决定（Defond 和 Hung，2004），良好的内部治理结构也将在一定程度上减少公司不当行为的发生（梁杰等，2004）。最后，在法治环境较好的地区，银行信贷活动更为规范，从而有效遏制企业信用欺诈和逃避债务的机会主义行为，减少企业因过度无效投资而引发的不当行为（万良勇，2013）。因此，表 5.3 的估计结果支持了假设 H1。

在控制变量方面，公司杠杆（lev_{it}）的估计系数显著为正，与孟庆斌等（2018）的结论一致。机构投资者持股（$institution_{it}$）、分析师数量（$analysis_{it}$）、四大审计（$big4_{it}$）、独立董事比例（dd_{it}）、股权集中度（$concentration_{it}$）、股价同步性（syn_{it}）和资产回报率（roa_{it}）与公司不当行为显著负相关，而两职合一（$duality_{it}$）、并购活动（ma_{it}）与公司不当行为显著正相关。以上结论均与相关学者的研究结论一致（陆瑶等，2012；孟庆斌等，2019；胡海峰等，2019；马奔和杨耀武，2020）。

表 5.3　地方法治环境与公司不当行为

自变量/因变量	（1）fraud	（2）fraud
law	−0.017***	
	（0.004）	

---

① 分别是计算机通信和其他电子设备制造业、化学原料和化学制品制造业、医药制造业、电气机械和器材制造业、专用设备制造业、房地产业、软件和信息技术服务业、零售业、通用设备制造业和汽车制造业。

续表

自变量/因变量	（1） fraud	（2） fraud
law_d		−0.118**
		（0.054）
size	0.011	0.010
	（0.024）	（0.025）
lev	0.484***	0.486***
	（0.104）	（0.106）
concentration	−0.004***	−0.005***
	（0.001）	（0.001）
roa	−1.189***	−1.194***
	（0.361）	（0.361）
dd	−0.670**	−0.650**
	（0.338）	（0.331）
quality	−0.339***	−0.325***
	（0.047）	（0.051）
duality	0.072*	0.066
	（0.043）	（0.044）
ma	0.265***	0.263***
	（0.033）	（0.034）
institution	−0.002**	−0.001*
	（0.001）	（0.001）
analysis	−0.010***	−0.010***
	（0.002）	（0.002）
syn	−0.436***	−0.438***
	（0.094）	（0.092）
big4	−0.169**	−0.170**
	（0.078）	（0.081）

续表

自变量/因变量	（1）fraud	（2）fraud
gdp	−0.368	−0.418
	（0.517）	（0.524）
education	−0.004	0.002
	（0.045）	（0.049）
constant	−0.967	−1.043
	（0.935）	（0.929）
行业与年份固定效应	控制	控制
N	20541	20541

注：①括号内提供以省份聚类的稳健标准误。② *、** 和 *** 分别表示在 10%、5% 和 1% 的水平上显著。③第（1）列和第（2）列的估计结果采用 Probit 模型估计得到。

进一步区分公司不当行为强度的异质性，按照当年上市公司发生的不当行为事件数量，将发生不当行为的上市公司细分为单一不当行为公司和屡次不当行为公司。若公司在当年仅涉及单一不当行为事件，则将其定义为单一不当行为公司；若公司在当年涉及多次不当行为事件，则将其定义为屡次不当行为公司。从表 5.4 中第（3）和第（4）列的估计结果可知，不论是单一不当行为公司还是屡次不当行为公司，地方法治环境与公司不当行为均在 1% 的显著性水平上负相关，但这一影响在屡次不当行为公司中略强。不同地区法治环境差异较大，特别地，地方法治环境改善所带来的政策效果往往具有时滞性（陈刚，2012），而监管部门对不当行为事件的查处同样存在惩处周期（许年行等，2013），一定程度上解释了地方法治环境对屡次不当行为公司不当行为的影响。此外，表 5.4 中第（1）和第（2）列区分了企业所有制，发现地方法治环境与公司不当行为的负向关系在非国有企业中更为显著。国有企业与地方政府间的政治关联将使国有企业不当行为被稽查的概率大大降低（曹春方等，2017）。

表 5.4　地方法治环境与公司不当行为的异质性分析

自变量 / 因变量	（1） 国有企业 fraud	（2） 非国有企业 fraud	（3） 单一不当行为公司 fraud	（4） 屡次不当行为公司 fraud
law	−0.015*	−0.016***	−0.015***	−0.016***
	（0.009）	（0.004）	（0.005）	（0.005）
size	−0.077**	0.064**	0.001	0.018
	（0.037）	（0.026）	（0.026）	（0.025）
lev	0.701***	0.366***	0.135	0.632***
	（0.193）	（0.083）	（0.129）	（0.120）
concentration	−0.000	−0.005***	−0.003**	−0.004**
	（0.002）	（0.002）	（0.001）	（0.002）
roa	−0.862*	−1.345***	−0.299	−1.452***
	（0.477）	（0.453）	（0.246）	（0.448）
dd	−0.984**	−0.397	−0.913***	−0.383
	（0.394）	（0.437）	（0.312）	（0.432）
quality			−0.285***	−0.315***
			（0.051）	（0.064）
duality	0.178**	0.057	0.053*	0.087
	（0.070）	（0.044）	（0.032）	（0.061）
ma	0.251***	0.279***	0.279***	0.215***
	（0.044）	（0.034）	（0.054）	（0.029）
institution	−0.004***	−0.001	−0.002	−0.001
	（0.001）	（0.001）	（0.001）	（0.001）
analysis	−0.009**	−0.010***	−0.007***	−0.010***
	（0.004）	（0.002）	（0.002）	（0.003）

续表

自变量/因变量	（1） 国有企业 fraud	（2） 非国有企业 fraud	（3） 单一不当行为公司 fraud	（4） 屡次不当行为公司 fraud
syn	−0.054 （0.145）	−0.556*** （0.093）	−0.372*** （0.103）	−0.401*** （0.105）
big4	−0.325*** （0.096）	−0.010 （0.129）	−0.086 （0.114）	−0.212*** （0.081）
gdp	0.079 （1.027）	−0.610 （0.499）	−0.989 （0.637）	0.159 （0.530）
education	−0.044 （0.067）	0.006 （0.054）	0.022 （0.046）	−0.022 （0.048）
constant	0.605 （1.151）	−2.168* （1.298）	−1.054 （−1.29）	−1.203 （0.984）
行业与年份固定效应	控制	控制	控制	控制
N	8228	12313	18675	19481

注：①括号内提供以省份聚类的稳健标准误。② *、** 和 *** 分别表示在10%、5%和1%的水平上显著。③第（1）至（4）列的估计结果采用Probit模型估计得到。

二、内生性检验

1. 倾向得分匹配

借鉴滕飞等（2016）的研究，根据表5.3中第（1）列的控制变量对样本期内不当行为公司和非不当行为公司进行1∶2匹配，采用倾向得分匹配（PSM）的方法进行估计，并通过了共同支撑假设（见图5.1）和平稳性检验（见表5.5）。从表5.5的估计结果中发现，相比于非不当行为公司，发生不当行为的上市公司所在地的法治环境更差。因此，基于准实验思路，同样发现地方法治环境的改善会减少公司不当行为的发生。

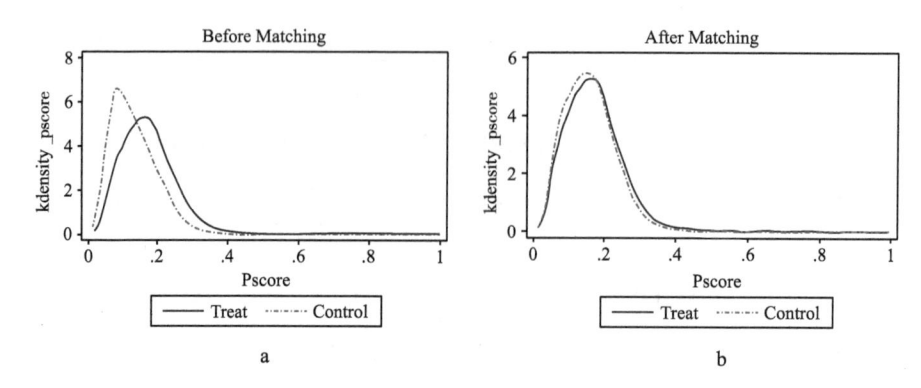

图 5.1 倾向得分核密度图

表 5.5 内生性检验 1：倾向得分匹配估计（1）

Panel A 平均处理效应（ATT）估计结果			
	处理组	控制组	ATT	Z 值
law	8.975	9.463	−0.500***	−3.56***

Panel B 匹配变量的平稳性检验

变量	状态	处理组	控制组	标准化偏差	T 值	P 值
size	匹配前	22.119	22.244	−10.2	−4.75	0.000
size	匹配后	22.119	22.104	1.2	0.49	0.627
lev	匹配前	0.451	0.428	11.4	5.65	0.000
lev	匹配后	0.451	0.447	2.2	0.82	0.412
concentration	匹配前	57.344	60.618	−22.5	−10.99	0.000
concentration	匹配后	57.344	57.130	1.5	0.55	0.584
roa	匹配前	0.264	0.049	−27.1	−16.09	0.328
roa	匹配后	0.264	0.027	−1.3	−0.38	0.707
dd	匹配前	0.370	0.371	−1.4	−0.67	0.500
dd	匹配后	0.370	0.371	−0.5	−0.20	0.845
quality	匹配前	0.272	0.421	−31.7	−15.04	0.000
quality	匹配后	0.272	0.264	1.7	0.68	0.498

续表

Panel B 匹配变量的平稳性检验						
变量	状态	处理组	控制组	标准化偏差	T值	P值
duality	匹配前	0.307	0.249	12.9	6.51	0.000
duality	匹配后	0.307	0.300	1.6	0.57	0.571
institution	匹配前	35.336	39.578	−18.2	15.97	0.000
institution	匹配后	35.336	35.296	0.2	0.08	0.937
analysis	匹配前	7.935	9.932	−22.1	−10.36	0.000
analysis	匹配后	7.935	7.713	2.5	1.01	0.311
syn	匹配前	0.442	0.474	−17.3	−8.43	0.000
syn	匹配后	0.442	0.445	−1.5	−0.57	0.567
big4	匹配前	0.036	0.076	−17.8	−7.84	0.000
big4	匹配后	0.036	0.036	−0.2	−0.11	0.914
gdp	匹配前	0.093	0.100	−15.4	−7.46	0.000
gdp	匹配后	0.093	0.093	−0.5	−0.18	0.854
education	匹配前	13.812	13.711	6.7	3.36	0.001
education	匹配后	13.812	13.798	2.4	0.91	0.365

注：① ATT 和 Z 值的计算均经过 500 次自抽样（Boostrap），并着重汇报 ATT 的估计结果。② *、** 和 *** 分别表示在 10%、5% 和 1% 的水平上显著。

此外，按照上述匹配方式进一步区分企业性质和不当行为强度，采用倾向得分匹配（PSM）的方法进行估计。从表5.6的估计结果中发现，除了国有企业外，其他估计结果与前文结论一致并显著，即相比于非不当行为公司，发生不当行为的上市公司所在地的法治环境更差。国有企业与政府间的政治关联将在一定程度上削弱地方法治环境对公司不当行为的影响（徐尧等，2017），这便导致地方法治环境的改善对国有企业不当行为的影响不再显著。

表 5.6　内生性检验 1：倾向得分匹配估计（2）

	处理组	控制组	ATT	Z 值
国有企业				
law	7.075	7.322	−0.247	−1.05
非国有企业				
law	9.685	10.350	−0.665***	−4.02
单一不当行为公司				
law	8.851	9.640	−0.789***	−3.76
屡次不当行为公司				
law	9.026	9.559	−0.533***	−2.99

注：① ATT 和 Z 值的计算均经过 500 次自抽样（Bootstrap），并着重汇报 ATT 的估计结果。② *、** 和 *** 分别表示在 10%、5% 和 1% 的水平上显著。

2. 考虑样本选择偏误的 Heckman 估计

Karpoff 等（2017）比较了美国记录金融不当行为的四大数据库，发现相关学者的研究结论取决于对不同数据库的选择。各数据库对金融不当行为的定义和样本选择的差异，会导致研究结论的巨大差异。因此，本章使用 Heckman 模型来尽可能地修正样本选择偏误的影响。表 5.7 的第（1）列为 Heckman 两步法的识别方程，采用 Probit 模型估计上市公司发生不当行为的可能性（$fraud_{it}$），并计算逆米尔斯比率（IMR），用来修正样本偏差。

此外，分析师数量和审计质量的提高均会减少公司不当行为的发生（孟庆斌等，2019；马奔和杨耀武，2020）。而分析师和审计机构通常仅在季度或年度出具报告，无法像股东等公司内部监管者一样，及时跟踪和稽查公司的不当行为，对不当行为强度（$strength_{it}$）的影响较弱。因此，本章选择分析师数量（$analysis_{it}$）和四大审计（$big4_{it}$）作为排他性约束变量。

表 5.7 的第（2）至（6）列为 Heckman 两步法的结果方程，其中因变量为不当行为强度（$strength_{it}$），并进一步控制了逆米尔斯比率（IMR）。从

表5.7第（2）至（6）列的估计结果中发现，逆米尔斯比率（IMR）前的系数显著异于零，说明存在样本选择偏误问题。特别地，除了国有企业外，地方法治环境的改善均会对公司不当行为产生显著影响，与倾向得分匹配（PSM）方法下的估计结果一致。

表5.7 内生性检验2：Heckman两步法

自变量/因变量	（1）fraud	（2）strength	（3）国有企业 strength	（4）非国有企业 strength	（5）单一不当行为公司 strength	（6）屡次不当行为公司 strength
law		−0.008***	−0.003	−0.010***	−0.001***	−0.007***
		（0.002）	（0.003）	（0.003）	（0.001）	（0.002）
IMR		−0.295**	−0.176*	−0.529**	−0.057***	−0.267*
		（0.144）	（0.098）	（0.222）	（0.018）	（0.147）
size	0.011	0.006	−0.033**	0.034*	0.000	0.006
	（0.025）	（0.012）	（0.013）	（0.017）	（0.003）	（0.011）
lev	0.497***	0.121*	0.158*	0.087	−0.015	0.141**
	（0.107）	（0.068）	（0.091）	（0.091）	（0.018）	（0.066）
concentration	−0.005***	−0.001	0.000	−0.000	−0.000	−0.001
	（0.001）	（0.001）	（0.001）	（0.001）	（0.000）	（0.001）
roa	−1.193***	−1.126***	−0.642	−1.135**	−0.001	−1.240***
	（0.363）	（0.368）	（0.396）	（0.480）	（0.039）	（0.391）
dd	−0.648**	−0.118	−0.244*	0.128	−0.050	−0.073
	（0.329）	（0.187）	（0.141）	（0.311）	（0.030）	（0.189）
quality	−0.317***	−0.088*			−0.013**	−0.084*
	（0.054）	（0.045）			（0.006）	（0.049）
duality	0.062	0.025	0.038	0.016	0.002	0.029
	（0.044）	（0.029）	（0.030）	（0.034）	（0.005）	（0.032）
ma	0.262***	0.038	0.030	0.010	0.016**	0.030
	（0.034）	（0.032）	（0.024）	（0.048）	（0.006）	（0.032）

续表

自变量/因变量	（1）fraud	（2）strength	（3）国有企业 strength	（4）非国有企业 strength	（5）单一不当行为公司 strength	（6）屡次不当行为公司 strength
institution	−0.001*	−0.000	−0.001	0.000	−0.000	0.000
	（0.001）	（0.000）	（0.000）	（0.000）	（0.000）	（0.000）
analysis	−0.010***					
	（0.002）					
syn	−0.438***	−0.135**	0.055	−0.191**	−0.019	−0.133**
	（0.092）	（0.060）	（0.060）	（0.090）	（0.014）	（0.063）
big4	−0.184**					
	（0.084）					
gdp	−0.541	0.015	0.142	−0.026	−0.099	0.086
	（0.516）	（0.252）	（0.324）	（0.368）	（0.070）	（0.264）
education	−0.024	0.007	0.001	0.011	0.004	0.004
	（0.051）	（0.021）	（0.021）	（0.032）	（0.005）	（0.020）
constant	−0.777	0.846**	1.237***	0.527	0.154*	0.761*
	（0.951）	（0.410）	（0.400）	（0.693）	（0.082）	（0.411）
行业与年份固定效应	控制	控制	控制	控制	控制	控制
N	20541	20541	8228	12313	18818	19481

注：①括号内提供以省份聚类的稳健标准误。②*、** 和 *** 分别表示在10%、5%和1%的水平上显著。③第（1）列为Heckman两步法的识别方程，采用Probit模型估计；第（2）至（6）列为Heckman两步法的结果方程，采用OLS模型估计。

3. 两阶段最小二乘估计

为了控制潜在内生性问题，本章进一步使用两阶段最小二乘法对地方法治环境与公司不当行为的关系进行重新估计，其中，选择各省份当年犯罪率

（$prosecute_{it}$），即当年该省份被提起公诉的刑事犯罪嫌疑人数与总人口（万人）之比，作为本公司所在地法治环境的工具变量。被批捕的刑事犯罪人数与当地法治环境水平相关，满足工具变量的相关性假定。从表5.8的估计结果中发现，地方法治环境的改善减少了公司不当行为的发生。进一步区分企业性质和不当行为强度，发现地方法治环境的改善不仅会减少国有企业和非国有企业不当行为的发生，而且会减少单一不当行为公司和屡次不当行为公司不当行为的发生。以上结果均与基准回归结论一致。

表5.8 内生性检验3：两阶段估计

自变量/因变量	（1）	（2）	（3）国有企业	（4）非国有企业	（5）单一不当行为公司	（6）屡次不当行为公司
		fraud	fraud	fraud	fraud	fraud
prosecute	0.689***					
	（0.070）					
law		−0.004**	−0.006***	−0.004**	−0.003***	−0.003*
		（0.002）	（0.002）	（0.002）	（0.001）	（0.002）
size	0.054	−0.006	−0.010	−0.004	−0.005	−0.002
	（0.063）	（0.006）	（0.007）	（0.008）	（0.004）	（0.004）
lev	−0.929**	0.116***	0.105***	0.131***	0.021	0.111***
	（0.379）	（0.022）	（0.037）	（0.040）	（0.018）	（0.019）
concentration	0.015**	−0.001*	−0.000	−0.001**	−0.000	−0.000
	（0.007）	（0.000）	（0.000）	（0.000）	（0.000）	（0.000）
roa	−0.105	−0.175*	−0.126	−0.204	0.002	−0.207**
	（0.413）	（0.092）	（0.115）	（0.125）	（0.040）	（0.087）
dd	−0.247	−0.115**	−0.169**	−0.059	−0.084**	−0.053
	（0.622）	（0.054）	（0.083）	（0.111）	（0.040）	（0.059）
quality	−0.121	−0.056***			−0.029***	−0.036***
	（0.184）	（0.011）			（0.006）	（0.013）

续表

自变量/因变量	（1）	（2）	（3）国有企业	（4）非国有企业	（5）单一不当行为公司	（6）屡次不当行为公司
		fraud	fraud	fraud	fraud	fraud
duality	0.212**	0.024*	0.051***	0.019*	0.004	0.026*
	(0.103)	(0.015)	(0.019)	(0.011)	(0.008)	(0.014)
ma	0.131	0.043***	0.030***	0.054***	0.030***	0.020***
	(0.107)	(0.009)	(0.010)	(0.009)	(0.007)	(0.007)
institution	−0.001	−0.000*	−0.001**	−0.000	−0.000**	−0.000
	(0.002)	(0.000)	(0.000)	(0.000)	(0.000)	(0.000)
analysis	0.005	−0.002***	−0.001**	−0.002***	−0.001***	−0.001***
	(0.012)	(0.000)	(0.001)	(0.001)	(0.000)	(0.000)
syn	0.508**	−0.078***	−0.042	−0.106***	−0.037***	−0.054***
	(0.217)	(0.019)	(0.029)	(0.027)	(0.013)	(0.018)
big4	0.984***	−0.014	−0.022	0.006	0.002	−0.015*
	(0.309)	(0.012)	(0.017)	(0.037)	(0.012)	(0.008)
gdp	16.199	−0.167	0.108	−0.465*	−0.202	−0.017
	(10.946)	(0.223)	(0.247)	(0.258)	(0.145)	(0.178)
education	1.798*	0.004	−0.004	0.010	0.003	0.001
	(0.973)	(0.013)	(0.015)	(0.011)	(0.007)	(0.011)
constant	−27.650**	0.397	0.519**	0.277	0.239**	0.231
	(12.382)	(0.244)	(0.243)	(0.230)	(0.119)	(0.200)
一阶段F值		7886.96***	1701.8***	5660.63***	95.107***	94.906***
行业与年份固定效应	控制	控制	控制	控制	控制	控制
N	13369	13369	5594	7775	12297	12593

注：①括号内提供以省份聚类的稳健标准误。②*、** 和 *** 分别表示在10%、5%和1%的水平上显著。③第（1）列为 IV-2SLS 的一阶段回归结果；第（2）至（6）列的估计结果采用 IV-2SLS 模型估计得到。

4. 自变量滞后一期

考虑到地方法治环境改善的政策时滞性（陈刚，2012），本章选取地方法治环境的滞后一期来衡量当期地方法治环境，从而对地方法治环境与公司不当行为的关系进行重新估计。表5.9的估计结果与前文结论一致并显著，未出现根本性逆转。

表 5.9 内生性检验 4：自变量滞后一期

自变量/因变量	（1）fraud	（2）国有企业 fraud	（3）非国有企业 fraud	（4）单一不当行为公司 fraud	（5）屡次不当行为公司 fraud
law	−0.017***	−0.015	−0.016***	−0.015***	−0.017***
	(0.004)	(0.009)	(0.005)	(0.005)	(0.005)
size	0.010	−0.078**	0.066**	−0.004	0.008
	(0.025)	(0.037)	(0.026)	(0.027)	(0.025)
lev	0.486***	0.702***	0.368***	0.115	0.567***
	(0.108)	(0.191)	(0.092)	(0.116)	(0.124)
concentration	−0.004***	−0.000	−0.004***	−0.003*	−0.004**
	(0.002)	(0.003)	(0.002)	(0.001)	(0.002)
roa	−1.169***	−0.862*	−1.328***	−0.242	−1.489***
	(0.360)	(0.479)	(0.451)	(0.238)	(0.456)
dd	−0.680**	−1.042***	−0.385	−0.919***	−0.393
	(0.338)	(0.393)	(0.441)	(0.323)	(0.456)
quality	−0.331***			−0.270***	−0.291***
	(0.048)			(0.051)	(0.065)
duality	0.082*	0.180**	0.068	0.062*	0.099
	(0.045)	(0.070)	(0.046)	(0.037)	(0.062)
ma	0.254***	0.255***	0.260***	0.270***	0.201***
	(0.033)	(0.045)	(0.035)	(0.053)	(0.032)

续表

自变量/因变量	（1） fraud	（2） 国有企业 fraud	（3） 非国有企业 fraud	（4） 单一不当 行为公司 fraud	（5） 屡次不当 行为公司 fraud
institution	−0.002***	−0.004***	−0.002	−0.002**	−0.002**
	（0.001）	（0.001）	（0.001）	（0.001）	（0.001）
analysis	−0.010***	−0.009**	−0.010***	−0.007***	−0.009***
	（0.002）	（0.004）	（0.002）	（0.002）	（0.003）
syn	−0.477***	−0.057	−0.609***	−0.368***	−0.442***
	（0.094）	（0.145）	（0.093）	（0.115）	（0.101）
big4	−0.160**	−0.319***	0.003	−0.081	−0.189**
	（0.079）	（0.095）	（0.133）	（0.113）	（0.081）
gdp	−0.262	0.097	−0.489	−0.864	0.248
	（0.533）	（1.050）	（0.520）	（0.652）	（0.550）
education	−0.003	−0.045	0.008	0.013	−0.014
	（0.043）	（0.067）	（0.053）	（0.044）	（0.047）
constant	−1.273	0.603	−2.966**	−1.654**	−1.447
	（0.941）	（1.142）	（1.240）	（0.756）	（1.018）
行业与年份 固定效应	控制	控制	控制	控制	控制
N	19911	8069	11842	18207	18871

注：①括号内提供以省份聚类的稳健标准误。②*、** 和 *** 分别表示在10%、5%和1%的水平上显著。③第（1）至（5）列的估计结果采用Probit模型估计得到。

三、稳健性检验

1. 线性概率模型估计

针对二值选择问题，Wooldrige（2002）通过比较线性概率模型和Probit

模型发现，相同变量在不同模型中的系数符号相同且都是统计显著的，但线性概率模型对于系数的解释更具有优势（Von Hippel 和 Workman，2016）。因此，本章使用线性概率模型进行稳健性检验和补充[①]。从表 5.10 的估计结果中发现，估计结果与前文结论一致且显著。

表 5.10　稳健性检验 1：基于线性概率模型的估计结果

自变量/因变量	（1）fraud	（2）国有企业 fraud	（3）非国有企业 fraud	（4）单一不当行为公司 fraud	（5）屡次不当行为公司 fraud
law	−0.004***	−0.002*	−0.004***	−0.002***	−0.003***
	(0.001)	(0.001)	(0.001)	(0.001)	(0.001)
size	0.004	−0.012**	0.015**	0.001	0.003
	(0.005)	(0.006)	(0.007)	(0.003)	(0.004)
lev	0.085***	0.103***	0.085***	0.009	0.086***
	(0.021)	(0.031)	(0.023)	(0.015)	(0.019)
concentration	−0.001***	−0.000	−0.001***	−0.000**	−0.001**
	(0.000)	(0.000)	(0.000)	(0.000)	(0.000)
roa	−0.374***	−0.210*	−0.436***	−0.047	−0.401***
	(0.087)	(0.111)	(0.112)	(0.038)	(0.089)
dd	−0.130*	−0.146**	−0.083	−0.091***	−0.064
	(0.067)	(0.061)	(0.103)	(0.030)	(0.069)
quality	−0.068***			−0.030***	−0.049***
	(0.009)			(0.006)	(0.010)
duality	0.017	0.031**	0.015	0.006	0.015
	(0.010)	(0.014)	(0.011)	(0.004)	(0.011)
ma	0.051***	0.038***	0.060***	0.028***	0.029***
	(0.007)	(0.007)	(0.008)	(0.005)	(0.004)

---

① Von Hippel 和 Workman（2016）指出，当概率与其对数概率的关系是近似线性的，就可以使用线性概率模型进行估计。本书基于 Von Hippel 和 Workman（2016）的研究进行了检验，验证了使用线性概率模型的合理性，限于篇幅，本书不展开。

续表

自变量/因变量	（1） fraud	（2） 国有企业 fraud	（3） 非国有企业 fraud	（4） 单一不当 行为公司 fraud	（5） 屡次不当 行为公司 fraud
institution	−0.000*	−0.001***	−0.000	−0.000	−0.000
	（0.000）	（0.000）	（0.000）	（0.000）	（0.000）
analysis	−0.002***	−0.001*	−0.002***	−0.001***	−0.001**
	（0.000）	（0.001）	（0.001）	（0.000）	（0.000）
syn	−0.093***	−0.011	−0.138***	−0.040***	−0.069***
	（0.020）	（0.023）	（0.024）	（0.012）	（0.017）
big4	−0.018	−0.024**	−0.002	−0.002	−0.017**
	（0.011）	（0.010）	（0.028）	（0.009）	（0.008）
gdp	−0.107	0.001	−0.183	−0.119	−0.011
	（0.109）	（0.148）	（0.130）	（0.073）	（0.084）
education	−0.001	−0.007	0.001	0.002	−0.004
	（0.010）	（0.011）	（0.014）	（0.005）	（0.008）
constant	0.207	0.440**	−0.058	0.089	0.157
	（0.198）	（0.188）	（0.311）	（0.084）	（0.163）
行业与年份 固定效应	控制	控制	控制	控制	控制
N	20541	8228	12313	18818	19481

注：①括号内提供以省份聚类的稳健标准误。②*、** 和 *** 分别表示在 10%、5% 和 1% 的水平上显著。③第（1）至（5）列的估计结果采用 OLS 模型估计得到。

2. 替换地方法治环境衡量指标

借鉴 Djankov 等（2006）和陈德球等（2013）的研究，使用地区律师人数占总人口的比重来衡量地方法治环境。从表 5.11 的估计结果中发现，不论是国有企业还是非国有企业，地区律师人数占比的提高均会降低公司不当行为发生的可能性，并且这一影响在国有企业中更为显著。此外，本章在单一不当行为公司和屡次不当行为公司样本中得出同样的结论,且地区律师人数占比的提高对屡次不当行为公司不当行为的影响更为显著。

笔者认为,法律制度环境得分不仅体现了律师、会计协会等市场中介组织的发育情况,还体现了知识产权保护水平和当地司法、行政机关的执法效率,是对地方法治环境的综合衡量,但仍然无法消除政府对地方司法部门的控制。而地区律师人数占比更多地外生于当地政府的控制,律师人数占比较高的地区可以提供更好的外部监管,防止地方政府为公司提供"政治庇护",有助于防止公司不当行为的发生(曹春方等,2017)。这在一定程度上解释了为什么在国有企业和屡次不当行为公司样本中,地方法治环境对公司不当行为的影响更大。

表 5.11 稳健性检验 2:替换地方法治环境衡量指标

自变量/因变量	(1) fraud	(2) 国有企业 fraud	(3) 非国有企业 fraud	(4) 单一不当行为公司 fraud	(5) 屡次不当行为公司 fraud
law	−0.016***	−0.023**	−0.009**	−0.010*	−0.018***
	(0.005)	(0.011)	(0.004)	(0.006)	(0.004)
size	0.012	−0.073**	0.066***	0.001	0.020
	(0.024)	(0.037)	(0.025)	(0.026)	(0.024)
lev	0.479***	0.696***	0.362***	0.133	0.626***
	(0.103)	(0.192)	(0.083)	(0.130)	(0.118)
concentration	−0.005***	−0.000	−0.005***	−0.003***	−0.005**
	(0.001)	(0.002)	(0.001)	(0.001)	(0.002)
roa	−1.204***	−0.888*	−1.354***	−0.309	−1.466***
	(0.365)	(0.484)	(0.456)	(0.247)	(0.453)
dd	−0.650*	−0.959**	−0.374	−0.882***	−0.370
	(0.336)	(0.392)	(0.430)	(0.304)	(0.435)
quality	−0.315***			−0.265***	−0.292***
	(0.054)			(0.052)	(0.071)

续表

自变量/因变量	（1） fraud	（2） 国有企业 fraud	（3） 非国有企业 fraud	（4） 单一不当 行为公司 fraud	（5） 屡次不当 行为公司 fraud
duality	0.066	0.178**	0.051	0.047	0.083
	（0.044）	（0.070）	（0.045）	（0.033）	（0.061）
ma	0.265***	0.250***	0.278***	0.278***	0.216***
	（0.033）	（0.043）	（0.035）	（0.054）	（0.029）
institution	−0.002**	−0.004***	−0.001	−0.002	−0.001*
	（0.001）	（0.001）	（0.001）	（0.001）	（0.001）
analysis	−0.009***	−0.008**	−0.010***	−0.007***	−0.010***
	（0.002）	（0.004）	（0.002）	（0.002）	（0.003）
syn	−0.430***	−0.044	−0.557***	−0.367***	−0.396***
	（0.094）	（0.146）	（0.093）	（0.100）	（0.108）
big4	−0.166**	−0.324***	−0.001	−0.085	−0.207**
	（0.082）	（0.097）	（0.132）	（0.115）	（0.083）
gdp	−0.453	0.108	−0.790	−1.092*	0.109
	（0.547）	（1.057）	（0.532）	（0.658）	（0.569）
education	−0.052	−0.090	−0.030	−0.013	−0.074
	（0.051）	（0.066）	（0.061）	（0.053）	（0.051）
constant	−0.443	1.047	−1.765	−0.674	−0.648
	（0.961）	（1.142）	（1.324）	（0.899）	（1.000）
行业与年份 固定效应	控制	控制	控制	控制	控制
N	20541	8228	12313	18675	19481

注：①括号内提供以省份聚类的稳健标准误。②*、** 和 *** 分别表示在10%、5%和1%的水平上显著。③第（1）至（5）列的估计结果采用Probit模型估计得到。

3. 替换公司不当行为衡量指标

借鉴孟庆斌等（2018）的研究，使用当年公司发生不当行为事件的数量来衡量公司的不当行为强度。从表 5.12 的估计结果中发现,除了地方法治环境对国有企业不当行为强度的影响不显著外,其他估计结果与前文结论保持一致。

表 5.12　稳健性检验 3:替换公司不当行为衡量指标

自变量/因变量	（1）strength	（2）国有企业 strength	（3）非国有企业 strength	（4）单一不当行为公司 strength	（5）屡次不当行为公司 strength
law	−0.008***	−0.003	−0.010***	−0.001***	−0.007***
	(0.002)	(0.003)	(0.003)	(0.001)	(0.002)
size	0.010	−0.031**	0.038**	0.001	0.010
	(0.012)	(0.014)	(0.017)	(0.003)	(0.012)
lev	0.242***	0.231***	0.302***	0.009	0.250***
	(0.057)	(0.083)	(0.065)	(0.014)	(0.061)
concentration	−0.002***	−0.001	−0.003**	−0.000**	−0.002**
	(0.001)	(0.001)	(0.001)	(0.000)	(0.001)
roa	−1.333***	−0.796**	−1.523***	−0.038	−1.428***
	(0.277)	(0.366)	(0.352)	(0.037)	(0.304)
dd	−0.274	−0.339**	−0.147	−0.080**	−0.218
	(0.167)	(0.139)	(0.271)	(0.030)	(0.181)
quality	−0.167***			−0.029***	−0.156***
	(0.026)			(0.006)	(0.028)
duality	0.041	0.047	0.043	0.005	0.043
	(0.032)	(0.030)	(0.037)	(0.004)	(0.034)
ma	0.102***	0.069***	0.124***	0.029***	0.087***
	(0.013)	(0.014)	(0.019)	(0.005)	(0.013)
institution	−0.000	−0.001**	−0.000	−0.000	−0.000
	(0.000)	(0.000)	(0.000)	(0.000)	(0.000)

续表

自变量/因变量	（1）strength	（2）国有企业 strength	（3）非国有企业 strength	（4）单一不当行为公司 strength	（5）屡次不当行为公司 strength
analysis	−0.003**	−0.002	−0.005***	−0.001***	−0.003**
	（0.001）	（0.001）	（0.002）	（0.000）	（0.001）
syn	−0.240***	−0.009	−0.372***	−0.039***	−0.230***
	（0.042）	（0.053）	（0.058）	（0.011）	（0.043）
big4	−0.030	−0.033	−0.022	−0.001	−0.028
	（0.027）	（0.025）	（0.067）	（0.009）	（0.026）
gdp	−0.107	0.063	−0.246	−0.123*	−0.028
	（0.234）	（0.325）	（0.358）	（0.068）	（0.237）
education	0.002	−0.003	0.001	0.003	−0.000
	（0.020）	（0.021）	（0.030）	（0.005）	（0.020）
constant	0.402	0.930**	−0.202	0.071	0.367
	（0.456）	（0.420）	（0.758）	（0.082）	（0.446）
时间与行业固定效应	控制	控制	控制	控制	控制
N	20541	8228	12313	18818	19481

注：①括号内提供以省份聚类的稳健标准误。②*、** 和 *** 分别表示在10%、5%和1%的水平上显著。③第（1）至（5）列的估计结果采用OLS模型估计得到。

4. 剔除资产规模较小的公司

Dyck等（2013）在对于公司违规行为的研究中，剔除了资产规模低于100亿元人民币的上市公司。但中国上市公司的规模普遍小于美国上市公司，如果借鉴Dyck等（2013）的研究，本章将剔除75%的样本，会严重降低估计效率。为此，本章剔除资产规模位于下25%的上市公司。从表5.13的估计结果中发现，估计结果与前文结论一致且显著。

表 5.13　稳健性检验 4：剔除资产规模位于下 25% 的上市公司

自变量/因变量	（1）fraud	（2）国有企业 fraud	（3）非国有企业 fraud	（4）单一不当行为公司 fraud	（5）屡次不当行为公司 fraud
law	−0.017***	−0.016*	−0.015***	−0.017***	−0.016***
	（0.004）	（0.009）	（0.004）	（0.005）	（0.005）
size	−0.001	−0.090**	0.065***	−0.177***	0.018
	（0.024）	（0.040）	（0.023）	（0.031）	（0.025）
lev	0.510***	0.776***	0.340***	0.092	0.632***
	（0.121）	（0.225）	（0.101）	（0.126）	（0.120）
concentration	−0.004**	0.000	−0.005***	−0.001	−0.004**
	（0.002）	（0.003）	（0.002）	（0.001）	（0.002）
roa	−1.574***	−0.936*	−1.990***	−0.495**	−1.452***
	（0.286）	（0.533）	（0.255）	（0.239）	（0.448）
dd	−0.702*	−0.977**	−0.426	−0.850***	−0.383
	（0.382）	（0.400）	（0.522）	（0.326）	（0.432）
quality	−0.334***			−0.267***	−0.315***
	（0.049）			（0.051）	（0.064）
duality	0.105**	0.203***	0.087*	0.076**	0.087
	（0.048）	（0.070）	（0.051）	（0.031）	（0.061）
ma	0.247***	0.249***	0.257***	0.286***	0.215***
	（0.039）	（0.044）	（0.050）	（0.054）	（0.029）
institution	−0.002***	−0.005***	−0.001	−0.003**	−0.001
	（0.001）	（0.001）	（0.001）	（0.001）	（0.001）
analysis	−0.009***	−0.008*	−0.009***	−0.007***	−0.010***
	（0.002）	（0.004）	（0.002）	（0.002）	（0.003）
syn	−0.524***	−0.088	−0.694***	−0.362***	−0.401***
	（0.096）	（0.145）	（0.094）	（0.102）	（0.105）
big4	−0.137*	−0.292***	0.001	0.070	−0.212***
	（0.080）	（0.100）	（0.132）	（0.113）	（0.081）

续表

自变量/因变量	（1）fraud	（2）fraud 国有企业	（3）fraud 非国有企业	（4）fraud 单一不当行为公司	（5）fraud 屡次不当行为公司
gdp	0.047	0.196	−0.070	−1.136*	0.159
	（0.453）	（0.969）	（0.491）	（0.596）	（0.530）
education	0.004	−0.025	0.014	0.006	−0.022
	（0.045）	（0.070）	（0.053）	（0.044）	（0.048）
constant	−0.939	0.335	−2.100*	3.164***	−1.203
	（0.939）	（1.169）	（1.230）	（0.862）	（0.984）
行业与年份固定效应	控制	控制	控制	控制	控制
N	16783	7436	9347	15459	19481

注：①括号内提供以省份聚类的稳健标准误。② *、** 和 *** 分别表示在10%、5%和1%的水平上显著。③第（1）至（5）列的估计结果采用Probit模型估计得到。

5. 剔除所在地为北上广的上市公司

考虑到中国上市公司大多集中在北京、上海和广东三地，而北京、上海和广东的法治环境相比其他省份更好，因此本章进一步剔除所在地为北上广的样本。从表5.14的估计结果中发现，估计结果与前文结论一致且显著。

表5.14　稳健性检验5：剔除北上广上市公司

自变量/因变量	（1）fraud	（2）fraud 国有企业	（3）fraud 非国有企业	（4）fraud 单一不当行为公司	（5）fraud 屡次不当行为公司
law	−0.016***	−0.004	−0.020***	−0.040*	−0.047**
	（0.005）	（0.009）	（0.004）	（0.022）	（0.024）
size	0.014	−0.050	0.056*	0.008	0.005
	（0.029）	（0.048）	（0.029）	（0.031）	（0.028）

续表

自变量/因变量	（1） fraud	（2） 国有企业 fraud	（3） 非国有企业 fraud	（4） 单一不当行为公司 fraud	（5） 屡次不当行为公司 fraud
lev	0.471***	0.679***	0.360***	0.107	0.711***
	（0.129）	（0.245）	（0.102）	（0.158）	（0.138）
concentration	−0.002	0.002	−0.003	−0.003*	−0.002
	（0.002）	（0.003）	（0.002）	（0.002）	（0.002）
roa	−0.954**	−0.585	−1.145**	−0.187	−1.124***
	（0.404）	（0.459）	（0.533）	（0.282）	（0.426）
dd	−0.836***	−0.903*	−0.647*	−1.063**	−1.049***
	（0.289）	（0.513）	（0.356）	（0.422）	（0.315）
quality	−0.278***			−0.313***	−0.295***
	（0.052）			（0.063）	（0.059）
duality	0.068	0.189**	0.047	0.033	0.074
	（0.053）	（0.085）	（0.055）	（0.037）	（0.075）
ma	0.255***	0.237***	0.259***	0.255***	0.174***
	（0.042）	（0.046）	（0.049）	（0.069）	（0.033）
institution	−0.001	−0.004***	−0.000	−0.001	−0.001
	（0.001）	（0.001）	（0.001）	（0.001）	（0.001）
analysis	−0.012***	−0.013**	−0.012***	−0.009***	−0.013***
	（0.002）	（0.005）	（0.003）	（0.002）	（0.003）
syn	−0.371***	−0.033	−0.489***	−0.355***	−0.398***
	（0.102）	（0.180）	（0.105）	（0.126）	（0.105）
big4	−0.025	−0.212	0.140	−0.160	−0.210***
	（0.080）	（0.142）	（0.165）	（0.173）	（0.077）
gdp	−0.032	−0.507	0.143	−0.656	0.390
	（0.497）	（0.892）	（0.488）	（0.714）	（0.586）
education	−0.048	−0.097	−0.033	0.022	−0.018
	（0.048）	（0.074）	（0.049）	（0.118）	（0.114）

续表

自变量/因变量	(1) fraud	(2) 国有企业 fraud	(3) 非国有企业 fraud	(4) 单一不当行为公司 fraud	(5) 屡次不当行为公司 fraud
constant	−0.521	0.681	−1.410	−1.070	−0.762
	(0.910)	(1.355)	(1.036)	(1.706)	(1.516)
行业与年份固定效应	控制	控制	控制	控制	控制
N	14036	5659	8377	18353	18945

注：①括号内提供以省份聚类的稳健标准误。②*、** 和 *** 分别表示在 10%、5% 和 1% 的水平上显著。③第（1）至（5）列的估计结果采用 Probit 模型估计得到。

6. PSM-Probit 估计

考虑到中国地区间法治环境差异较大的现实情况，上市公司有较强的动机将业务转移到法治环境较差的地区，以降低不当行为事件被稽查的概率和不当行为被稽查后面临的处罚成本。因此，本章先基于地方法治环境的二分类变量进行分组，然后按照表 5.3 第（1）列的控制变量进行匹配并计算倾向得分值，计算出企业进入高法治环境水平组的概率，并将样本的匹配权重代入式（5-10）进行估计。从表 5.15 的估计结果中发现，估计结果与前文结论一致且显著。

表 5.15　稳健性检验 6：基于 PSM-Probit 的估计结果

自变量/因变量	(1) fraud	(2) 国有企业 fraud	(3) 非国有企业 fraud	(4) 单一不当行为公司 fraud	(5) 屡次不当行为公司 fraud
law	−0.020***	−0.014	−0.021***	−0.017***	−0.021***
	(0.005)	(0.014)	(0.005)	(0.007)	(0.006)

续表

自变量/因变量	（1）fraud	（2）国有企业 fraud	（3）非国有企业 fraud	（4）单一不当行为公司 fraud	（5）屡次不当行为公司 fraud
size	0.017	−0.069*	0.056*	−0.026	0.049*
	（0.028）	（0.039）	（0.031）	（0.032）	（0.029）
lev	−0.001	0.027	−0.033	−0.088	0.020
	（0.054）	（0.152）	（0.083）	（0.088）	（0.073）
concentration	0.001	0.007**	0.000	0.003*	0.000
	（0.002）	（0.004）	（0.002）	（0.002）	（0.002）
roa	−0.150	0.366	−0.330	0.752**	−0.460**
	（0.179）	（0.566）	（0.216）	（0.359）	（0.201）
dd	−0.144	−0.268	0.004	−0.402	0.086
	（0.414）	（0.577）	（0.453）	（0.415）	（0.556）
quality	−0.015			0.007	−0.014
	（0.073）			（0.069）	（0.097）
duality	−0.005	0.149	−0.026	−0.011	0.015
	（0.066）	（0.122）	（0.070）	（0.042）	（0.091）
ma	−0.027	0.073	−0.071	0.029	−0.067
	（0.048）	（0.075）	（0.059）	（0.073）	（0.049）
institution	−0.001	−0.006**	−0.000	−0.002	−0.000
	（0.001）	（0.003）	（0.001）	（0.001）	（0.001）
analysis	0.000	−0.001	0.001	0.004	−0.002
	（0.003）	（0.005）	（0.003）	（0.003）	（0.003）
syn	−0.084	0.501*	−0.253*	−0.041	−0.113
	（0.144）	（0.258）	（0.154）	（0.172）	（0.155）
big4	0.140	−0.070	0.309*	0.237	0.062
	（0.164）	（0.236）	（0.169）	（0.190）	（0.170）

续表

	（1）	（2）	（3）	（4）	（5）
		国有企业	非国有企业	单一不当行为公司	屡次不当行为公司
自变量/因变量	fraud	fraud	fraud	fraud	fraud
gdp	0.156	−1.388	0.744	−0.184	0.434
	（0.458）	（1.119）	（0.504）	（0.597）	（0.472）
education	0.010	−0.068	0.035	0.043	−0.011
	（0.041）	（0.074）	（0.052）	（0.055）	（0.044）
constant	−0.803	1.454	−1.479	−0.517	−1.238
	（0.932）	（1.052）	（1.346）	（0.938）	（0.995）
年份和行业固定效应	控制	控制	控制	控制	控制
N	5214	1447	3767	3482	4154

注：①括号内提供以省份聚类的稳健标准误。② *、** 和 *** 分别表示在10%、5%和1%的水平上显著。③第（1）至（5）列的估计结果采用PSM-Probit模型估计得到。④按当年各省份法治环境得分均值将上市公司所在地划分为高法治环境水平地区和低法治环境水平地区，并以此进行一对一匹配。

第四节　进一步探讨

一、地方法治环境与上市公司不当行为之间的传导路径

基于前文分析，发现地方法治环境的改善会减少公司不当行为的发生，但地方政府与国有企业间的政治关联会削弱甚至屏蔽地方法治环境对国有企业不当行为的影响（潘越等，2015）。在本章的样本中，对于发生不当行为事件的国有企业而言，平均稽查间隔为2.167年，大于非国有企业的平均稽查间隔（1.689年）。而在中国地方法治环境呈现出较大差异的同时，中国司

法效率和法令实施效率较低（Dam，2006），一定程度上降低了公司实施不当行为的成本。一些因公司丑闻而离职的高管非但没有受到惩罚，反而进入其他公司任职，甚至获得职位提升（Sun 等，2006）。因此，本章基于不当行为成本的视角，并借鉴 Khanna 等（2015）的研究，采用稽查间隔衡量不当行为的成本，稽查间隔也在一定程度上反映了监管部门对公司不当行为的执法效率（许年行等，2013）。此外，法治环境的改善有助于提高上市公司的信息披露质量（何林平，2019），而信息披露质量的提高将会抑制公司不当行为（陆瑶等，2012）。因此，本章通过中介效应模型来对地方法治环境与公司不当行为之间的传导路径进行验证，相应的估计结果如表 5.16 所示。

表 5.16 使用中介效应模型对假设 H2 和假设 H3 进行验证。第（2）和第（5）列采用 IV-2SLS 模型进行估计，选取各省份当年犯罪率作为地方法治环境的工具变量。表 5.16 中其他列采用 Probit 模型进行估计。结果发现，第（2）列中地方法治环境的系数在 5% 的水平上显著为负，而第（3）列中稽查间隔的系数在 1% 的水平上显著为正，并通过了 Sobel 检验，说明存在中介效应，即地方法治环境的改善会缩短不当行为事件的稽查间隔，进而降低公司不当行为发生的可能性。此外，第（3）列中地方法治环境的系数在 1% 的水平上显著为负，说明中介效应为部分中介效应，中介效应占总效应的比值为 45.57%。第（5）列中地方法治环境的系数和第（6）列中公司透明度的系数在 1% 的水平上分别为正值和负值，并且通过了 Sobel 检验，说明存在中介效应，即地方法治环境的改善将提高公司的透明度，进而降低公司不当行为发生的可能性。此外，第（6）列中地方法治环境的系数在 5% 的水平上显著为负，说明中介效应为部分中介效应，中介效应占总效应的比值为 33.70%。

本章通过中介效应模型发现，地方法治环境的改善会提高公司实施不当行为的成本，即缩短不当行为事件被稽查的间隔，进而降低公司不当行为发生的可能性。此外，地方法治环境的改善将提高公司透明度，进而降低公司不当行为发生的可能性。二者的中介效应占比分别达到 45.57% 和 33.70%。

因此，不当行为事件的稽查间隔和公司透明度是地方法治环境影响公司不当行为的重要机制。

表 5.16 地方法治环境与公司不当行为之间的传导路径检验

自变量/因变量	（1）fraud	（2）detect	（3）fraud	（4）fraud	（5）transparent	（6）fraud
law	−0.017***	−0.009**	−0.015***	−0.017***	0.012***	−0.013**
	（0.004）	（0.005）	（0.005）	（0.004）	（0.003）	（0.006）
detect			8.104***			
			（0.214）			
transparent						−0.645***
						（0.022）
size	0.011	0.004	−0.041	0.011	0.030	0.108***
	（0.024）	（0.014）	（0.026）	（0.024）	（0.021）	（0.022）
lev	0.484***	0.226***	0.375***	0.484***	−0.001	0.040
	（0.104）	（0.075）	（0.120）	（0.104）	（0.127）	（0.057）
concentration	−0.004***	−0.001*	−0.004**	−0.004***	0.002***	−0.005***
	（0.001）	（0.001）	（0.002）	（0.001）	（0.001）	（0.002）
roa	−1.189***	−0.111	−0.648***	−1.189***	1.418***	−0.492**
	（0.361）	（0.181）	（0.247）	（0.361）	（0.254）	（0.219）
dd	−0.670**	−0.132	−1.217***	−0.670**	−0.081	−0.677
	（0.338）	（0.181）	（0.433）	（0.338）	（0.127）	（0.539）
quality	−0.339***	−0.137***	−0.263***	−0.339***	0.084**	−0.304***
	（0.047）	（0.029）	（0.042）	（0.047）	（0.034）	（0.053）
duality	0.072*	0.025	0.081**	0.072*	−0.004	0.047
	（0.043）	（0.039）	（0.039）	（0.043）	（0.020）	（0.049）
ma	0.265***	0.056**	0.435***	0.265***	−0.013	0.240***
	（0.033）	（0.023）	（0.037）	（0.033）	（0.018）	（0.040）
institution	−0.002**	−0.001	−0.001	−0.002**	0.001***	−0.001
	（0.001）	（0.001）	（0.001）	（0.001）	（0.000）	（0.001）

续表

自变量/因变量	（1）fraud	（2）detect	（3）fraud	（4）fraud	（5）transparent	（6）fraud
analysis	−0.010***	−0.005***	−0.005**	−0.010***	0.011***	−0.003
	（0.002）	（0.001）	（0.002）	（0.002）	（0.002）	（0.002）
syn	−0.436***	−0.071	−0.357***	−0.436***	0.175***	−0.364***
	（0.094）	（0.044）	（0.104）	（0.094）	（0.034）	（0.110）
big4	−0.169**	−0.007	−0.186***	−0.169**	0.051	−0.142
	（0.078）	（0.053）	（0.068）	（0.078）	（0.047）	（0.101）
gdp	−0.368	0.266	−1.741***	−0.368	−0.532**	−0.106
	（0.517）	（0.328）	（0.417）	（0.517）	（0.265）	（0.475）
education	−0.004	0.012	−0.039	−0.004	0.047***	0.007
	（0.045）	（0.026）	（0.041）	（0.045）	（0.014）	（0.056）
constant	−0.967	0.286	0.177	−0.967	1.293***	−0.903
	（0.935）	（0.510）	（1.004）	（0.935）	（0.446）	（1.172）
行业与年份固定效应	控制	控制	控制	控制	控制	控制
第一阶段F值		80.309***			82.549***	
中介效应占比		45.57%			33.70%	
Sobel检验		−0.002***			−0.001***	
N	20541	13369	20541	20541	8413	12577

注：①括号内提供以省份聚类的稳健标准误。②*、**和***分别表示在10%、5%和1%的水平上显著。③第（2）列和第（5）列的估计结果采用IV-2SLS模型估计得到；其余列的估计结果均采用Probit模型估计得到。④第一阶段F值大于10代表工具变量的相关性较强。⑤Sobel检验的原假设为不存在中介效应。

二、地方法治环境、儒家文化与上市公司不当行为成本

在新制度经济学的分析范式中，以文化为代表的非正式制度对法律等正式制度具有重要作用（Williamson，2000）。对于中国这样一个地方法治环境差异较大、法律执行效率较低的转型经济体而言，文化这类非正式制度会

对公司治理和决策产生一定影响（金智等，2017）。而自春秋时期孔子创立儒家学派后，儒家文化一直对中国社会具有很大影响，已成为影响中国最深远的非正式制度。当前，已有部分学者探讨正式制度（法律）与非正式制度（儒家文化）对公司代理成本（古志辉，2015）、风险承担（金智等，2017）、员工雇佣（淦未宇等，2020）等方面的影响。程博等（2018）以中国家族上市公司为样本进行研究，发现在儒家文化影响越强的地区，上市公司违规行为发生的概率越低。受传统儒家文化的影响，中国是社会信任程度最高的国家之一，特别是在中国经济较为发达的地区，公民参与商业和经济活动的积极性很高。

首先，儒家文化强调君子应通过"修身"来达到"慎独"的目的。要求管理者应有较强的自我约束力，做到谨言慎行，强调通过内在修行和禁欲等方式提高自己，并严格遵守各种法律法规，这就会使公司发生欺诈和腐败等不当行为的可能性更低（陈冬华等，2013）。其次，儒家文化信奉"君子以义为利"的价值观和"忠信"的职业伦理。更好地执行契约精神，实现长远目标和个人短期行为间的协调，能够减少因管理者利己主义而导致的公司欺诈等不当行为（Annis，1976）。最后，儒家文化推崇中庸思想，持该思想的管理者通常不会采取激进的经营和投资战略，从而减少因公司陷入财务困境而导致的不当行为（姜付秀等，2009）。同理，对于监管机构而言，在儒家文化深厚的地区，监管者会有严格的自身约束和忠信的职业伦理，这将缩短不当行为事件被稽查的间隔，一定程度上缓解公司"反复实施不当行为"的问题。相应的估计结果如表5.17所示。

本章借鉴陈刚和邱丹琪（2021）的研究，使用各省份的明清进士数除以当地行政区划面积衡量儒家文化，数据来源于中国研究数据服务平台（CNRDS），并按照每年公司所在省份的法治环境中位数进行分组，形成高法治环境水平地区和低法治环境水平地区。从表5.17第（1）列的估计结果中发现，儒家文化越深厚的地区，不当行为事件被稽查的间隔越短，公司实施不当行为的成本越高，一定程度上降低了公司实施不当行为的可能性。从表

5.17第（2）列和第（3）列的估计结果中发现，儒家文化对公司不当行为成本的影响仅在高法治环境水平地区显著，说明良好的地方法治环境能够在一定程度上为以儒家文化为代表的非正式制度发挥社会治理作用保驾护航，这一结论与陈冬华等（2013）的研究一致。儒家文化更多的是从管理者或监管机构的"内在"来影响公司实施不当行为的成本，进而影响公司不当行为；但仍要受限于法律等正式制度，其具有更为直接的监督和约束作用。此外，本章还进一步构建了儒家文化与法治环境的交互项，从第（4）列的估计结果中发现，交互项的系数在5%的显著性水平上为负，验证了儒家文化对公司不当行为成本的影响仅在高法治环境水平地区存在的结论。通过计算边际效应发现，在高法治环境水平地区，儒家文化对稽查间隔的系数为 −1.495，并在1%的水平上显著，与表5.17第（2）列中儒家文化对稽查间隔的系数相近。综上，地方法治环境与儒家文化共同影响公司不当行为成本。

表5.17 地方法治环境、儒家文化与公司不当行为成本

自变量/因变量	（1）detect	（2）高法治环境水平地区 detect	（3）低法治环境水平地区 detect	（4）detect
confusion	−1.215***	−1.554***	3.082	3.924
	（0.377）	（0.448）	（3.252）	（2.501）
confusion_law				−5.419**
				（2.653）
law_d				0.064
				（0.050）
size	0.013	0.019	−0.001	0.013
	（0.012）	（0.013）	（0.020）	（0.011）
lev	0.174***	0.154**	0.237*	0.174***
	（0.060）	（0.062）	（0.137）	（0.596）

续表

自变量/因变量	（1）	（2）	（3）	（4）
	\multicolumn{2}{c}{高法治环境水平地区}	\multicolumn{2}{c}{低法治环境水平地区}	
	detect	detect	detect	detect
concentration	–0.002**	–0.002***	–0.000	–0.002**
	(0.001)	(0.001)	(0.001)	(0.000)
roa	–0.408**	–0.434**	–0.323	–0.403**
	(0.153)	(0.185)	(0.237)	(0.153)
dd	–0.175	–0.153	–0.295	–0.176
	(0.152)	(0.168)	(0.339)	(0.152)
quality	–0.133***	–0.146***	–0.106*	–0.136***
	(0.025)	(0.029)	(0.054)	(0.024)
duality	0.015	0.004	0.072	0.016
	(0.030)	(0.032)	(0.073)	(0.030)
ma	0.053**	0.048*	0.066**	0.053**
	(0.019)	(0.025)	(0.029)	(0.019)
institution	–0.001*	–0.001	–0.001	–0.001**
	(0.000)	(0.001)	(0.001)	(0.000)
analysis	–0.003***	–0.004***	–0.004	–0.004***
	(0.001)	(0.001)	(0.003)	(0.000)
syn	–0.115***	–0.122***	–0.121	–0.118***
	(0.036)	(0.039)	(0.087)	(0.036)
big4	–0.017	–0.011	–0.042	–0.017
	(0.038)	(0.044)	(0.062)	(0.038)
gdp	0.175	–0.127	0.526	0.120
	(0.257)	(0.296)	(0.504)	(0.271)
education	–0.011	–0.037	–0.019	–0.033
	(0.018)	(0.022)	(0.041)	(0.022)

续表

自变量/因变量	（1）	（2）	（3）	（4）
	高法治环境水平地区		低法治环境水平地区	
	detect	detect	detect	detect
constant	0.340	0.613	0.690	0.591
	（0.375）	（0.444）	（0.727）	（0.092）
年份和行业固定效应	控制	控制	控制	控制
N	20541	16327	4214	20541

注：①括号内提供以省份聚类的稳健标准误。②*、** 和 *** 分别表示在 10%、5% 和 1% 的水平上显著。③第（1）至（4）列的估计结果采用 OLS 模型估计得到。

三、地方法治环境与上市公司不当行为：基于省份层面的证据

本章就地方法治环境与公司不当行为的关系这一问题，进一步给出基于省份层面的经验证据。Parsons 等（2018）发现美国各主要城市的财务不当行为发生率差异巨大，这主要是各城市在执法效率、文化和企业特征方面的差异所致。而国内学者还未就公司不当行为或违规这一问题进行省份层面的相关探讨，特别是针对当前中国各地法治环境差异较大以及公司不当行为屡禁不止的现实。提供基于省份层面的经验证据可以更好地理解中国上市公司不当行为的地理特征差异，并因地制宜地改善法治环境。为此，本章进一步按照上市公司所在地，借鉴 Parsons 等（2018）的研究，计算出当年该省份发生不当行为的上市公司数量，除以当年该省份全部上市公司数量，得出地区不当行为发生率。此外，进一步计算出当年该省份被稽查出的不当行为事件数量。

表 5.18 给出了地方法治环境与地区不当行为发生率和该省份被稽查出的不当行为事件数量的估计结果。其中，第（3）和第（4）列使用地区律师人数与总人口的比重衡量地方法治环境，其余各列使用市场化指数中各省份

市场中介发育和法律制度环境得分来衡量地方法治环境。第（5）和第（6）列采用IV-2SLS模型进行估计，选择各省份当年犯罪率，即当年该省份被提起公诉的刑事犯罪嫌疑人数与总人口（万人）之比，作为公司所在地法治环境的工具变量。此外，企业和地方政府间的政治关联在给中国经济带来高增长率的同时，也同样是事故高发生率的原因所在。因此，本章借鉴李世刚和尹恒（2017）的研究，在控制地区发展和人力资本外，进一步控制政府管制和财政压力，其中以地方政府财政支出与GDP的比重来衡量政府管制，而以地方政府财政支出与财政收入的比重来衡量政府财政压力。从表5.18的估计结果中可知，地方法治环境的改善有助于降低地区不当行为发生率，并有助于稽查出该地区更多的不当行为事件。因此，本章进一步验证了地方法治环境对公司不当行为的有效性，并给出了省份层面的经验证据。

表5.18 地方法治环境与公司不当行为：基于省份层面的数据

自变量/因变量	（1）OLS fraud	（2）OLS strength	（3）OLS fraud	（4）OLS strength	（5）IV-2SLS fraud	（6）IV-2SLS strength
law	−0.003*	6.716***	−0.005**	8.242***	−0.005*	5.807***
	（0.002）	（1.246）	（0.002）	（1.816）	（0.003）	（1.785）
fiscal	0.008	2.274*	0.006	3.694***	0.002	2.685
	（0.005）	（1.124）	（0.005）	（1.278）	（0.009）	（2.172）
gov	−0.155***	−8.294	−0.141***	−30.310	−0.095	2.205
	（0.050）	（16.926）	（0.043）	（26.697）	（0.101）	（17.919）
education	−0.021	4.518	−0.026*	12.599**	−0.016	7.283
	（0.013）	（4.937）	（0.014）	（6.044）	（0.016）	（4.586）
gdp	−0.023	100.497**	−0.028	103.775**	−0.027	19.473
	（0.097）	（47.801）	（0.093）	（48.150）	（0.168）	（47.389）
constant	0.435**	−93.974	0.483**	−177.400**	0.466*	−104.829
	（0.183）	（68.088）	（0.194）	（80.447）	（0.239）	（69.936）
第一阶段F值					32.783***	29.090***

续表

自变量/因变量	(1) OLS fraud	(2) OLS strength	(3) OLS fraud	(4) OLS strength	(5) IV-2SLS fraud	(6) IV-2SLS strength
年份固定效应	控制	控制	控制	控制	控制	控制
N	496	485	496	485	310	305

注：①括号内提供以省份聚类的稳健标准误。②*、** 和 *** 分别表示在10%、5%和1%的水平上显著。③第（1）至（4）列的估计结果采用OLS模型估计得到；第（5）和第（6）列的估计结果采用IV-2SLS模型估计得到。

第五节 本章小结

本章以2004—2019年沪深两市A股上市公司数据为研究样本，对地方法治环境与上市公司不当行为涉及的一系列问题展开探讨，得出的主要结论如下。首先，地方法治环境的改善有助于降低公司实施不当行为的可能性，地方法治环境每提高1单位，公司实施不当行为的可能性降低0.3%，这一影响在非国有企业中更为显著。其次，本书通过稽查间隔来衡量公司不当行为成本，发现中国上市公司不当行为约在1.835年后被稽查出来，而中国上市公司约在1.382年后再次实施不当行为，这在一定程度上解释了中国上市公司同年反复实施不当行为的现象。本章进一步通过中介效应模型验证了地方法治环境与公司不当行为之间的传导路径，发现地方法治环境的改善会提高公司实施不当行为的成本，即缩短不当行为事件被稽查的间隔，进而降低公司不当行为发生的可能性；地方法治环境的改善同样会提高公司透明度，进而降低公司不当行为发生的可能性。此外，儒家文化深厚的地区，发生公司不当行为事件的可能性较低。并且相比法治环境较差的地区，法治环境较好的地区更能发挥儒家文化对公司不当行为的削弱效应。最后，本章就地方法治环境与公司不当行为的关系这一问题给出了省份层面的经验证据，发现地方法治环境的改善有助于降低地区不当行为发生率，并有助于稽查出该地区更多的不当行为事件。

　　现阶段，打击资本市场违规和不当行为已成为维护资本市场秩序的重要举措，国家依法治国战略在推进资本市场司法体系建设中发挥了重要作用。但中国目前仍存在资本市场公司不当行为事件频发和地方法治环境差异较大的问题。根据本章结论，可以有以下启示。首先，推进依法治国战略以改善地方法治环境，扎实推进资本市场司法体系建设。及时发现并处罚实施不当行为的上市公司，依法从严打击上市公司不当行为，建立上市公司黑名单机制，加大对反复实施不当行为的上市公司的惩罚力度，并根据上市公司涉及的不同不当行为事件进行差异化惩罚。其次，增加当地律师团体和会计协会等外部执法队伍的力量，以提高地方政府的执法效率和司法独立性。强化地方属地责任，建立上市公司重大不当行为事件内部通报机制，减少地方政府对本地上市公司不当行为的包庇行为，这对于与地方政府有千丝万缕关联的国有企业而言尤为重要。此外，充分考虑中国各地法治环境差异较大的现实，因地制宜地改善地方法治环境。对于法治环境较差且不当行为发生率较高的省份而言，应借鉴法治环境建设较好省份的经验，完善当地法治建设并加大对公司不当行为的稽查力度，以减少当地上市公司的不当行为；而对于法治环境较好且不当行为发生率较高的省份而言，应进一步加大对公司不当行为的惩罚力度，同时根据该省份的上市公司不当行为制定有针对性的政策，并加强跨省份的稽查合作，以进一步提高当地司法效率，改善地方法治环境。最后，加大对不当行为公司的实际控制人、董事和总经理等有关责任人的追责力度，遏止对参与实施公司不当行为的独立董事和总经理等高级管理人员的返聘行为。培养高级管理人员知法守法的理念，进一步优化中国上市公司的内部控制。

第六章　社会责任报告披露与上市公司不当行为

公司不当行为的动机并不是客观存在的事实，而是一种基于客观条件限制的主观意识的体现。从主观影响因素出发来分析公司不当行为是对现有公司治理问题研究的一种理论上的补充和完善。基于此，本章从公司治理的主观视角出发，关注企业文化尤其是通过企业社会责任来反映的企业道德文化在预测公司不当行为发生的可能性和严重程度方面的作用。

从2008年开始，我国上市公司开始陆续发布社会责任报告（CSR），披露公司在承担社会责任方面的特色做法及取得的成绩。目前公司披露的社会责任报告主要介绍公司对自然环境、股东、债权人、职工、客户、供应商、社会社区等利益相关方所承担的责任。社会责任报告是上市公司向公众提供的财务年报之外的信息，是外部了解公司情况的重要途径。目前，学术界对于社会责任信息的披露效应存在两种相互对立的观点。一种观点是"抑制效应"，即一家公司投入较多的资源用于承担社会责任并按照规定及时发布社会责任报告，不仅反映了公司具备良好的企业文化和较高的道德标准（Graafland，2006），而且也降低了对投资者隐瞒坏消息的概率，从而使得公司内部的治理更加透明，削弱了管理层内部隐瞒不当行为的动机，降低了盈余操纵的可能性（宋献中等，2017）。公司在平衡各方利益时，会将公司发展战略与企业道德文化结合起来，融入公司治理和企业行为的各个环节，增强社会信任感，提高客户的忠诚度，同时关注财务指标和非财务指标，追求经济利益和非经济利益的共同实现，而损害特定群体利益事件发生的可能性亦会相对较低，即发生公司不当行为的可能性相对降低。另一种观点是"饰窗效应"，公司发布社会责任报告是为了掩饰管理层在公司治理中的不当操作，向公众塑造公司主动承担社会责任的良好形象而隐匿公司高管发生的失德行为（Hemingway 和 Maclagan，2004）。而且 Prior 等（2008）认为已经实施利润操纵的高管更倾向于积极承担社会责任并参与社会责任实践，这在赢得社会公众好感的同时，降低了社会公众对公司财务数据变动的敏感性和警惕性。因此，对高层管理者而言，利用社会责任信息披露的"饰窗效应"，将社会责任报告作为一种掩饰公司内部负面消息的工具，可以转移社会公众和监管机构的注意力，增加公司违规被查处和曝光的难度（Jo 等，2012）。可见，社会责任信息披露的"抑制效应"和"饰窗效应"会对公司不当行为产生截然不同的影响，"抑制效应"的观点是发布社会责任信息与公司不当行为呈负相关，"饰窗效应"的观点是发布社会责任信息与公司不当行为呈正相关。那么，在我国资本市场中，企业社会责任报告披露对公司不当行为是具有"抑制效应"还是"饰窗效应"，值得我们深入探讨。

从现阶段国内外的研究成果来看，国外已有学者开始关注公司承担社会责任与公司不当行为的关系。一方面，从企业道德文化的视角来分析公司承担社会责任对公司不当行为发生概率的影响。Harjoto（2017）认为公司承担较高水平的社会责任反映出高管具有较高水平的道德价值观，从而能够减少公司不当行为发生的概率，减轻公司不当行为的严重程度。Rodgers 等（2015）强调公司承担社会责任有助于端正和明确公司职员的道德立场，进而改善公司内部控制系统，增强组织内部治理的安全性和便利性，从而能够更好地检测出不当行为动机，有效制止不当行为事件的发生。另一方面，从公司声誉和社会影响的视角来分析公司承担社会责任对公司不当行为后果的影响。Lahlou 等（2017）发现很多公司都会自愿承担社会责任，这样可以提升公司无形资产的价值，具体表现为帮助公司打造诚信的形象，提高社会声誉，增加对人力资本的投资。而且承担高水平的社会责任还可以为利益相关者带来好处，包括提高竞争优势，吸引有竞争力的机构投资者（Aguinis 和 Glavas，2012）。所以，公司承担社会责任对公司不当行为的负面影响具有一定的缓冲效应。当公司不当行为被查处和曝光以后，会引发严重的社会舆论和声誉危机，使得生产停滞、业绩下滑、股价崩盘的风险急剧上升，不利于公司的长久发展。而承担社会责任可以修复并改善公司在社会公共心中的形象，为公司声誉的崩塌留下缓冲的余地，减轻公司未来发展所需承受的严重后果。Bae等（2020）认为，不当行为发生前和发生后，公司承担社会责任的缓冲作用效果不同。在公司发生不当行为前，积极承担社会责任能够有效缓解短期内公司不当行为引发的社会舆论和声誉危机，减轻对公司股价和经营业绩的冲击；而对于已经被查出实施不当行为的公司，在危机出现之后所表现出的积极承担社会责任的行为对于修复其受损的声誉是无效的，甚至会出现事与愿违、适得其反的现象，不利于公司的股价表现。目前，国内关于公司承担社会责任与公司违规关系的研究文献并不多，学者们主要是围绕社会责任与公司盈余管理来展开研究（陈国辉等，2018；李钻等，2017；宋岩等，2017；朱松等，2011），缺少直接探讨公司承担社会责任与公司不当行为关系的文献。虽然盈余管理中的过度盈余管理以及利润操纵、造假、欺诈等行为均属于公司不当行为的范畴，但是相比于这些违规盈余管理行为，公司不当行为涵盖了更多的违规类型，关注到更大的样本群体，体现出更为尖锐的社会问题。因此，本章重点研究我国上市公司承担社会责任的行为与公司不当行为两者之间的关系，丰富和拓展现有的研究，明确社会责任报告披露对公司不当行为的影响效应和影响机制，提出有针对性的意见和政策性建议。

具体来看，本章受到Harjoto（2017）研究的启发，认为一个公司承担了较高水平的社会责任往往会有较低的不当行为动机。但是与Harjoto（2017）的研究方法不同的是，本章主要运用部分可观测的Bivariate Probit模型来进行实证检验。结合我国公司治理和企业社会责任发展的实际情况，本章将公司不当行为事件分为不当行为发生和不当行为查处曝光两个阶段，分别考察社会责任信息披露对公司不当行为的"抑制效应"和"饰窗效应"，并进一步探究对不当行为严重程度的影响，得出适用于我国资本市场的结论和观点。

第一节 理论分析和研究假设

公司不当行为事件可以分为不当行为发生和不当行为查处两个过程，不当行为发生源自公司管理层的实施和操作，而不当行为稽查和查处是监管机构的行为，同时也受到不当行为发生的影响。在统计分析时，公司不当行为在被稽查前是不能被观测到的，也就是说，只能观测到存在不当行为并被查处的公司，而不能发现已经实施了不当行为却没有被曝光和稽查的公司，所以表现出部分可观测性（Chen 等，2006；Wang 等，2010；陆瑶等，2012）。本章的研究认为，社会责任报告披露的"抑制效应"影响公司不当行为发生阶段，而社会责任报告披露的"饰窗效应"影响公司不当行为查处阶段，具体的影响机制分析如下。

一、社会责任报告披露对上市公司不当行为的"抑制效应"分析

对于社会责任报告披露的"抑制效应"，主要是从内部和外部两个路径来分析。内部效应，即社会责任报告反映公司的企业道德水平，企业道德文化影响公司高管的决策行为，较高的道德水准能够使公司高管自觉规避不当行为（Harjoto，2017；Rodgers 等，2015）；外部效应，即社会责任报告增加了公司信息的透明度，影响外部利益相关者对公司价值和公司形象的感知和评判，从而缓解由于信息不对称而可能导致的公司不当行为（Gelb 和 Strawser，2001；宋献中等，2017）。

对社会责任报告披露抑制公司不当行为发生的内部效应的分析。社会心理学文献指出，群体文化影响群体内个体的伦理决策（Kohlberg，1969）。Trevino（1990）指出组织中个人的思想和行为受组织文化的影响，个人可以根据不同的标准采取行动，这取决于组织中的环境和社会化过程。经济学文献指出，企业文化是高层管理者与员工之间共同享有和秉持的不成文的合作协议（Kreps，1990）。Carroll（1991）将公司的道德管理定义为公司管理者

遵循道德原则并做出能被公众认可的决策的职业行为，公司高管的行为反映了公司的社会道德水平，他们有必要以对社会负责任的态度行事，以满足与公司活动相关的集体或个人的合法利益。现有关于企业社会责任的研究文献也表明，企业社会责任与企业道德行为之间存在关联。社会赋予企业开展业务的合法性和权力，企业在承担其经济和法律责任之外应当履行按照社会道德约束而自主决策的义务（Carroll，1979），因此，企业有责任考虑社会利益，并致力于解决与公司业务和发展有关的社会问题。强大的企业文化对于建立企业道德行为起着重要作用（Rockness，2005），公司的道德强度对公司高管和员工的自身道德行为决策有显著影响（Jones，1991），管理者和员工表现出的社会道德缺失行为是公司内部组织文化构建失败造成的（Kaptein，2011）。

企业道德文化可以通过企业的社会责任活动来衡量。Genest（2005）根据员工调查发现，企业社会责任活动可以反映员工的社会价值观。Baumgartner（2014）通过规范的管理实践论证了企业文化与企业社会责任活动之间的直接联系。企业从事较多的慈善捐赠行为，往往能够营造良好的公司内部氛围，培养出具有较高企业道德文化水平的员工。社会责任报告披露可以折射出公司治理文化的价值体系和道德观念，其通过对人的心理和行为的支配，会直接或间接影响公司不当行为的发生。Hoi 等（2013）发现公司承担社会责任反映一种对股东和利益相关者负责的态度，这是企业文化的另一种体现，公司承担社会责任的行为与公司偷税漏税的违规操作之间存在着显著的负向关系。

对社会责任报告披露抑制公司不当行为发生的外部效应的分析。上市公司发布社会责任报告向公众传递了不同于公司财务报告的其他信息，这使得公司治理的内部信息更加透明，高层管理者利用内部信息和掩盖负面消息的倾向会降低（Gelb 和 Strawser，2001），并且如果高层管理者切实参与到了社会责任报告的披露过程中，将会尽可能地避免进行盈余操纵（Kim 等，2012）。另外，社会责任报告披露了公司更多的非财务信息，表明了公司投资和致力于社会公益事业的决心,以在公众面前树立良好的公司形象和企业道德文化,这将提高公司管理者实施内部知情交易（Gao等,2014）、偷税漏税（Hoi等,2013）、盈余操纵（Kim等,2012）等不当行为的成本,缓解公司内部信息不对称导致的代理问题,即公司对社会负责任的形象有效限制了高层管理者的选择性信息披露和负面信息管理。从外部投资者的角度而言,通过社会责任报告可以了解到公司的非财务信息,间接观察到公司的财务稳健程度（Lizzeri,1999）,从而做出更为合理明智的投资决策,使公司的盈利能力和财务水平保持较为稳健的状态,这将有利于公司的平稳有效发展,极大地降低因财务危机而引发公司不当行为的风险。综合上述机制分析,提出本章的第一个假设。

H1：社会责任报告披露有助于削弱公司实施不当行为的动机。

二、社会责任报告披露对上市公司不当行为的"饰窗效应"分析

已有文献在研究股价崩盘风险时,发现企业社会责任报告可能会表现出一种工具属性。管理层通过发布社会责任报告提升自己的职业声誉和个人利益,但是却潜在地威胁到了利益相关者的权益（权小峰等,2015）。高勇强等（2012）认为上市公司从事慈善活动的目的是希望通过慈善活动来转移公众对公司违规行为的关注,保护公司的声誉。社会责任报告可能会被某些公司作为掩盖其不当行为、转移公众注意力、逃避违规查处的工具,即社会责任报告披露存在"饰窗效应",管理层为了掩饰公司运营中出现的问题,会通过披露社会责任报告来转移社会公众的注意力（田利辉等,2017）。基于"饰窗效应"理论,公司可能会借助发布社会责任报告的手段有意对负面消息进行隐匿和掩饰,从而不易被投资者或监管部门发现。然而,上市公司发布社会责任报告会增加公司在社会公众面前的曝光度,也会引起监管部门的注意,进而增加违规被查处的可能性,也就是说,企业社会责任报告掩饰违规行为,避免被查处的"饰窗效应"甚小。另外需要说明的是,在现实资本市场中,对于已经被查处的不当行为公司,可以通过承担更多的社会责任,

关注利益相关者的社会福利，从而改善在社会公众面前的声誉和形象，这种做法是合理且合规的，与本书的研究观点并不相悖。据此，提出本章的第二个假设。

H2：社会责任报告披露不存在影响公司不当行为查处的"饰窗效应"。

三、对社会责任报告披露效应的进一步探讨

公司不当行为被定义为一种明知可能造成严重后果，但仍在信息披露或其他与公司经营有关的活动中，以故意虚构、隐瞒、拖延等手段侵害利益相关者利益的行为。从真实发生并被监察机构查处的上市公司不当行为事件来看，同一起事件中往往是多种不当行为类型并存。例如违规交易、占用公司资产、擅自改变资金用途等情况，往往会伴随着公司信息的虚假披露或者隐瞒披露。这表明资本市场中不仅从事不当行为的公司众多，而且有相当多个体的不当行为程度非常严重。所以，对公司不当行为问题的研究不能仅仅停留在单个公司的不当行为事件上，还要进一步查明其不当行为背后涉及的违规类型，定义其不当行为的严重程度（Harjoto，2017）。基于假设 H1 和假设 H2 中上市公司社会责任报告披露对公司不当行为的影响机制，社会责任报告披露的积极效应同样会影响公司不当行为的严重程度。据此提出本章的第三个假设。

H3：社会责任报告披露有助于降低公司不当行为的严重程度。

公司规模会影响公司的披露政策（Wang 等，2013；万良勇等，2014）。一方面，受到社会和监管层的压力，规模较大的公司往往具有企业示范效应，在媒体和公众面前的曝光度较高，公司日常经济活动与社会环境和公众利益的关系备受关注，从而在一定程度上督促公司被动地承担更多的社会责任；规模较小的公司承担社会责任的外部压力较小，披露社会责任报告更多地体现出公司积极承担社会责任的主观能动性。另一方面，忽略其他因素来分析，规模较大的公司享有更为丰富的社会资源，能够应对承担社会责任所带来的成本增加，并降低其进行社会责任报告披露产生的额外成本；然而，规模较小的公司并不具备这样的资源优势，社会责任报告披露的成本相对较

高。所以，根据不同的公司规模来探讨社会责任报告披露的积极效应具有一定的现实意义。规模较小的公司进行社会责任报告披露能够反映出其更加重视企业道德文化构建，关注利益相关者权益的主观意愿更为强烈。由此，提出本章的第四个假设。

H4：社会责任报告披露抑制公司不当行为的作用在规模较小的公司中更为显著。

第二节　研究设计

一、数据来源与样本选择

基于上文的论述和分析，本节将以国泰安上市公司违规行为数据库为基础，选取2009—2017年沪深A股上市公司作为研究对象，并参考相关文献，剔除金融行业公司和ST公司以保证各样本财务数据一致可靠，构建一个由2250个不当行为事件构成的包括16270个公司年度观测值的研究样本组。其中，上市公司不当行为和社会责任报告披露的相关数据来自国泰安数据库，其他公司和财务数据来自iFinD数据库。

二、变量选择

根据前文关于上市公司不当行为影响因素的论述，本章各变量的设定如下。

1. 被解释变量

Z_{it}表示上市公司发生不当行为并被稽查的情况。当上市公司i在t年被查出有不当行为时，$Z_{it}=1$；未被查出有不当行为时，$Z_{it}=0$。

T_{it}表示上市公司不当行为的严重程度。本书定义了上市公司不当行为的12个类型，并用公司i在t年的不当行为事件所涉及的不当行为类型数目来衡量该公司的不当行为程度,即 T_{it} 的值等于公司 i 在 t 年的不当行为类型的数目(Harjoto,2017)。根据定义,T_{it} 的数值越大,说明一起不当行为事件涉及的不当行为类型越多,不当行为程度越严重。

2. 解释变量

根据国泰安数据库统计的上市公司社会责任报告信息,用二元哑变量 CSR 表示上市公司是否发布了社会责任报告,当上市公司 i 于 t 年披露了社会责任信息时,CSR_{it} = 1,否则 CSR_{it} = 0。最后,参考宋献中等(2017)的做法,使用润灵环球评级数据(RKS)衡量企业社会责任信息披露质量,以进行稳健性检验。

3. 控制变量

根据前面的分析,本章采用的控制变量如表 6.1 所示。

表 6.1 变量定义及度量方法

变量名称	变量符号	变量度量方法
上市时间	Year	公司已上市的年数
两职合一	Duality	公司董事长与总经理为同一人取 1,否则为 0
所有制性质	State	控股股东为国有性质取 1,否则为 0
研发投入	R&D	研发投入资金占总资产的比重
董事会规模	Board	董事会总人数的对数值
公司规模	Size	公司资产总额的对数值
托宾 Q 值	Tobin's Q	公司市值与资产重置成本之比
现金资产	Cash	现金及现金等价物总和占总资产的比重
公司杠杆	LEV	总负债占总资产的比重
资产报酬率	ROA	息税前利润与总资产的比值
四大审计	Big4	审计公司为四大之一取 1,否则为 0
审计意见类型	Type	标准无保留意见取 1,其他为 0

续表

变量名称	变量符号	变量度量方法
并购活动	M&A	公司当年和前一年有宣告并购活动取1，否则为0
超额资产收益率	abROA	$ROA_{i,t} = \beta_0 + \beta_1 ROA_{i,t} + \beta_2 ROA_{i,t} + \varepsilon_{i,t}$ 的残差 $\varepsilon_{i,t}$
股价波动率	VOL	股票日收益率的波动率

三、模型设定

1. 部分可观测的 Bivariate Probit 回归分析

对于假设 H1 和假设 H2 的验证，采用部分可观测的 Bivariate Probit 模型（Wang 等 2013；陆瑶等，2012；万良勇等，2014）。不当行为发生和不当行为查处是相互联系的互动过程，即既有单独影响不当行为发生概率 P（F）的因素和单独影响不当行为查处概率 P（D）的因素，又存在对这两个过程同时产生影响的因素。具体来看，可以将本章的解释变量分为三类。

（1）影响公司不当行为发生概率的因素，即只对 P（F）的估计方程有影响的变量，包括本书主要探究的社会责任报告披露以及其他一些具体的公司特征和财务指标。公司社会责任的披露情况（CSR）（Harjoto，2017）、上市时间（Year）、两职合一（Duality）、所有制性质（State）、现金资产（Cash）、研发投入（R&D）、公司杠杆（LEV）（Li 等，2015）、资产报酬率（ROA）（陆瑶等，2012；Li 等，2015；Khanna 等，2015）和四大审计（Big4）（Harjoto，2017；万良勇等，2014）都将会影响公司内部实施不当行为的倾向和动机。

（2）影响公司不当行为查处概率的因素，即仅对 P（D）的估计方程有影响的变量，主要包括公司内部难以控制但却可以被监管者观测和发现的变量和指标，包括审计意见类型（Type）、并购活动（M&A）、股价波动率（VOL）、超额资产收益率（abROA）。审计师发布的错报、漏报、不合格等不利意见或材料（Harjoto，2017），公司盈利能力和股票价格的异常波动（Jones 等，2010），以及并购活动带来的公司曝光度的增加都将会提高公司被审查和监察的概率（Wang 等，2013）。

（3）同时影响公司不当行为发生和查处的因素，即同时出现在 P(F) 和 P(D) 估计方程中的变量。尤其是发生不当行为的事前因素，既影响公司的不当行为倾向，又容易引起监管者的注意，包括公司规模（*Size*）、董事会规模（*Board*）和托宾 Q 值（*Tobin's Q*）。规模较大的上市公司的内部治理、监督机制较为完善，同时拥有应对风险、化解危机的庞大的社会资源和关系网络（Wang 等，2013；万良勇等，2014）；董事会规模较大，内部的权力制衡和监管会更加密切，同时备受社会、媒体和公众的关注（陆瑶等，2012；杨清香等，2009）；托宾 Q 值的大小反映了公司整体的经营业绩和能力。这些因素将影响上市公司实施不当行为的倾向和不当行为查处的可能性（Povel 等，2007）。

由此可以得出检验假设 H1 和假设 H2 的估计方程：

$$F_{i,t} = \alpha_0 + \alpha_1 CSR_{i,t-1} + \alpha_2 Year_{i,t-1} + \alpha_3 Duality_{i,t-1} + \alpha_4 State_{i,t-1} + \alpha_5 R\&D_{i,t-1} + \alpha_6 Cash_{i,t-1} + \alpha_7 Big4_{i,t-1} + \alpha_8 LEV_{i,t-1} + \alpha_9 ROA_{i,t-1} + \alpha_{10} Size_{i,t-1} + \alpha_{11} Board_{i,t-1} + \alpha_{12} Tobin's\ Q_{i,t-1} + \varepsilon_{i,t}$$
（6-1）

$$D_{i,t} = \beta_0 + \beta_1 CSR_{i,t-1} + \beta_2 Size_{i,t-1} + \beta_3 Board_{i,t-1} + \beta_4 Tobin's\ Q_{i,t-1} + \beta_5 Type_{i,t-1} + \beta_6 M\&A_{i,t-1} + \beta_7 VOL_{i,t-1} + \beta_8 abROA_{i,t-1} + \varepsilon_{i,t}$$
（6-2）

在考察不当行为发生和查处情况时，考虑的是事前因素对各自估计方程的影响，所有解释变量和控制变量均采用滞后一期处理。

2. Poisson 回归分析

在对假设 H3 进行验证时，因变量公司不当行为的严重程度（T_{it}）是由一家公司所实施不当行为类型的总数来测度的，属于非负的计数因变量。伍德里奇在《计量经济学导论》中指出，计数变量具有非负、离散且有限的特征，符合泊松分布的特征（只有连续变量才能服从正态分布），对计数数据的分析应当采用 Poisson 回归[①]。以上市公司的社会责任报告披露情况作为主要解释变量，综合考虑其他可能的相关影响因素来作为控制变量，由此可以得出检验假设 H3 的估计方程：

$$T_{it} = \gamma_0 + \gamma_1 CSR_{i,t-1} + \sum_{j=2}^{n}\gamma_j Control\ Variables_{i,t-1} + \varepsilon_{i,t} \quad (6-3)$$

在考察所涉及不当行为类型的数目时，考虑的是事前因素对该估计方程的影响，所有解释变量和控制变量均采用滞后一期处理。

第三节　实证结果与分析

一、描述性统计分析

根据前文对上市公司不当行为的定义和分析，以国泰安上市公司违规行为数据库为基准，剔除掉虽然违规但是不属于不当行为的事件，共剩余 2250 起公司不当行为事件。

研究中涉及的主要变量的描述性统计情况呈现在表 6.2 中。为了减少异常值对回归系数的影响，本研究对样本分布两侧的极端值进行 1% 水平的 Winsorize 处理。表 6.2 中第一列为变量符号，第二至第五列报告了总体样本下各变量的均值、标准差、最小值和最大值。其中，主要解释变量社会责任报告披露的均值为 0.2773，即样本中 27.73% 的上市公司进行了社会责任报告披露；标准差为 0.4477，反映出我国上市公司社会责任报告披露的程度较低。第六列和第七列将样本按照因变量 Z=0 和 Z=1 分组，即未发生不当行为事件和发生不当行为事件下各变量的均值。由两列数据对比可知，发生不当行为事件公司的社会责任报告披露、所有制性质、现金资产、四大审计、公司规模、资产报酬率等变量的均值都小于未发生不当行为事件的公司，而上

[①] 伍德里奇.计量经济学导论［M］.4 版.费剑平，译.北京：中国人民大学出版社，2010：567-571.

市时间、两职合一、研发投入、托宾 Q 值、公司杠杆、审计意见类型、并购活动、股价波动率等变量的均值大于未发生不当行为事件的公司。第八列报告的是组间均值差异的 t 检验值，除了研发投入变量，其他所有自变量的组间均值差异的 t 检验值都至少达到了 5% 的显著性水平。值得一提的是，公司不当行为样本组的社会责任报告披露的均值为 0.2099，低于总体样本均值水平，表明发生不当行为的上市公司不能很好地履行披露社会责任报告的义务，从而反映出这些上市公司的企业道德文化和监督管理机制存在问题，值得关注和研究。

表 6.2 样本描述性统计分析结果

变量	总体样本 均值	标准差	最小值	最大值	Z=0 均值	Z=1 均值	T 检验
CSR	0.2773	0.4477	0	1	0.2883	0.2099	0.0783***
Year	10.8112	6.0172	1	26	10.7596	11.1275	−0.3679***
Duality	0.1999	0.4000	0	1	0.1930	0.2427	−0.0497***
State	0.4902	0.4999	0	1	0.5093	0.3732	0.1361***
R&D	0.0114	0.0184	0	0.5629	0.0109	0.0112	−0.0003
Cash	0.1532	0.1283	−0.0072	0.6074	0.1541	0.1386	0.0156***
Big4	0.0614	0.2400	0	1	0.0667	0.0290	0.0376***
LEV	0.4867	0.2245	0.0585	1.2226	0.4810	0.5216	−0.0405***
ROA	0.0571	0.0695	−0.1976	0.3014	0.0594	0.0428	0.0166***
Size	22.0254	1.3320	18.8556	25.9240	22.0574	21.82	0.2277***
Board	2.1656	0.2020	1.0986	2.8904	2.1685	2.1477	0.0208***
Tobin's Q	2.1238	2.1269	0.1993	13.4141	2.0728	2.4420	−0.3692***
Type	0.0518	0.2216	0	1	0.0395	0.1266	−0.0871***
M&A	0.4968	0.5000	0	1	0.4921	0.5259	−0.0338***
VOL	2.9941	0.9061	1.2389	5.3134	2.9966	2.9987	0.0179**
abROA	−0.0029	0.0686	−0.2543	0.2444	−0.0007	−0.0167	0.0159***

注：第一列为变量符号，各变量的具体定义见表 6.1；第二至第五列分别为总体样本的均值、标准差、最小值和最大值；第六和第七列分别为 Z=0 和 Z=1 的样本均值统计情况；第八列为样本均值差异的 t 检验值。

二、主要变量间的相关性分析

表 6.3 给出了公司不当行为（Fraud）和不当行为程度（T_Fraud）与社会责任报告披露和其他控制变量之间的相关性分析结果。从第二列和第四列的分析结果中可以初步得出，社会责任报告披露情况与公司不当行为之间存在负向关系，同时与不当行为程度之间也存在负向关系。其他的控制变量也都能起到很好的解释作用。此外，表 6.3 中略去了社会责任报告披露与控制变量之间的相关性分析结果，未报告的结果显示各个自变量之间的相关系数均小于 0.3，相关关系不强，不会影响到模型中各个参数回归分析的显著性，在此无须进行修正调整。

表 6.3 相关性分析结果

变量	F(公司不当行为)	变量	T(不当行为程度)
F	1	T	1
CSR	−0.0608***	CSR	−0.0527***
Year	0.0212***	Year	0.0302***
Duality	0.0432***	Duality	0.0330***
State	−0.0946***	State	−0.0742***
R&D	0.0068	R&D	−0.0033*
Cash	−0.0442***	Cash	−0.0512***
Big4	−0.0545***	Big4	−0.0488***
LEV	0.0627***	LEV	0.0721***
ROA	−0.0831***	ROA	−0.0993***
Size	−0.0594***	Size	−0.0560***
Board	−0.0357***	Board	−0.0441***
Tobin's Q	0.0599***	Tobin's Q	0.0604***
Type	0.1365***	Type	0.1644***
M&A	0.0235*	M&A	0.0271***
VOL	−0.0069*	VOL	−0.0041
abROA	−0.0806***	abROA	−0.0956***

注：*、**、*** 分别表示 10%、5%、1% 的显著性水平。

三、假设检验结果分析

1. 社会责任报告披露效应的检验

对于假设 H1 和 H2 的实证检验是基于部分可观测的 Bivariate Probit 模型，回归估计结果列示在表 6.4 中。第一列为实证分析的自变量，模型 1 为采用 Probit 回归进行的初步估计，在控制上市公司的治理结构和财务指标变量时，社会责任报告披露情况与公司不当行为发生概率呈负相关关系，显著性达到了 1% 的水平。因此，将社会责任报告披露作为主要解释变量是可行的。第三列显示的是各变量在样本均值处的边际效应。在模型 2 的回归结果中，引入控制变量约束后，主要解释变量社会责任报告披露的影响系数为 –0.0771。而根据模型 1，均值的边际效应为负，系数为 –0.0247，在 1% 的水平上显著，可以认为社会责任报告披露将使公司的不当行为倾向显著降低，减小公司不当行为发生的概率。

从影响公司不当行为发生和查处的各控制变量的回归估计结果来看，其对已有文献的相关结论进行了系统充分的验证。第四列的拟合结果显示，在至少 5% 的显著性水平上，公司的所有制性质（*State*）、现金资产（*Cash*）、资产报酬率（*ROA*）、四大审计（*Big4*）与公司不当行为发生的概率显著负相关，公司的上市时间（*Year*）、两职合一（*Duality*）、公司杠杠（*LEV*）与公司不当行为发生的概率显著正相关。这与 Agrawal 和 Cooper（2008）、Wang（2013）和 Li（2015）的研究观点一致。第五列的拟合结果显示，在至少 5% 的显著性水平上，公司并购活动（*M&A*）、审计意见类型（*Type*）和托宾 Q 值（*Tobin's Q*）与公司不当行为查处的概率显著正相关，这表明在我国的资本市场上，公司的并购活动受社会媒体的关注较高，专业机构的审计意见类型权威性较高，监管部门容易觉察和发现公司治理中存在的异象，市值与重置成本偏离过大的公司有可能受到更强的外部监管（Harjoto，2017；Wang，2013）。此外，较大的公司规模（*Size*）会增加公司不当行为发生的概率，而降低公司不当行为查处的概率，显著性达到了 1% 的水平；较大的董事会规模（Board）会降低公司不当行为发生的概率，同时提高公司不当行为查处的概率，显著性达到了 5% 的水平。这表明董事会内部治理结构完善将减少不当行为事件发生的可能性，且由于董事会规模更大的公司更容易吸引公众的关注，一旦管理层实施不当行为，更容易被曝光（Harjoto，2017；杨清香等，2009）。总体来看，模型 2 的回归结果证实了假设 H1，公司进行社会责任报告披露会有效降低其实施不当行为的概率，同时没有改变其他控制变量的显著性和解释能力。

在模型 2 的基础上，模型 3 同时检验社会责任报告披露对公司不当行为发生和查处两个过程的影响。表 6.4 中模型 3 的检验结果显示，社会责任报告披露情况与公司不当行为发生的概率是负向关系，与公司不当行为查处的概率为正向关系，说明社会责任报告披露增加了公司信息的透明度和社会媒体的曝光度，可能会增加被监管和查处的可能性。尽管社会责任报告披露对公司不当行为查处过程的正向影响并未达到 10% 的显著性水平，但是实证结果并未表现出"饰窗效应"的存在，所以不能认为社会责任报告披露是为了隐匿公司负面消息，从而降低未来不当行为被查处和曝光的可能性。由此证明研究假设 H2 成立。

2. 社会责任报告披露与公司不当行为程度的回归结果

不当行为类型总数远远超过公司不当行为事件数目，说明一起不当行为事件并非仅仅涉及一种不当行为类型，不同的不当行为类型间存在相互关联。例如，侵犯投资者权益的违规交易往往会伴随着公司信息的虚假披露或者隐瞒披露。如果用不当行为类型的数目来定义不当行为严重程度的话，那么在我国的资本市场中不仅从事不当行为的公司众多，而且有相当多个体的不当行为程度非常严重。所以，对公司不当行为问题的研究不能仅仅停留在单个公司的单个不当行为事件上，还要进一步查明其不当行为背后牵涉的违规类型。分析社会责任报告披露对公司不当行为程度的影响

表 6.4 社会责任报告披露与公司不当行为的回归估计结果

变量	模型 1 P(Fraud)	模型 1 MFX	模型 2 P(F)	模型 2 P(DIF)	模型 3 P(F)	模型 3 P(DIF)
CSR	-0.1202***	-0.0247***	-0.0771***		-0.2072*	0.1681
	(-3.67)	(-3.29)	(-2.68)		(-1.75)	(1.11)
Year	0.0069***	0.0016***	0.0051**		0.0049**	
	(2.91)	(2.93)	(2.44)		(2.42)	
Duality	0.0741**	0.0164**	0.0512**		0.0490**	
	(2.33)	(2.15)	(2.03)		(2.01)	
State	-0.2992***	-0.0697***	-0.2173***		-0.2086***	
	(-10.49)	(-9.92)	(-4.68)		(-4.95)	
R&D	1.9102**	0.28104	0.8762		0.8464	
	(2.23)	(1.32)	(1.37)		(1.37)	
Cash	-0.2831**	-0.0637**	-0.1987**		-0.1909**	
	(-2.41)	(-2.33)	(-2.21)		(-2.20)	
Big4	-0.3289***	-0.0595***	-0.1855***		-0.1772***	
	(-4.96)	(-3.85)	(-2.77)		(-2.88)	
LEV	0.2897***	0.1173***	0.3658***		0.3620***	
	(4.21)	(5.47)	(6.03)		(6.17)	
ROA	-1.1907***	-0.2396**	-0.7470**		-0.7886**	
	(-5.78)	(-1.97)	(-2.22)		(-2.37)	
Size	0.0210	0.0067*	0.1864***	-0.2172***	0.1931***	-0.2294***
	(1.49)	(1.91)	(4.34)	(-4.79)	(4.47)	(-4.92)

续表

变量	模型 1 P(Fraud)	模型 1 MFX	模型 2 P(F)	模型 2 P(DIF)	模型 3 P(F)	模型 3 P(DIF)
Board	0.0010	-0.0003	-0.5176**	0.6788***	-0.5093**	0.6722***
	(0.01)	(-0.02)	(-2.54)	(2.70)	(-2.52)	(2.68)
Tobin's Q	0.0261***	0.0172***	-0.0030	0.0741**	-0.0025	0.0736***
	(3.65)	(5.07)	(-0.19)	(2.48)	(-0.17)	(2.58)
Type	0.5064***	0.3134**		1.2835**		1.3208**
	(8.60)	(2.31)		(2.37)		(2.29)
M&A	0.0749***	0.0121**		0.0495*		0.0462*
	(2.94)	(2.00)		(1.76)		(1.71)
VOL	-0.0342**	-0.0139		-0.0570***		-0.0556***
	(-2.32)	(-0.67)		(-3.33)		(-3.43)
abROA				-0.3775		-0.2565
				(-0.64)		(-0.44)
Constant	-1.5428***		-0.3551***	3.9639***		4.2508***
	(-4.75)		(-3.91)	(3.37)		(3.56)
Observations	16270		16270		16270	
Wald chi^2	520.47		126.14		138.06	
Prob > chi^2	0.0000		0.0000		0.0000	
Log likelihood	-6266.3426		-6235.1044		-6234.3758	

注：每个自变量对应两行结果，第一行为系数估计值，第二行括号内表示的是 z 检验值。*、**、*** 分别表示 10%、5%、1% 的显著性水平。

是本章另一个重点研究的问题。本研究运用泊松回归来检验假设 H3 是否成立，回归估计结果见表 6.5。第一列为实证分析的自变量，第二列为采用泊松回归估计的拟合系数，第三列为计算出的泊松回归的平均边际效应，第四列为计算出的发生率比（Incidence Rate Ratio），表示解释变量每增加一个单位时，事件的平均发生次数将是原来的多少倍。在控制上市公司的治理结构和财务指标变量时，社会责任报告披露情况与公司不当行为程度呈负相关关系，系数为 –0.2207，显著性达到了 1% 的水平，平均边际效应为负，系数为 –0.0770，发生率比的系数值为 0.8019，说明披露了社会责任报告的公司的不当行为类型数目比未披露社会责任报告的公司少 20%。总体来看，表 6.5 的回归结果与 Harjoto（2017）的主要研究结论一致，上市公司进行社会责任报告披露会有效减少其不当行为的类型，即降低公司不当行为的严重程度，同时没有改变其他控制变量的显著性和解释能力，证实了假设 H3 的合理性。

表 6.5　社会责任报告披露与公司不当行为程度的回归估计结果

变量	T_Fraud	MFX	IRR
CSR	–0.2207***	–0.0770***	0.8019***
	（–3.01）	（–3.01）	（–3.01）
Year	0.0146***	0.0051***	1.0146***
	（2.89）	（2.89）	（2.89）
Duality	0.1126*	0.0393*	1.1192*
	（1.74）	（1.74）	（1.74）
State	–0.4867***	–0.1699***	0.6146***
	（–7.98）	（–7.80）	（–7.98）
R&D	3.0455*	1.0630*	21.02047*
	（1.86）	（1.86）	（1.86）
Cash	–0.7040***	–0.2457***	0.4946***
	（–2.76）	（–2.75）	（–2.76）
Big4	–0.8615***	–0.3007***	0.4225***
	（–5.42）	（–5.34）	（–5.42）

续表

变量	T_Fraud	MFX	IRR
LEV	0.3884***	0.1356***	1.4230***
	（2.83）	（2.82）	（2.83）
ROA	−2.2906***	0.7995***	0.1012***
	（−5.18）	（−5.10）	（−5.18）
Size	0.0629**	0.0219**	1.0649**
	（2.18）	（2.18）	（2.18）
Board	−0.2493*	−0.0870*	0.7793*
	（−1.82）	（−1.81）	（−1.82）
Tobin's Q	0.0327**	0.0114**	1.0333**
	（2.39）	（2.37）	（2.39）
Type	0.9454***	0.3301***	2.5745***
	（8.03）	（7.78）	（8.04）
M&A	0.2006***	0.0700***	1.2221***
	（3.66）	（3.74）	（3.66）
VOL	−0.0417	−0.0114	0.9591
	（−1.43）	（−1.43）	（−1.43）
Constant	−1.9451***		0.1430***
	（−2.92）		（−2.92）
Observations	16270	16270	16270
Wald chi^2	646.98		646.98
Prob > chi^2	0.0000		0.0000
Log likelihood	−14703.15		16270

注：每个自变量对应两行结果，第一行为系数估计值，第二行括号内表示的是 z 检验值。*、**、*** 分别表示 10%、5%、1% 的显著性水平。

3. 社会责任报告披露效应对不同规模公司的影响

根据不同的公司规模水平来探讨社会责任报告披露的效应是对假设 H1 和假设 H3 论证的进一步补充。参照陆瑶等（2012）的做法，以总样本中全部上市公司总资产的均值作为分组标准，将资产总量高于均值水平的公司归为大规模公司,将资产总量低于均值水平的公司归为小规模公司,并分别在两组样本中对假设 H1 和 H3 进行模型检验。从表 6.6 的回归结果中可以看出,不管是在大规模的公司还是在小规模的公司,上市公司的社会责任报告披露情况均与公司不当行为发生概率和不当行为程度呈负相关关系,再次验证了社会责任报告披露对公司不当行为具有积极效应。但是小规模公司的显著性水平更高,这种现象存在的原因是大规模公司的公众关注度较高,社会资源丰富,内部关系较为复杂,披露社会责任报告的效应并不会像小规模公司那样显著。小规模公司不具有较多的社会资源和较高的社会关注度,其进行社会责任报告披露的成本较高。规模较小的公司进行社会责任报告披露能够反映出其更加重视企业道德文化构建,关注利益相关者权益的主观意愿更为强烈,体现出了积极承担社会责任的主观能动性,故假设 H4 成立。

表 6.6 不同规模上市公司社会责任报告披露与公司不当行为的回归估计结果

变量	大规模公司 Bivariate Probit P(F)	大规模公司 Bivariate Probit P(DIF)	大规模公司 Poisson T_Fraud	小规模公司 Bivariate Probit P(F)	小规模公司 Bivariate Probit P(DIF)	小规模公司 Poisson T_Fraud
CSR	−0.1615* (−1.87)		−0.1681* (−1.88)	−0.1091** (−2.28)		−0.1818** (−2.46)
控制变量	V	V	V	V	V	V
Constant	1.9661 (0.21)	−1.6869 (−0.30)	−1.9309 (−1.56)	9.6113*** (4.24)	−7.7653*** (−5.09)	−5.6007*** (−4.47)
Observations	7699		7699	8571		8571
Wald chi^2	39.29		281.84	158.94		404.13
Prob > chi^2	0.0040		0.0000	0.0000		0.0000
Log likelihood	−2745.1133		−6118.9486	−3481.5827		−8494.7477

注:主要解释变量对应两行结果,第一行为系数估计值,第二行括号内表示的是 z 检验值。*、**、*** 分别表示 10%、5%、1% 的显著性水平。

第四节 稳健性检验

一、社会责任报告披露质量的解释能力检验

上文的假设检验中，在量化主要解释变量（CSR）时，为了突出上市公司披露社会责任报告的重要性，将社会责任报告披露情况设置为（0，1）哑变量。从现有关于企业社会责任的研究来看，大部分学者采用第三方机构（润灵环球）给出的企业社会责任评级得分（RKS）来直接作为上市公司社会责任报告披露质量的代理变量（朱松，2011；权小峰等，2015；宋献中等，2017）。为了保证研究结果的充分可靠，在前文研究结论的基础上进行补充，结合2009—2016年的企业社会责任评级得分来考察社会责任报告披露质量，并引入没有进行社会责任报告披露的公司，进行标准化处理，再次对式（6-1）、式（6-2）和式（6-3）进行回归分析。

从表6.7的回归结果发现，与本章的研究结论一致，上市公司社会责任评级得分与公司不当行为发生和不当行为程度呈负相关，社会责任报告披露的"抑制效应"显著。上市公司的社会责任报告披露评分越高，反映出该公司的社会公德水平越高，社会责任信息披露越充分，这有助于降低该公司不当行为发生的概率，减轻公司不当行为的严重程度。

表6.7 社会责任评级得分与公司不当行为的回归结果

变量	Probit Y	Bivariate Probit P（D）	Bivariate Probit P（DIF）	Poisson T_Fraud
CSR	−0.2669***	−0.1923**		−0.6277***
	（−3.28）	（−2.27）		（−3.56）
Year	0.0058**	0.0054**		0.0110**
	（2.36）	（2.16）		（2.13）
Duality	0.0738**	0.0591**		0.1096*
	（2.26）	（1.96）		（1.67）

续表

变量	Probit	Bivariate Probit		Poisson
	Y	P(D)	P(DIF)	T_Fraud
State	−0.2964***	−0.2521***		−0.4787***
	(−9.99)	(−4.23)		(−7.63)
R&D	0.9754	0.4393		1.1997
	(1.12)	(0.59)		(0.72)
Cash	−0.2952**	−0.2362**		−0.7079***
	(−2.43)	(−2.24)		(−2.69)
Big4	−0.2864***	−0.2038**		−0.7406***
	(−4.18)	(−2.57)		(−4.57)
LEV	0.3263***	0.4011***		0.5249***
	(4.47)	(5.67)		(3.56)
ROA	−1.1509***	−0.7329**		−2.3003***
	(−5.19)	(−2.08)		(−4.83)
Size	0.0085	0.1833***	−0.2197***	0.0313
	(0.56)	(4.03)	(−4.51)	(1.00)
Board	0.0032	−0.5716***	0.7541***	−0.2351*
	(0.05)	(−2.72)	(2.91)	(−1.68)
Tobin's Q	0.0172**	−0.0026	0.0651**	0.0144
	(2.31)	(−0.17)	(2.22)	(0.96)
Type	0.5256***		1.3954***	0.9617***
	(8.57)		(2.66)	(8.04)
M&A	0.0763***		0.0659	0.1987***
	(2.90)		(1.89)	(3.54)
VOL	−0.0040		−0.0277	0.0402
	(0.24)		(−1.47)	(1.22)
abROA			0.5586	
			(−0.85)	
Constant		−3.1373***	3.6795***	−1.4465**
		(−2.86)	(2.90)	(−2.04)
Observations	14881	14881		14881

续表

变量	Probit	Bivariate Probit		Poisson
	Y	P（D）	P（DIF）	T_Fraud
Wald chi^2	468.39	112.38		603.85
Prob > chi^2	0.0000	0.0000		0.0000
Log likelihood	−5887.6467	−5864.869		−13927.843

注：每个自变量对应两行结果，第一行为系数估计值，第二行括号内表示的是 z 检验值。*、**、*** 分别表示 10%、5%、1% 的显著性水平。

二、对社会责任报告披露"抑制效应"的 PSM 检验

计量分析采用的面板数据属于非随机性的观测样本，即上市公司在一年中的公司指标和财务数据不是随机分布的，只能观测到每个公司对应的每一个年份的特定指标。Rosenbaum 和 Rubin（1983）指出，这种非随机获取的指标会出现选择性误差，使得拟合估计存在偏差，混淆了主要解释变量和因变量之间的关系。也就是说，拟合系数不能准确衡量社会责任报告披露与公司不当行为概率之间的"净效果"（Net Effects）（Becker 等，2002；Caliendo 等，2008）。所以，不能忽略样本之间控制变量的复杂差异而简单地认为是否披露社会责任报告会直接影响公司不当行为的概率。为了消除样本选择性偏误，进一步明确社会责任报告披露与公司不当行为的因果关系，这里采用倾向得分匹配法（PSM）进行检验。

PSM 检验方法的基本操作是，将分组变量通过 Logit 回归估计得出倾向得分，倾向得分相近的样本对应的其他控制变量的影响趋势相近，影响差异被消除，最后对匹配后的样本再次进行回归来考察研究关注的因果关系（Becker 等，2002）。在本研究中，PSM 操作就是将披露社会责任报告的公司和没有披露社会责任报告的公司配对并保证它们的倾向值（即披露社会责任报告的概率）相同或相近，这样就得到了社会责任报告披露（实验组）和社会责任报告未披露（对照组）两组样本集合。由于控制变量的差异已经在倾向值近似配对过程中被控制起来了，两组样本不当行为发生概率的差异就只

能归因于实验组和对照组的差异,即是否进行社会责任报告披露,由此遏制了选择性误差。通过软件进行 PSM 操作时,在得出各样本倾向值的同时会生成各样本的权重指标,以方便进行后续的因果回归检验。表 6.8 给出了利用 PSM 方法对样本进行匹配后,根据各个样本不同的权重指标,消除控制变量的趋势差异后,再次回归的拟合结果。

对不当行为发生和不当行为严重程度拟合估计的社会责任报告披露的系数分别为 −0.1699 和 −0.3201,显著性水平为 1%。通过对比发现,消除了控制变量差异的混淆影响后,社会责任报告披露的拟合系数均变小了,说明社会责任报告披露对公司不当行为的抑制作用有所提升,更进一步验证了本书的结论,即社会责任报告披露能够有效降低公司不当行为发生的概率,缓解公司不当行为的严重程度。

表 6.8 社会责任报告披露与公司不当行为的倾向匹配分析

变量	PSM Probit Fraud	z 值	PSM Poisson T_Fraud	z 值
CSR	−0.1699***	−5.40	−0.3201***	−4.72
Year	0.0153**	6.23	0.0356***	7.21
Duality	−0.0369	−1.04	−0.0852	−1.18
State	−0.2866***	−9.90	−0.4662***	7.92
R&D	1.8415**	2.03	2.8555	1.53
Cash	−0.5550***	−4.51	−0.9900***	−3.99
Big4	−0.2509***	−3.31	−0.6261***	−3.12
LEV	0.2058***	2.68	0.7993***	4.62
ROA	−1.0940***	−5.34	−2.5219***	−6.07
Size	−0.0992***	−6.26	−0.1707***	−4.79
Board	−0.2634***	−3.93	−0.4255***	−2.95
Tobin's Q	0.0309***	3.72	0.0962***	3.94
Type	0.6367***	8.87	0.6397***	4.84

续表

变量	PSM Probit		PSM Poisson	
	Fraud	z 值	T_Fraud	z 值
M&A	0.1397***	5.27	0.3733***	6.31
VOL	0.0144	0.97	−0.0913**	−2.50
Constant	1.5794***	4.50	3.2969***	4.34
Observations	16045		16045	
Wald chi^2	532.21		497.75	
Prob > chi^2	0.0000		0.0000	
Log likelihood	−6042.3021		−13440.777	

注：*、**、*** 分别表示 10%、5%、1% 的显著性水平。

三、Poisson 模型对局部样本可观测性的解释

在假设 H1 和假设 H2 的实证检验中，利用部分可观测的双变量 Probit 模型较好地解决了公司不当行为样本的局部可观测性问题。而在假设 H3 的实证分析中，同样担心局部可观测性问题的存在。为了消除该问题的困扰，可以剔除没有发生不当行为的公司和发生不当行为但尚未被查处的公司，得到可观测的发生不当行为并被查处的公司子样本。在这一子样本中，涉及不当行为类型数目越多的公司，不当行为程度越严重，从而能够检验社会责任报告披露对公司不当行为严重程度的影响。表 6.9 列示了这一检验的回归结果，在控制其他主要解释变量的前提条件下，社会责任报告披露的回归系数为 −0.8066，边际效应为 −0.2036，发生率比为 0.9225，说明披露社会责任报告能够减轻公司不当行为的严重程度，并且相比没有披露社会责任报告的公司，可以将不当行为类型的平均次数降低 8.8%。表 6.9 中分析所用的样本覆盖全部被查处的发生不当行为的公司，没有包含发生不当行为而未被查处的公司，所以能够有效消除总体样本局部不可观测导致的偏误，确保了回归结果的稳健性。

表 6.9 社会责任报告披露与公司不当行为程度的局部样本回归估计结果

变量	T_Fraud	MFX	IRR
CSR	−0.8066*	−0.2036*	0.9225*
	(−1.71)	(−1.71)	(−1.71)
控制变量	V	V	V
Constant	0.8053*		2.2374*
	(1.81)		(1.81)
Observations	2250	2250	2250
Wald chi²	646.96		646.98
Prob > chi²	0.0000		0.0000
Log likelihood	−14703.683		16270

注：每个自变量对应两行结果，第一行为系数估计值，第二行括号内表示的是 z 检验值。*、**、*** 分别表示 10%、5%、1% 的显著性水平。

四、控制年度效应和行业效应的检验

样本数据中可能存在行业效应和年度效应，即：有些行业自身就面临着较大的公司治理问题，不能排除这类行业较其他行业而言出现公司不当行为的可能性更大；同时在不同年份不同的经济形势下，公司所处的经济环境不同，不能排除公司不当行为表现出一定的顺周期性的可能。例如，2008 年爆发国际金融危机，多数上市公司面临财务问题，可能伴随着较高频度的不当行为事件。在上文实证分析的基础上，分别控制各公司所属行业的变量和年份的变量，来进行行业效应和年度效应的检验，假设 H1 和 H3 的检验结果汇总于表 6.10。从表 6.10 中可以看出，估计结果仍然支持本书结论，社会责任报告披露对公司不当行为的"抑制效应"和对不当行为严重程度的影响不受行业、年份因素的干扰，显著性至少达到了 5% 的水平，保证了研究结论的可靠性。

表 6.10　社会责任报告披露与公司不当行为的回归估计结果

变量	行业效应 Bivariate Probit P(F)	行业效应 Bivariate Probit P(DIF)	行业效应 Poisson T_Fraud	年度效应 Bivariate Probit P(F)	年度效应 Bivariate Probit P(DIF)	年度效应 Poisson T_Fraud
CSR	−0.0678***		−0.2254***	−0.0946**		−0.1637**
	(−2.85)		(−3.07)	(−2.48)		(−2.27)
控制变量	V	V	V	V	V	V
Constant	−1.8307*	−1.6869	−1.9702***	−4.0551***	−7.7653***	−0.2304
	(−1.79)	(−0.30)	(−2.86)	(−2.82)	(−5.09)	(−0.30)
Observations	16270		16270	16270		16270
Wald chi^2	1455.13		708.48	468.96		919.87
Prob > chi^2	0.0040		0.0000	0.0000		0.0000
Log likelihood	−6214.1765		−14661.75	−6081.4246		−14197.908

注：主要解释变量对应两行结果，第一行为系数估计值，第二行括号内表示的是 z 检验值。*、**、*** 分别表示 10%、5%、1% 的显著性水平。

第五节　本章小结

本章以 2009—2017 年中国 A 股上市公司为研究对象，将公司不当行为界定为不当行为发生和不当行为查处两个过程，通过部分可观测的 Bivariate Probit 模型发现，社会责任报告披露将对不当行为发生这一过程产生影响，能够有效降低公司不当行为发生的可能性。进一步，通过 Poisson 模型检验了社会责任报告披露对不当行为严重程度的影响机制。总的来讲，对于我国资本市场中的公司不当行为问题而言，社会责任报告披露表现出显著的"抑制效应"而没有表现出"饰窗效应"，社会责任报告披露降低了公司不当行为发生的概率，同时减少了公司不当行为的类型，降低了不当行为的严重程度。通过一系列的稳健性检验发现，以上结论仍旧成立。

通过研究梳理上市公司社会责任报告披露的微观作用机制，可以为我国资本市场进一步完善上市公司发布社会责任报告的相关政策提供如下启示。第一，要强调社会责任报告对企业道德文化建设的重要性，扩大强制要求发布社会责任报告的行业范围，引导上市公司增强作为社会成员的责任意识，将自身发展与社会全面均衡发展相结合，在追求自身经济效益的同时，保护社会各利益相关者的权益。第二，要明确规范社会责任报告的内容和标准，要求上市公司根据所处行业及公司经营特点，形成符合本公司实际情况的社会责任战略规划及工作机制。要如实披露公司对股东、雇员、社会、环境等方面的非商业贡献，包括股东权益保障、员工职业发展、节约资源和保护环境的研发投入、社会发展资助等内容。第三，要加强对社会责任报告真实性的专业审核。真实有效的社会责任报告能够降低信息不对称性，缓解公司代理问题，所以对社会责任报告的真实有效性进行审核显得极为重要。要逐步形成对社会责任报告进行内部监管和外部监督的长效机制，规避公司不当行为风险，保持资本市场的平稳健康发展。第四，要加强对无视企业社会责任，失信于社会的公司的监管和惩治力度。无论是欺诈发行、虚假披露、内幕操作等损害投资者利益的违规操作，还是侵害社会公众健康安全的违法行为，均是对企业道德的践踏和对社会责任的蔑视。政府和监管部门要采取零容忍的态度，净化市场环境，保障市场机制的良性运转，维护法律和制度的严肃性和权威性。

第七章　管理层过度自信与上市公司不当行为

近年来，国内外学者对上市公司不当行为的研究大多隐含了理性人假设，而现实中人往往是有限理性的，管理者在公司决策过程中也经常出现非理性行为。管理者作为公司的实际控制人，其心理特征和决策行为会对公司产生不可忽视的影响。因此，大量学者从行为金融学的视角出发，研究管理者个体特征与公司不当行为的关系。在行为金融学领域，研究的内容主要包括三个方面：一是公司经理人的人口学特征，例如年龄、经验、性别、受教育程度；二是公司经理人的性格心理特征，例如过度自信、自恋等人格倾向；三是公司经理人的个人经历，例如军队服役经历、违法犯罪经历、前期生活经历等。Schrand 和 Zechman（2012）以及 Zahra 等（2005）认为，公司高管的个人特征或许不能导致不当行为的发生，但是高管的心理或性格因素（如过度自信、自恋、利他主义等）导致的心理偏差却与不当行为的发生有着重要的联系。基于行为金融学的发展，现在研究心理偏见的理论层出不穷，而在这些心理偏见中最持久、强大和普遍的就是过度自信（Johnson 和 Fowler，2011）。Malmendier 和 Tate（2005）认为，相比普通人，高管过度自信是更加常见的现象，研究上市公司高管过度自信对公司治理和公司不当行为的影响具有重要的意义。

自从 Hambrick 和 Mason（1984）提出高层梯队理论（Upper Echelons Theory），指出上市公司高管团队的背景特征会在一定程度上影响公司的战略决策和绩效水平后，学者们就争相研究公司高层管理团队特征对公司治理的影响。高管团队最重要的特质是其由对公司战略选择起真实关键作用的高层管理人员组成，其特点的核心是"团队"。真正的团队具有行为整合的特质，高管团队内部的个体之间存在相互交流，并且共享信息、资源和决策，所以有必要将其作为整体来研究。

在本章中，我们将管理层视作一个整体。管理层作为一个正式组织，表现出来的特质会在一定程度上影响公司的行为。因此，本章的研究目的就是探讨管理层过度自信的性格特征对上市公司不当行为的影响。考虑到视管理层为一个统一整体，本章进一步研究其影响公司行为的内在机理。

第一节 理论分析和研究假设

"过度自信"源自希腊神话故事中的"傲慢"（Hubris）一词，寓意是：傲慢将招致报应或惩罚，是失败和悲剧之源。20世纪六七十年代，过度自信逐渐从神话走向了心理学的研究领域中，并扩展到金融学、经济学和管理学等领域。过度自信是一种认知偏差和心理偏差，过度自信者会过高地认知自身的知识水平，进而偏离实际。学者们对过度自信进行了不同的描述，总体而言，过度自信的特点是：①高估自身的实际能力、控制力和私有信息的准确性；②对自身的预测抱有过度乐观的态度；③高估事件成功的概率且低估风险。

管理层过度自信主要表现为三种形式：①自我归因，即管理层高估自己的能力而导致"超平均"效应的出现，管理层将成功归于自己的能力，而将失败归于时运不济，特别是过去的成功将会导致管理层在公司管理上更为傲慢；②错误校准，即管理层高估自己的预测，而低估风险事件的发生，特别是权力较大的管理层将更加依赖于自己的决策，高估自身决策的准确性；③控制幻觉，当公司发生风险事件时，管理层认为凭借其能力会平息风险事件或降低公司损失，导致管理层对风险事件的处理过于怠慢。

已有大量学者就管理者过度自信对公司经营和投资决策的影响展开探讨，发现过度自信的 CEO 会实施有损价值的多元化并购。Hwang 等（2020）

将 CEO 过度自信细分为权力主导型过度自信和人格主导型过度自信，发现权力主导型过度自信的 CEO 更倾向于实施更多的交易、股票收购和多元化并购。而过度自信的管理层通常认为公司价值被市场低估，外部融资成本较高，不倾向于进行外部融资，导致公司成本黏性提高。此外，在一个良好的公司治理和薪酬结构下，CEO 过度自信可以通过降低投资不足、改善经营绩效和创新能力来提高公司价值。

本章首先研究管理层过度自信与公司不当行为之间的关系，并进一步从公司战略选择和公司风险承担两方面，探讨管理层过度自信与公司不当行为之间可能的传导路径，最后探讨外部监督和内部监督质量的改善是否会减少因管理层过度自信而导致的公司不当行为。

一、管理层过度自信与上市公司不当行为

趋利和成本收益权衡是行为人的本质，相比于通过辛勤劳动而获得合法酬劳，如果实施不当行为的预期收益大于惩罚成本，那么行为人就有动机通过实施不当行为获得收益（Becker，1968）。从风险偏好的角度而言，实施不当行为无疑是一个高风险事件，对于自信程度相同的管理层而言，风险偏好者的风险溢价更低；而过度自信将提高管理层的风险接纳度，一定程度上降低风险规避者和风险中性者的风险溢价，提高不当行为事件发生的概率（Kim 等，2016）。从心理层面而言，由于"自我归因"效应，过度自信的管理层在决策制定和执行过程中往往更加武断，尽管在一定程度上提高了效率，也可能带来创新，但也带来了一定的风险。一旦风险事件爆发，由于"错误校准"和"控制幻觉"，管理层会高估平息风险事件的能力，通常采用盈余管理的办法，甚至不惜对财务报表进行篡改，从而引发不当行为事件。这种由管理层过度自信而引起的披露问题具有"滑铁卢"现象，最终导致业绩持续下滑并放大信息披露问题。而且，过度自信的管理层会低估被审计的可能性，降低信息披露质量，进而引起信息风险，特别是管理层会采用偷税或避税的方式来掩盖租金转移或延迟对坏信息的披露（孙光国和赵健宇，

2014；Kubick 和 Lockhart，2017），导致不当行为事件发生。据此，提出以下假设。

H1：管理层过度自信会导致公司不当行为的发生。

二、管理层过度自信与上市公司不当行为之间的传导路径

过度自信的管理层往往高估自己的能力，风险偏好程度也较高。因此，相比于以巩固市场份额和竞争优势为目的的防御型战略，过度自信的管理层更有可能采取进攻型战略，进行多样化生产以抢占市场。但进攻型战略的内部控制较为分散，组织内部稳定性较低，更容易导致不当行为的发生。此外，公司并购属于进攻型战略的一部分，过度自信的管理层热衷于公司并购，提高了公司陷入财务困境的可能性。特别是随着并购频率的增加，并购给公司创造的平均价值将下降。过度自信的管理层将高估收购其他公司所能产生的回报，这同样会导致公司不当行为的发生。基于上述讨论，提出如下假设。

H2：过度自信的管理层倾向于选择进攻型战略，进而导致公司不当行为的发生。

对于过度自信的管理层而言，以往的经营成功将会使其形成经营、投资的固定思维，这样管理层在忽略负面信息的同时，会错误地选择净现值为负的投资项目，并长期投资持有，从而提高了公司的风险承担水平（Kim 等，2016）。过度自信的管理层往往高估项目盈利，低估公司陷入财务困境的可能性，导致公司的杠杆率较高，在偏离公司最优资本结构的同时也导致公司承担更多的风险。此外，由于对自身能力的高估和经营、投资的固定思维，过度自信的管理层更有可能涉足不熟悉的投资领域，这也提高了公司的风险承担水平。当公司风险不断积聚并最终爆发时，过度自信的管理层会低估困境而又高估自己的处理能力，有可能会实施盈余管理或财务报表篡改等一系列不当行为。基于上述讨论，提出如下假设。

H3：过度自信的管理层会引起公司风险承担水平的提高，进而导致公司不当行为的发生。

三、外部审计在管理层过度自信与上市公司不当行为之间的缓解效应

已有研究表明，证券监管部门、证券分析师和媒体等外部监督主体均会对公司不当行为产生有效监督。而审计机构同样是上市公司的外部监督主体之一，对公司不当行为具有重要影响。根据犯罪威慑理论，不当行为是否实施需要进行成本效益分析，其中不当行为成本包括公司实施不当行为被稽查的概率，以及管理层因不当行为而受到的离职和罚款等惩罚（Becker，1968）。当公司聘请四大会计师事务所①进行外部审计时，由于其具有较高的审计独立性和专业性，会对公司不当行为进行有效的外部监督（孟庆斌等，2019），从而提高了公司不当行为被稽查的概率，也提高了管理层实施不当行为的成本，一定程度上削弱了管理层实施不当行为的动机。据此，提出以下假设。

H4：外部审计缓解了管理层过度自信对公司不当行为的影响。

四、股权制衡机制在管理层过度自信与上市公司不当行为之间的缓解效应

股权安排是现代公司治理的重要内容，其中股权集中度和机构投资者持股比例是进行股权安排的重要抓手，也是公司内部监督的重要一环。一方面，已有研究发现，过度股权激励和高管裙带关系会加剧公司不当行为的发生。特别是对于具有政治背景的独立董事或管理层，实施公司不当行为的可能性更高。此外，尽管股权适度集中符合利益趋同理论，但我国上市公司存在一股独大、股权集中度过高的特点。股权过度集中会导致内部人控制问题，在损害中小股东利益的同时，会造成公司内部控制失效。股权集中度的降低会提高内部监督的力度，防范和及时发现可能发生的不当行为事件。另一方面，与中小投资者相比，机构投资者凭借其在资金、信息和人才等方面

---

① 四大会计师事务所是指毕马威、安永、德勤和普华永道。

的优势，可以对公司信息披露和投资运营等方面进行有效的监督，改善公司的业绩表现。此外，机构投资者可以对中小股东进行保护，防止大股东通过交叉持股进行关联交易，侵占中小股东的利益。机构投资者的进入将更好地表达中小股东的意愿，防止管理层因过度自信而进行风险投资，降低公司不当行为发生的可能性。特别是随着机构投资者持股比例的上升，管理层出于对自身利益和声誉的维护，将会提高信息披露质量，进而抑制公司的不当行为；而机构投资者还会通过集体公开声明来吸引媒体和监管部门的注意，加大不当行为事件被稽查的可能性。据此，提出以下假设。

H5：股权制衡机制缓解了管理层过度自信对公司不当行为的影响。

第二节 研究设计

一、数据来源与样本选择

本章在构建样本时采取与前文一致的方法，剔除三类属于违规但不构成不当行为的行为：一般会计处理不当、非蓄意的违规交易和公司日常经营中的不规范行为。本章选取2004—2019年沪深两市A股上市公司为研究样本，为保证样本的可靠性，还做了以下处理：剔除ST公司和数据缺失的公司；剔除当年上市或者退市的公司；剔除金融类公司。最终保留3522家上市公司的31339个观测值，为非平衡面板数据，数据来自Wind和CSMAR数据库。为避免极端值的影响，本章对连续变量进行上下1%的Winsorize缩尾处理。

二、变量选择

1. 被解释变量

公司当年是否发生不当行为（$fraud_{it}$）。当上市公司i在t年被发现有不当行为时，$fraud_{it}=1$；未被发现有不当行为时，$fraud_{it}=0$。

公司当年不当行为的强度（$strength_{it}$）。借鉴孟庆斌等（2018）的研究，收集了每一起不当行为事件对应的不当行为数量[①]，以此衡量当年公司不当行为的强度。本章使用该指标进行稳健性检验。

2. 解释变量

学术界对过度自信的衡量方式有两种：直接测量和间接替代。Malmendier 和 Tate（2008）将主流媒体对管理层的评价作为管理层过度自信的评价标准，但难以测量管理层过度自信的程度。也有学者利用心理学中的过度自信量表，设计调查问卷来直接测量管理层过度自信的程度，但问卷设计的主观性较强，也未成为学术界的普遍衡量方式。

国内外学者主要采取间接替代的方式来衡量管理层过度自信的程度。Malmendier 和 Tate（2008）通过管理层是否推迟股票期权的行权日期进行衡量，但我国股票期权市场还未成熟，股票期权在管理层薪酬契约中占比较小，因此利用该指标进行衡量有失准确性。也有学者选取宏观景气指数、CEO 相对薪酬、高管持股数量变化作为管理层过度自信的衡量指标。但宏观景气指数衡量的是行业整体水平，CEO 相对薪酬难以刻画管理层的心理活动，而我国股权激励制度较为滞后，选取高管持股数量变化来衡量通常会低估管理层的过度自信水平。

本章从高层梯队理论出发进行研究，因此采用盈余预测偏差来衡量管理层过度自信水平。我国台湾学者 Lin（2005）等运用企业盈利预测偏误率作为管理层过度自信的衡量指标，发现过度自信的管理层倾向于大规模投资，这一结论与国外学者的一致。本章借鉴王玉涛和王彦超（2012）的研究，选取分析师对公司盈利预测值的平均误差程度作为管理层过度自信的衡量指

[①] 本书重点关注以下 12 种构成不当行为事件的不当行为：虚构利润、虚假陈述、虚列资产、占用公司资产、违规担保、关联交易、擅自改变资金用途、延迟披露定期公告、延迟披露业绩预告、违规买卖股票、操纵股价和内幕交易。

标[1]，具体处理方式如下：采用国泰安数据库中分析师对公司每股盈利的预测数据；删除分析师预测日期超过年报发布日期的样本以及删除每股收益预测值缺失的样本；每个公司在当年有多个不同的分析师跟踪预测，且同一分析师在同一年对同一公司多次发布盈利预测报告时，本书只保留每个分析师当年度最后一个预测值。计算公式如下：

$$confidence_{it} = \frac{Abs\left[Mean\left(feps_{it}\right) - meps_{it}\right]}{Abs\left(meps_{it}\right)} \quad （7-1）$$

其中，$meps_{it}$为公司实际每股盈余，$feps_{it}$为分析师预测的每股盈余。此外，本章进一步借鉴刘柏和卢家锐（2018）以及梁上坤（2015）的研究，使用业绩预告乐观偏差和高管相对薪酬作为管理层过度自信的替代变量，以进行稳健性检验。

对于公司战略选择，本章借鉴吴芃等（2016）的衡量方法：从公司产品研发、人员效率、公司增长速度、市场营销、雇员稳定性和生产机械化的估计六个维度进行公司战略的测度。对每一年每个公司的六个维度进行打分并加总，令分数在0～14范围的为防御型战略，分数在15～28范围的为进攻型战略，将进攻型战略赋值为1，防御型战略赋值为0，作为公司战略选择的衡量指标。

对于公司风险承担，参考李文贵等（2012）的研究，采用经行业和年度均值调整后的资产收益率的波动性来衡量。同时以每五年作为一个观测时段（$N=5$），采用年份滚动的方法计算公司在每个时段内资产收益率的标准差。具体计算公式如下：

$$adj\_risk_{ijt} = roa_{ijt} - \frac{1}{n_{jt}}\sum_{k}^{n_{jt}} roa_{ijt}$$

$$risk_{it} = \sqrt{\frac{1}{n-1}\sum_{t=1}^{N}(adj\_risk_{ijt} - \frac{1}{N}\sum_{t=1}^{N}adj\_risk_{ijt})^2} \quad N=5 \quad （7-2）$$

---

[1] 由于公司财务报表中不对每股收益的预测值进行披露，因此本书使用分析师预测作为公司预测。本书认为随着公司季报、半年报和一些研报的发布，分析师在最后一期的预测会更贴近公司的官方预测。

其中，adj_risk_{ijt} 为经行业和年度均值调整后的资产收益率；i 代表公司；j 代表公司 i 所处的行业；t 代表年度；n_{jt} 代表 j 行业中的公司数目；k 代表同一行业的第 k 家公司。

进一步地，本章选取是否聘请四大会计师事务所作为外部审计力度的衡量指标，若公司聘请四大会计师事务所进行外部审计，则公司外部审计力度较强，赋值为1，反之为0；选取机构投资者持股比例作为股权制衡度的衡量指标，机构投资者持股比例越高，股权制衡度越强。然后，分别对假设H4和假设H5进行验证。

3. 控制变量

参考已有研究上市公司不当行为的文献，控制了可能会影响公司不当行为的公司特征、公司治理和诉讼风险三个方面的因素。

（1）公司特征层面的因素主要有现金资产、公司杠杆、资产回报率、公司扩张、公司规模、托宾Q值和投资支出。现金是流动性最强的资产，较高的现金占比有助于缓解融资约束问题，减少公司不当行为的发生。杠杆率更低以及盈利能力更好的上市公司发生不当行为的概率更低。规模较大的公司往往具有健全的公司制度，并且被媒体监管和曝光的概率更大，所以不当行为发生的概率较低。

（2）公司治理层面的因素主要有两职合一、股权结构和独立董事比例。两职合一加强了CEO的权力，其对内部负面信息的包庇会导致公司不当行为的发生，这一影响会因管理层的过度自信心理而进一步加强。此外，国有企业实施不当行为的预期成本更高，因此国有企业实施不当行为的可能性更低，考虑到社会关注度以及高管和实际控制人分离的情况，国有企业实施不当行为后被曝光的可能性更大。

（3）从诉讼风险的角度，本章还控制了超额资产收益率和股价同步性。超额资产收益的过度波动将引起股东特别是监管者的关注，从而提高不当行为事件被曝光的可能性。股价同步性反映了股价信息含量，当股价同步性提高时，公司透明度较低，公司违规被查处的概率会降低。本章借鉴许年行等（2012）的研究，依据股价信息含量计算股价同步性，并使用流通市值进行加权平均。所有变量的名称和度量方法见表 7.1。

表 7.1 变量定义及度量方法

变量名称	变量符号	变量度量方法
因变量		
是否发生不当行为	fraud	当年公司被发现有不当行为取 1，否则为 0
不当行为强度	strength	当年公司不当行为事件对应的不当行为数量
解释变量		
管理层过度自信	confidence	分析师对公司盈利预测值的平均误差程度
外部审计力度	big4	审计公司为四大会计师事务所之一则为 1，否则为 0
股权制衡度	institution	机构投资者持股比例
公司风险承担	risk	采用经行业和年度均值调整后的资产收益率的波动性来衡量企业风险承担。同时以每五年作为一个观测时段（$N=5$），采用年份滚动的方法进行计算
公司战略选择	zl	从公司产品研发、人员效率、公司增长速度、市场营销、雇员稳定性和生产机械化的估计六个维度进行公司战略的测度，并进行打分和加总。令分数在 0～14 范围的为防御型战略，赋值为 0；分数在 15～28 范围的为进攻型战略，赋值为 1
控制变量		
公司规模	size	Log（总资产）
公司扩张	kz	Log（并购金额 + 内部融资额[①]）
股权结构	quality	公司属性为国有企业取 1，否则为 0
独立董事比例	dd	独立董事人数 / 董事会总人数
公司价值	tobin's q	公司市值 / 资产充实成本
投资支出	tzzc	（无形资产 + 固定资产 + 其他长期资产）/ 资产总额
现金资产	cash	现金及现金等价物的总和 / 总资产
公司杠杆	lev	总负债 / 总资产
两职合一	lz	公司 CEO 与董事长为同一人取 1，否则为 0

[①] 借鉴 Richardson（2006）对内部融资额的衡量方法，内部融资额 =（处置固定资产、无形资产和其他长期资产收回的现金净额 + 累计折旧）/ 资产总计。

续表

变量名称	变量符号	变量度量方法
资产回报率	roa	净利润/总资产
超额资产收益率	e	$ROA_{i,t} = \beta_0 + \beta_1 ROA_{i,t-1} + \beta_2 ROA_{i,t-2} + \varepsilon_{i,t}$ 的残差 $\varepsilon_{i,t}$
股价同步性	syn	依据股价信息含量计算,并使用流通市值进行加权平均

表7.2报告了相关变量的描述性统计。第二至第五列显示了各变量的基本统计量;第六列和第七列将样本按照是否实施不当行为进行分组,并报告了各变量的均值;第八列报告了分组均值下t检验的P值,除了托宾Q值和投资支出未通过t检验外,其余变量均通过t检验。其中,管理层过度自信程度差异较大,特别是对于实施不当行为的公司而言,管理层过度自信的均值远高于未实施不当行为的公司。此外,未实施不当行为的公司聘请四大会计师事务所进行外部审计的比例更高,机构投资者持股比例也更高,说明未实施不当行为的公司的外部审计力度和股权制衡度较高。在其他变量方面,样本中实施不当行为的公司在扩张程度、公司杠杆、两职合一和独立董事比例上的均值更大;而在公司规模、股权结构、资产回报率、股价同步性和超额资产收益率上的均值更小。

表7.2 样本描述性统计

变量	均值	标准差	最小值	最大值	fraud=1 均值	fraud=0 均值	P值
confidence	2.089	4.787	0.004	34.000	3.165	1.918	0.000
big4	0.066	0.249	0.000	1.000	0.032	0.072	0.000
institution	34.345	24.583	0.011	87.194	32.058	34.717	0.000
risk	0.029	0.026	0.002	0.126	0.035	0.027	0.000
size	21.952	1.282	19.596	25.969	21.868	21.966	0.000
kz	12.555	8.854	−7.041	23.003	13.851	12.341	0.000
quality	0.445	0.497	0.000	1.000	0.361	0.459	0.000
dd	0.370	0.052	0.286	0.571	0.371	0.370	0.036
tobin's q	2.026	1.824	0.163	10.022	2.012	2.029	0.319

续表

变量	总体样本				fraud=1	fraud=0	P 值
	均值	标准差	最小值	最大值	均值	均值	
tzzc	0.301	0.198	0.004	0.834	0.152	0.302	0.130
cash	0.172	0.138	0.011	0.681	0.464	0.176	0.000
lev	0.432	0.206	0.050	0.882	0.464	0.427	0.000
lz	0.348	0.476	0.000	1.000	0.394	0.341	0.000
roa	0.042	0.054	−0.185	0.195	0.023	0.045	0.000
zl	0.413	0.492	0.000	1.000	0.448	0.408	0.000
e	0.001	0.042	−0.194	0.118	−0.010	0.003	0.000
syn	0.477	0.190	0.053	0.879	0.453	0.481	0.000

资料来源：国泰安数据库（CSMAR）、万得数据库（Wind）。

三、模型设定

根据前文的讨论和相关变量的定义，设定检验假设 H1 的估计方程为：

$$fraud_{it} = a_0 + a_1 confidence_{it} + a_2 control_{it} + \varepsilon_{it} \tag{7-3}$$

其中，$fraud_{it}$ 表示公司是否实施了不当行为；$control_{it}$ 为表 7.1 中所列示的控制变量；ε_{it} 为随机扰动项。

本章在探讨管理层过度自信与公司不当行为之间的传导路径时，借鉴中介效应模型进行估计，设定检验假设 H2 的估计方程为：

$$fraud_{it} = a_0 + a_1 confidence_{it} + a_2 control_{it} + \varepsilon_{it} \tag{7-4}$$

$$zl_{it} = a_0 + a_1 confidence_{it} + a_2 control_{it} + \varepsilon_{it} \tag{7-5}$$

$$fraud_{it} = a_0 + a_1 confidence_{it} + a_2 zl_{it} + a_3 control_{it} + \varepsilon_{it} \tag{7-6}$$

此外，将模型（7-5）和模型（7-6）中的公司战略选择替换为公司风险承担（risk），便可对假设 H3 进行检验。

检验假设 H4 和假设 H5 的估计方程为：

$$fraud_{it} = a_0 + a_1 confidence_{it} + a_2 confidence \times big4 + a_3 big4 + a_4 control_{it} + \varepsilon_{it} \tag{7-7}$$

$$fraud_{it} = a_0 + a_1 confidence_{it} + a_2 confidence \times institution + a_3 institution + a_4 control_{it} + \varepsilon_{it}$$
（7-8）

模型（7-7）通过构造管理层过度自信与外部审计力度的交乘项（$confidence \times big4$）来对假设 H4 进行验证。模型（7-8）通过构造管理层过度自信与股权制衡度的交乘项（$confidence \times institution$）来对假设 H5 进行验证。

第三节 实证结果与分析

一、管理层过度自信与上市公司不当行为

表 7.3 采用 IV-Probit 模型进行估计，并计算了同行业剔除本公司后，其他上市公司管理层过度自信的均值，作为本公司管理层过度自信的工具变量。此外，第（2）列中按照每年过度自信的中位数进行分组，大于中位数的令其值等于 1，反之则为 0，形成过度自信的二分类变量 confidence_d。从表 7.3 的估计结果中发现，管理层过度自信与公司不当行为在 1% 的显著性水平上正相关。表明管理层过度自信会引起公司不当行为的发生，并且管理层过度自信水平越高，公司不当行为发生的可能性越大。因此，表 7.3 的估计结果支持了假设 H1。

表 7.3 管理层过度自信与公司不当行为

自变量/因变量	（1）fraud	（2）fraud
confidence	0.127***	
	（0.017）	
confidence_d		1.219***
		（0.311）
size	0.007	0.036
	（0.016）	（0.026）
kz	0.003*	0.004**

续表

自变量/因变量	（1）fraud	（2）fraud
	（0.002）	（0.002）
quality	−0.201***	−0.139**
	（0.038）	（0.058）
dd	−0.177	−0.198
	（0.251）	（0.258）
tobin's q	0.012	0.002
	（0.010）	（0.011）
tzzc	−0.182**	−0.156**
	（0.080）	（0.079）
cash	−0.256*	−0.325**
	（0.147）	（0.149）
lev	0.464***	0.416***
	（0.098）	（0.098）
lz	0.044	0.049
	（0.031）	（0.033）
roa	0.458	−0.825
	（1.215）	（1.555）
e	0.087	4.142***
	（1.069）	（1.117）
syn	−0.299***	−0.436***
	（0.078）	（0.074）
constant	−1.310***	−2.201***
	（0.370）	（0.691）
Wald chi^2	587.59	567.20
Prob > chi^2	0.000	0.000
Log likelihood	−37823.525	−11204.093
N	11304	11304

注：①括号内提供的是稳健标准误。②*、** 和 *** 分别表示在 10%、5% 和 1% 的水平上显著。③第（1）列和第（2）列的估计结果采用 IV-Probit 模型估计得到。

本章还进一步区分不当行为类型，借鉴陆瑶等（2012）和孟庆斌等（2018）的研究，将不当行为细分为信息披露违规、经营违规和领导人违规，进一步探讨管理层过度自信与三类不当行为之间的关系。从表7.4的估计结果中发现，管理层过度自信与信息披露违规和经营违规均在1%的显著性水平上正相关；而管理层通常不会牺牲个人声誉来实施违规行为，因此管理层过度自信并不会导致领导人违规行为的出现。

此外，表7.4的第（4）和第（5）列通过区分企业所有制的不同，对管理层过度自信与公司不当行为的关系这一问题进行了异质性分析。结果发现，管理层过度自信对公司不当行为的正向影响在国有企业中更加强烈。

表7.4 管理层过度自信与不同的不当行为类型

不当行为类型 企业性质 自变量/因变量	（1） 信息披露违规 全样本 fraud	（2） 经营违规 全样本 fraud	（3） 领导人违规 全样本 fraud	（4） 不当行为 国有企业 fraud	（5） 不当行为 非国有企业 fraud
confidence	0.116***	0.189***	0.082	0.137***	0.135***
	（0.040）	（0.009）	（0.162）	（0.024）	（0.024）
constant	0.729	−3.003***	−12.898***	−0.212	−2.380***
	（1.665）	（0.520）	（4.893）	（0.579）	（0.500）
控制变量	控制	控制	控制	控制	控制
Wald chi^2	42.94	589.68	15.72	191.28	363.03
Prob > chi^2	0.000	0.000	0.264	0.000	0.000
Log likelihood	−2562.119	−7783.872	−427.635	−13228.627	−24553.757
N	702	2133	144	4103	7201

注：①括号内提供的是稳健标准误。② *、** 和 *** 分别表示在10%、5%和1%的水平上显著。③第（1）至（5）列的估计结果均采用IV-Probit模型估计得到。

二、内生性检验

为了进一步缓解可能的内生性问题，本章从以下方面进行内生性检验。

1. 两阶段最小二乘估计

使用两阶段最小二乘法对管理层过度自信与公司不当行为的关系进行重新估计，其中，将同行业剔除本公司后其他上市公司管理层过度自信的均值作为本公司管理层过度自信的工具变量（confidence_mean）。同时借鉴马奔和杨耀武（2020）的研究，对工具变量和其他控制变量进行第一阶段回归，并得到过度自信的拟合值，之后将过度自信的拟合值作为因变量重新进行估计。从表7.5的估计结果中发现，在第一阶段回归中，行业过度自信均值（confidence_mean）与管理层过度自信正相关。在第二阶段回归中，管理层过度自信不仅会导致公司不当行为的发生，进一步区分违规类型发现，管理层过度自信主要引发公司信息披露违规和经营违规。以上结果均与前文结论一致。

表7.5 内生性检验1：两阶段估计

不当行为类型 自变量/因变量	（1） confidence	（2） 不当行为 fraud	（3） 信息披露违规 fraud	（4） 经营违规 fraud	（5） 领导人违规 fraud
confidence_mean	0.6096*** （0.0604）				
confidence		0.1156*** （0.0228）	0.2191** （0.0885）	0.2186*** （0.0601）	−0.0174 （0.2804）
控制变量	控制	控制	控制	控制	控制
constant	9.6633*** （0.9885）	−1.1760*** （0.3947）	0.5802 （1.7286）	−3.2169*** （1.0007）	−11.6526* （6.0307）
F值	70.55***				
Wald chi^2		430.74	30.09	46.59	14.36
Prob > chi^2		0.000	0.005	0.000	0.349
Log likelihood		−5137.438	−505.778	−1331.898	−42.350
N	11304	12674	769	2356	155

注：①括号内提供的是稳健标准误。②*、**和***分别表示在10%、5%和1%的水平上显著。③第（1）列为采用IV-Probit模型得到的第一阶段估计结果；第（2）至（5）列为采用IV-Probit模型得到的第二阶段估计结果。

2. 基于地区经济发展水平构建工具变量

管理层过度自信水平不仅会受到行业因素的影响，还会受到地区经济发展水平的影响。特别是我国东部地区经济发展水平和市场化水平较高，国家扶持力度更大。在这样的经济环境中，良好的盈利能力使得公司实施不当行为的可能性较低。同时我国东部地区的市场透明度较高，不当行为事件被曝光的可能性更大，一定程度上提高了公司实施不当行为的机会成本。

借鉴孟庆斌等（2018）的研究，将我国划分为东部率先区、中部崛起区、东北振兴区和西部开发区四个地区，并计算当年同地区剔除本公司后，其他上市公司管理层过度自信的均值，作为本公司当年管理层过度自信的工具变量，采用IV-Probit模型进行估计。表7.6的估计结果与前文结论一致且显著。

表7.6 内生性检验2：基于地区经济发展水平构建工具变量

不当行为类型 自变量/因变量	（1） confidence	（2） 不当行为 fraud	（3） 信息披露违规 fraud	（4） 经营违规 fraud	（5） 领导人违规 fraud
confidence_mean	0.4766*** （0.0562）				
confidence		0.1209*** （0.0194）	0.1011* （0.0605）	0.1887*** （0.0089）	−0.1095 （0.2098）
constant	9.8851*** （0.9973）	−1.2731*** （0.3863）	1.1244 （2.0837）	−3.0350*** （0.5450）	−8.4096 （10.0323）
控制变量	控制	控制	控制	控制	控制
F值	67.89***				
Wald chi^2		548.71	35.83	524.45	17.61
Prob > chi^2		0.000	0.001	0.000	0.173
Log likelihood		−37662.468	−2572.408	−7743.583	−429.210
N	11248	11248	702	2120	144

注：①括号内提供的是稳健标准误差。②*、** 和 *** 分别表示在10%、5%和1%的水平上显著。③第（1）列为采用IV-Probit模型得到的第一阶段估计结果；第（2）至（5）列为采用IV-Probit模型得到的第二阶段估计结果。

3. 自变量滞后一期

考虑到管理层过度自信往往具有"荆轮效应",导致不当行为的持续发生,因此本章选取管理层过度自信的滞后一期来衡量当期管理层过度自信。表 7.7 的估计结果与前文结论一致且显著,未出现根本性逆转。

表 7.7　内生性检验 3：自变量滞后一期

不当行为类型 自变量 / 因变量	（1） 不当行为 *fraud*	（2） 信息披露违规 *fraud*	（3） 经营违规 *fraud*	（4） 领导人违规 *fraud*
confidence	0.0733***	0.1344***	0.1542***	0.1270
	（0.0208）	（0.0331）	（0.0535）	（0.1075）
constant	−0.4724	−0.0771	−2.1240***	−11.8822***
	（0.3743）	（1.6728）	（0.7019）	（4.4344）
控制变量	控制	控制	控制	控制
Wald chi^2	401.86	64.06	76.06	22.37
Prob > chi^2	0.000	0.000	0.000	0.050
Log likelihood	−38229.862	−2667.143	−7780.189	−446.101
N	11348	704	2160	147

注：①括号内提供的是稳健标准误。② *、** 和 *** 分别表示在 10%、5% 和 1% 的水平上显著。③第（1）至（4）列的估计结果采用 IV-Probit 模型估计得到。

4. 考虑样本选择偏误的 Heckman 估计

借鉴 Karpoff 等（2017）的研究,本章进一步使用 Heckman 两步法来缓解样本选择偏差问题。表 7.8 的第（1）列为 Heckman 两步法的识别方程,采用 Probit 模型估计上市公司实施不当行为的可能性（*fraud*$_{it}$）,并计算逆米尔斯比率（IMR）,用来修正样本偏差。此外,分析师跟踪数量的提高会减少公司不当行为的发生（马奔和杨耀武,2020）。而分析师或审计机构通常仅在季度或年度出具报告,无法像股东等公司内部监管者一样,及时跟踪和稽查公司的不当行为,所以对不当行为强度($strength_{it}$)的影响较弱。因此,本书选择分析师数量($analysis_{it}$)作为排他性约束变量。

表7.8的第(2)至(6)列为Heckman两步法的结果方程,其中因变量为不当行为强度($strength_{it}$),并进一步控制了逆米尔斯比率(IMR)。从表7.8第(2)至(5)列的估计结果中发现,管理层过度自信会导致公司不当行为的发生。并且在考虑样本选择偏误后,发现管理层过度自信对公司信息披露违规的影响更大。这可能是由于我国监管部门对经营违规的处罚力度重于信息披露违规,当管理层因过度自信而导致公司出现经营违规事件时,将面临更高的罚款甚至会触犯刑法(孟庆斌等,2018)。

表7.8 内生性检验4:Heckman两步法

不当行为类型 自变量/因变量	(1) fraud	(2) 不当行为 strength	(3) 信息披露违规 strength	(4) 经营违规 strength	(5) 领导人违规 strength
confidence		0.0097***	0.0457***	0.0201***	−0.0281
		(0.0028)	(0.0141)	(0.0073)	(0.0195)
IMR		−0.1642	−2.3850*	−0.1698	1.9049
		(0.1863)	(1.2275)	(0.5797)	(2.5109)
analysis	−0.0061***				
	(0.0021)				
constant	−0.2282	0.8503***	5.4027***	0.9404	−1.9623
	(0.4119)	(0.1817)	(1.5417)	(0.6352)	(3.3095)
控制变量	控制	控制	控制	控制	控制
Wald chi^2	271.33***				
Log likelihood	−3761.2687				
N	9711	9663	568	1736	131

注:①括号内提供聚类的稳健标准误。②*、**和***分别表示在10%、5%和1%的水平上显著。③第(1)列为Heckman两步法的识别方程,采用Probit模型估计;第(2)至(6)列为Heckman两步法的结果方程,采用OLS模型估计。

5. 倾向得分匹配

借鉴滕飞等（2016）的研究，根据控制变量对样本期内不当行为公司和非不当行为公司进行 1∶2 匹配，采用倾向得分匹配（PSM）的方法进行估计，并通过了共同支撑假设（见图 7.1）和平稳性检验（见表 7.9）。从表 7.9 的估计结果中发现，相比于非不当行为公司，发生不当行为的公司的管理层过度自信程度更高。因此，基于准实验思路，笔者同样发现管理层过度自信会导致公司不当行为的发生。

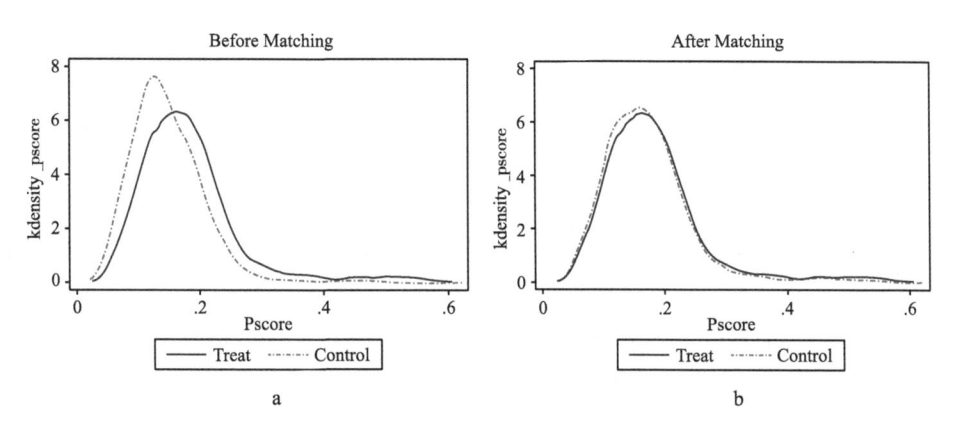

图 7.1　倾向得分核密度图

表 7.9　内生性检验 5：倾向得分匹配估计（1）

Panel A 平均处理效应（ATT）估计结果			
处理组	控制组	ATT	Z 值
confidence　3.352	2.600	0.752***	3.57***

Panel B 匹配变量的平稳性检验					
变量	状态	处理组	控制组	标准化偏差	T 值	P 值
size	匹配前	22.295	22.474	−14.8	−5.24	0.000
size	匹配后	22.295	22.285	0.8	−0.25	0.806
kz	匹配前	15.685	14.718	12.3	4.51	0.000
kz	匹配后	15.685	15.61	1.0	0.28	0.776
quality	匹配前	0.257	0.381	−26.8	−9.73	0.000

续表

Panel B 匹配变量的平稳性检验						
变量	状态	处理组	控制组	标准化偏差	T 值	P 值
quality	匹配后	0.257	0.249	1.8	0.56	0.576
dd	匹配前	0.376	0.374	2.6	0.98	0.328
dd	匹配后	0.376	0.376	0.1	0.02	0.981
tobin's q	匹配前	1.973	2.015	−2.4	−0.91	0.364
tobin's q	匹配后	1.973	2.005	−1.8	−0.54	0.591
tzzc	匹配前	0.274	0.283	−5.0	−1.84	0.066
tzzc	匹配后	0.274	0.275	−0.9	−0.28	0.779
cash	匹配前	0.138	0.155	−15.0	−5.47	0.000
cash	匹配后	0.138	0.139	−0.6	−0.17	0.865
lev	匹配前	0.462	0.438	11.9	4.45	0.000
lev	匹配后	0.462	0.461	0.2	0.06	0.955
lz	匹配前	0.400	0.333	13.9	5.30	0.000
lz	匹配后	0.400	0.412	−2.6	−0.74	0.458
roa	匹配前	0.028	0.046	−34.0	−13.71	0.000
roa	匹配后	0.028	0.028	−0.9	−0.24	0.811
e	匹配前	−0.007	0.006	−29.8	−12.45	0.000
e	匹配后	−0.007	−0.007	−0.5	−0.12	0.905
syn	匹配前	0.437	0.473	−19.1	−7.18	0.000
syn	匹配后	0.437	0.441	−2.1	−0.61	0.541

注：① ATT 和 Z 值的计算均经过 500 次自抽样（Boostrap），并着重汇报 ATT 的估计结果。
② *、** 和 *** 分别表示在 10%、5% 和 1% 的水平上显著。

此外，按照上述匹配方式进一步区分不同违规类型，采用倾向得分匹配（PSM）的方法进行估计。从表 7.10 的估计结果中发现，信息披露违规和经营违规公司的管理层过度自信程度更高；而领导人违规事件的发生与管理层过度自信程度无关，特别是相比于发生不当行为的公司，未发生不当行为的公司的管理层过度自信程度反而更高，这也验证了管理层通常不会牺牲个人声誉来实施违规行为的观点。上述结论均与基准回归的估计结果一致。

表 7.10 内生性检验 5：倾向得分匹配估计（2）

	处理组	控制组	ATT	Z 值
信息披露违规				
confidence	3.420	2.361	1.059*	1.87
经营违规				
confidence	3.553	2.653	0.900**	2.27
领导人违规				
confidence	1.923	2.715	−0.792	−0.39

注：① ATT 和 Z 值的计算均经过 500 次自抽样（Boostrap），并着重汇报 ATT 的估计结果。
② *、** 和 *** 分别表示在 10%、5% 和 1% 的水平上显著。

三、稳健性检验

1. 控制公司层面的差异

在基准回归中，笔者控制了一系列影响因素，但仍可能存在遗漏变量的问题。因此，借鉴孟庆斌等（2018）的研究，进一步采用 Xt-Probit 模型进行估计，以控制公司层面的固定效应。表 7.11 的估计结果与前文结论一致且显著。基准回归结果不会因公司层面的差异而发生改变。

表 7.11 稳健性检验 1：控制公司层面的固定效应

	（1）	（2）	（3）	（4）
不当行为类型	不当行为	信息披露违规	经营违规	领导人违规
自变量/因变量	fraud	fraud	fraud	fraud
confidence	0.0114***	0.0241**	0.0174***	−0.0160
	（0.0034）	（0.0117）	（0.0061）	（0.1480）
constant	−1.1811**	3.4268*	−1.0946	−34.9218**
	（0.5272）	（1.8150）	（0.9807）	（17.6178）
控制变量	控制	控制	控制	控制
公司固定效应	控制	控制	控制	控制

续表

不当行为类型 自变量/因变量	（1） 不当行为 *fraud*	（2） 信息披露违规 *fraud*	（3） 经营违规 *fraud*	（4） 领导人违规 *fraud*
Wald chi^2	220.38***	24.02**	38.24***	7.40
Log likelihood	−4258.315	−455.723	−1185.645	−37.766
N	11306	702	2133	144

注：①括号内提供的是稳健标准误。② *、** 和 *** 分别表示在 10%、5% 和 1% 的水平上显著。③第（1）至（4）列的估计结果均采用 Xt-Probit 模型估计得到。

2. 控制行业层面的差异

本章还控制了行业的影响[①]。根据证监会行业分类（2012 版）进行统计发现，样本中发生不当行为事件最多的五大行业分别为制造业、信息技术服务业、批发和零售业、房地产业和金融业[②]。而本章样本已剔除金融类企业，因此只控制上述除金融业以外四个行业的固定效应。表 7.12 的估计结果与前文结论一致且显著。

表 7.12 稳健性检验 2：控制行业层面的固定效应

不当行为类型 自变量/因变量	（1） 不当行为 *fraud*	（2） 信息披露违规 *fraud*	（3） 经营违规 *fraud*	（4） 领导人违规 *fraud*
confidence	0.0185*	0.1171***	0.0175***	0.1272
	(0.0103)	(0.0431)	(0.0052)	(0.1035)
constant	−0.1116	0.6195	−1.2268	−12.5338**
	(0.3730)	(1.7047)	(0.8052)	(5.2253)
控制变量	控制	控制	控制	控制

---

① 本章样本涉及 19 个行业，考虑到模型收敛问题，本书选择发生不当行为事件最多的五大行业来控制行业层面的固定效应。

② 2004—2019 年，制造业、信息技术服务业、批发和零售业、房地产业和金融业分别发生了 2339 起、224 起、209 起、173 起和 121 起不当行为事件。

续表

不当行为类型	（1）	（2）	（3）	（4）
	不当行为	信息披露违规	经营违规	领导人违规
自变量/因变量	*fraud*	*fraud*	*fraud*	*fraud*
行业	控制	控制	控制	控制
Wald chi^2	351.75***	45.33***	47.30***	28.09**
Log likelihood	−37347.05	−2560.522	−1198.792	−418.613
N	11306	702	2133	141

注：①括号内提供的是稳健标准误。②*、**和***分别表示在10%、5%和1%的水平上显著。③第（1）至（4）列的估计结果均采用IV-Probit模型估计得到。

3. 剔除资产规模较小的公司

Dyck等（2013）在对于公司违规行为的研究中，剔除了资产规模低于100亿元人民币的上市公司。但中国上市公司的规模普遍小于美国上市公司，如果借鉴Dyck等（2013）的研究，本章将剔除50%的样本，会严重降低估计效率。为此，本章剔除资产规模位于下25%的上市公司。从表7.13的估计结果中发现，估计结果与前文结论一致且显著。

表7.13　稳健性检验3：剔除资产规模较小的公司

不当行为类型	（1）	（2）	（3）	（4）
	不当行为	信息披露违规	经营违规	领导人违规
自变量/因变量	*fraud*	*fraud*	*fraud*	*fraud*
confidence	0.1369***	0.1032**	0.1916***	0.0966
	（0.0174）	（0.0452）	（0.0094）	（0.1439）
constant	−1.1114***	2.0574	−3.1225***	−11.5511***
	（0.3907）	（1.7194）	（0.5602）	（4.2252）
控制变量	控制	控制	控制	控制
Wald chi^2	566.73***	29.94***	573.35***	38.90***
Log likelihood	−33099.766	−2291.097	−7090.368	−404.693
N	10012	641	1951	139

注：①括号内提供的是稳健标准误。②*、**和***分别表示在10%、5%和1%的水平上显著。

4. 替换公司不当行为衡量指标

借鉴孟庆斌等（2018）的研究，使用当年公司发生不当行为事件的数量来衡量公司的不当行为强度，并进一步控制行业和年份固定效应。从表7.14的估计结果中发现，估计结果与前文结论保持一致。

表7.14　稳健性检验4：替换公司不当行为衡量指标

不当行为类型 自变量/因变量	（1） 不当行为 strength	（2） 信息披露违规 strength	（3） 经营违规 strength	（4） 领导人违规 strength
confidence	0.0073***	0.0242**	0.0160***	−0.0107
	(0.0022)	(0.0118)	(0.0053)	(0.0158)
constant	0.8035***	4.8880***	0.7475	−1.8728
	(0.1736)	(1.3831)	(0.6257)	(3.4338)
控制变量	控制	控制	控制	控制
行业和年份固定效应	控制	控制	控制	控制
F值	16.24***	4.87***	3.87***	1.77**
N	11306	702	2133	144

注：①括号内提供的是稳健标准误。② *、** 和 *** 分别表示在10%、5%和1%的水平上显著。③第（1）至（4）列的估计结果采用OLS模型估计得到。

5. 替换管理层过度自信衡量指标

在基准回归中，本章使用分析师盈余预测偏差来衡量管理层过度自信，而业绩预告乐观偏差同样可以作为管理层过度自信的衡量指标。出于对公司未来经营的信心，管理层在业绩预告中会更为乐观，而当管理层的乐观预期在事后"变脸"时，则认为该管理层存在过度自信（张明等，2020）。因此，本章借鉴刘柏和卢家锐（2018）的研究，根据上市公司发布的年度业绩预告计算业绩预告乐观偏差。即分别计算每股收益的预测值和真实值，当每股收益的预测值大于真实值时，则认为管理层存在过度自信，取值为1，反之为 0。年度业绩预告数据比季度业绩预告数据更为严谨和真实，可以更好地反映出管理层是否存在过度自信（刘柏和卢家锐，2018）。从表 7.15 的估计结果中发现，估计结果与前文结论保持一致。

表 7.15　稳健性检验 5：替换管理层过度自信衡量指标（1）

不当行为类型 自变量/因变量	（1） 不当行为 fraud	（2） 信息披露违规 fraud	（3） 经营违规 fraud	（4） 领导人违规 fraud
confidence	1.9252***	1.9121***	2.0190***	1.0185
	（0.1168）	（0.2215）	（0.1386）	（3.4556）
constant	−2.4736***	−0.2365	−3.0261***	−12.3067
	（0.2944）	（1.3084）	（0.6448）	（13.4278）
控制变量	控制	控制	控制	控制
Wald chi^2	4078.21***	245.61***	1402.35***	38.81***
Log likelihood	−9397.338	−826.093	−2344.6447	−102.924
N	8316	616	1869	110

注：①括号内提供的是稳健标准误。② *、** 和 *** 分别表示在 10%、5% 和 1% 的水平上显著。③第（1）至（4）列的估计结果均采用 IV-Probit 模型估计得到。

行业内所有分析师预测的平均值反映了资本市场的理性预期。本书进一步借鉴 Koo 和 Yang（2018）的研究，计算行业内所有分析师对公司每股收益预测的平均值，进一步计算分析师预测盈余偏差，来衡量管理层的过度自信程度。从表 7.16 的估计结果中发现，估计结果与前文结论基本一致。

表 7.16　稳健性检验 5：替换管理层过度自信衡量指标（2）

不当行为类型 自变量/因变量	（1） 不当行为 fraud	（2） 信息披露违规 fraud	（3） 经营违规 fraud	（4） 领导人违规 fraud
confidence	0.2121***	0.2052**	0.3322***	0.5501***
	（0.0774）	（0.1020）	（0.0263）	（0.0926）
constant	−0.5327	2.5736	−2.4203***	−7.9693***
	（0.6021）	（2.4827）	（0.6023）	（2.8257）

续表

不当行为类型 自变量/因变量	（1） 不当行为 *fraud*	（2） 信息披露违规 *fraud*	（3） 经营违规 *fraud*	（4） 领导人违规 *fraud*
控制变量	控制	控制	控制	控制
Wald chi^2	455.25***	26.72**	306.12***	170.31***
Log likelihood	−25886.905	−1790.923	−5216.883	−331.178
N	9226	567	1723	131

注：①括号内提供的是稳健标准误。② *、** 和 *** 分别表示在10%、5% 和 1% 的水平上显著。③第（1）至（4）列的估计结果均采用 IV-Probit 模型估计得到。

最后，参考梁上坤（2015）的研究，计算薪酬前三的董事、监事和高管与整个管理层的相对薪酬。为减轻行业影响，进行虚拟变量处理，若高于行业中位数则取 1，反之取 0。从表 7.17 的估计结果中发现，估计结果与前文结论保持一致。

表 7.17　稳健性检验 5：替换管理层过度自信衡量指标（3）

不当行为类型 自变量/因变量	（1） 不当行为 *fraud*	（2） 信息披露违规 *fraud*	（3） 经营违规 *fraud*	（4） 领导人违规 *fraud*
confidence	1.4198***	1.9764***	1.4848***	1.0341
	（0.2098）	（0.1656）	（0.4036）	（1.7609）
constant	1.0572***	1.4938	0.1325	−8.0104
	（0.3033）	（1.3927）	（0.7407）	（10.6106）
控制变量	控制	控制	控制	控制
Wald chi^2	1054.50***	642.89***	98.84***	22.41**
Log likelihood	−14024.803	−1042.748	−2985.145	−140.909
N	12674	769	2356	155

注：①括号内提供的是稳健标准误。② *、** 和 *** 分别表示在10%、5% 和 1% 的水平上显著。③第（1）至（4）列的估计结果均采用 IV-Probit 模型估计得到。

第四节　管理层过度自信与上市公司不当行为之间的传导路径

一、管理层过度自信与上市公司不当行为之间的传导路径：战略选择

在前面的分析中，本章发现管理层过度自信会导致公司不当行为的发生，特别是当管理层对信息获取以及处理的能力过于乐观自信时，管理层会倾向于选择进攻型战略；而出于对自身能力的高估，更容易采取并购和扩张等一系列冒险性行为，在一定程度上提高了公司不当行为发生的可能性。因此，本章通过构建中介效应模型来对管理层过度自信与公司不当行为之间的传导路径进行验证。相应的估计结果如表 7.18 所示。

表 7.18 中第（1）至（3）列用来检验假设 H2。第（2）列的估计结果为采用 IV-GMM 模型估计得到，而第（1）和第（3）列的估计结果采用 IV-Probit 模型估计得到。结果发现，第（2）列中管理层过度自信的系数和第（3）列中战略选择的系数均在 1% 的显著性水平上为正，并且通过了 Sobel 检验，说明存在中介效应，即过度自信的管理层倾向于选择进攻型战略，进而导致公司不当行为的发生。因此，本章提出的假设 H2 成立。此外，第（3）列中管理层过度自信的系数在 1% 的水平上显著为正，说明中介效应为部分中介效应，中介效应占总效应的比重为 0.45%。同理，表 7.18 中第（4）至（6）列用来检验假设 H3。其中第（5）列中管理层过度自信的系数和第（6）列中公司风险承担的系数均在 1% 的显著性水平上为正，并且通过了 Sobel 检验，说明存在中介效应，即过度自信的管理层会导致公司风险承担水平的提高，进而导致公司不当行为的发生。因此，本章提出的假设 H3 成立。此外，第（6）列中管理层过度自信的系数在 1% 的水平上显著为正，说明中介效应为部分中介效应，中介效应占总效应的比重为 5.67%。

表 7.18　管理层过度自信与公司不当行为之间的传导路径检验

自变量/因变量	(1) fraud	(2) zl	(3) fraud	(4) fraud	(5) risk	(6) fraud
confidence	0.1266***	0.0385***	0.1246***	0.1266***	0.0023***	0.1148***
	(0.0171)	(0.0092)	(0.0172)	(0.0171)	(0.0005)	(0.0193)
zl			0.1012***			
			(0.0299)			
risk						2.9398***
						(0.6182)
constant	−1.3097***	0.6112***	−1.3861***	−1.3097***	0.0605***	−1.2655***
	(0.3696)	(0.1487)	(0.3757)	(0.3696)	(0.0075)	(0.3983)
控制变量	控制	控制	控制	控制	控制	控制
Wald chi^2	587.59***	2119.43***	584.88***	587.59***	683.67***	495.10***
Log likelihood	−37823.525		−37810.085	−37823.525		−31938.694
第一阶段 F 值		101.884***			95.480***	
DWH 检验		28.044***			26.640***	
中介效应占比		0.45%			5.67%	
Sobel 检验		2.153**			10.194***	
N	11304	11304	11304	11304	9528	9528

注：①括号内提供的是稳健标准误。②*、**和***分别表示在10%、5%和1%的水平上显著。③第（2）列和第（5）列的估计结果采用IV-GMM模型估计得到；其余列的估计结果均采用IV-Probit模型估计得到。④第一阶段 F 值大于 10 代表工具变量的相关性较强。⑤DWH检验的原假设为所有解释变量均为外生，即不存在内生变量。⑥Sobel检验的原假设为不存在中介效应。

通过中介效应模型发现，过度自信导致管理层对自身能力的高估，从而更倾向于选择进攻型战略，并提高公司的风险承担水平，进而提高了公司不当行为发生的可能性。

二、外部审计在管理层过度自信与上市公司不当行为之间的缓解效应

公司外部审计力度的提高，是否可以减少因管理层过度自信而引起的公司不当行为？本章将通过实证分析对这一问题进行探讨。

根据表 7.19 的估计结果可知，相比于弱外部审计力度组，强外部审计力度组中管理层过度自信与公司不当行为在 1% 的显著性水平上正相关。而在第（3）列中加入管理层过度自信与外部审计力度的交乘项（*confidence × big4*），发现交乘项的系数在 1% 的水平上显著为负，说明外部审计力度的提高会在一定程度上减少因管理层过度自信而导致的公司不当行为，验证了本书提出的假设 H4。四大会计师事务所作为审计行业的标杆，具有较高的审计独立性和专业性，会对公司不当行为进行有效的外部监督，从而在一定程度上减少因管理层过度自信而导致的公司不当行为。外部审计在强化公司行为规范的同时，也使公司的战略选择更加谨慎，从而在一定程度上减少公司不当行为的发生。

表 7.19　外部审计对管理层过度自信的影响

自变量/因变量	（1）弱外部审计力度 fraud	（2）强外部审计力度 fraud	（3） fraud
confidence	0.0383	0.1047***	0.1046***
	（0.1398）	（0.0202）	（0.0220）
confidence × big4			−0.0807***
			（0.0234）
big4			−0.1056
			（0.0720）

续表

自变量/因变量	（1） 弱外部审计力度 fraud	（2） 强外部审计力度 fraud	（3） fraud
constant	−0.0927 （1.3208）	−2.2399*** （0.4018）	−1.9551*** （0.3783）
控制变量	控制	控制	控制
Wald chi^2	62.93***	412.65***	418.76***
Log likelihood	−3297.873	−35343.824	−38462.855
N	1126	10454	11580

注：①括号内提供的是稳健标准误差。② *、** 和 *** 分别表示在 10%、5% 和 1% 的水平上显著。③第（1）至（3）列的估计结果均采用 IV-Probit 模型估计得到。

三、股权制衡机制在管理层过度自信与上市公司不当行为之间的缓解效应

在前面的分析中发现，外部审计力度的提高会在一定程度上减少因管理层过度自信而导致的公司不当行为。但我国上市公司的股权集中度较高，不当行为信息不易从公司内部流出，不当行为不易被曝光。特别是内部控制缺陷是公司不当行为发生的重要诱因，而机构投资者具有信息和资金等方面的优势，可以对管理层和大股东进行有效监督，降低公司的不当行为倾向。此外，机构投资者在总经理的更替决策方面同样发挥影响，能够主动干预经理层并有效监督总经理的行为。因此，股权制衡度的提高，特别是机构投资者持股比例的提高，可能会在一定程度上减少因管理层过度自信而导致的公司不当行为。

从表 7.20 第（1）列的估计结果中发现，管理层过度自信与股权制衡度的交乘项（confidence × institution）的系数在 1% 的水平上显著为负，说明股权制衡机制会在一定程度上减少因管理层过度自信而导致的公司不当行为。此外，本章还将当年机构投资者持股比例大于等于 50% 的公司看作

高股权制衡公司，反之则为低股权制衡公司，形成虚拟变量（institution_h）。其与管理层过度自信的交乘项（confidence×institution_h）的系数仍显著为负，但系数的绝对值明显大于管理层过度自信与股权制衡度的交乘项（confidence×institution）的系数。这说明股权制衡度越高的公司，因管理层过度自信而发生不当行为的概率越低。因此，假设H5成立。

表7.20 股权制衡机制对管理层过度自信的影响

自变量/因变量	(1) fraud	(2) fraud	(3) fraud
confidence	0.3020***	0.1463***	0.2788***
	(0.0411)	(0.0277)	(0.0513)
confidence × institution	−0.0056***		
	(0.0008)		
institution	0.0110***		
	(0.0022)		
confidence × institution_h		−0.1243***	
		(0.0272)	
institution_h		0.2312***	
		(0.0666)	
confidence × szs			−0.0092***
			(0.0018)
szs			0.0217***
constant	−1.3080***	−1.4307***	−1.2481***
	(0.2670)	(0.3318)	(0.3111)
控制变量	控制	控制	控制
Wald chi^2	615.97***	533.93***	666.22***
Log likelihood	−31405.01	−36605.116	−30832.643
N	11395	11580	11580

注：①括号内提供的是稳健标准误。② *、** 和 *** 分别表示在10%、5%和1%的水平上显著。③第（1）至（3）列的估计结果均采用IV-Probit模型估计得到。

此外，股权集中度的适度降低，在改善公司内部监督质量的同时，也可能会减少因管理层过度自信而引发的公司不当行为。因此，本章参考梁杰等

（2004）的研究，选取公司第二大股东至第十大股东持股比例之和（szs）作为股权制衡度的另一种衡量指标。从表 7.20 第（3）列的估计结果中发现，管理层过度自信与股权制衡度的交乘项（confidence × szs）的系数在 1% 的水平上显著为负，说明随着股权的适度分散，大股东间会形成相互制衡，起到相互监督的作用，抑制大股东的掠夺行为，亦即股权制衡度的提高在一定程度上减少了因管理层过度自信而导致的公司不当行为。

至此，经过研究发现，不论是外部审计力度的提高还是股权制衡机制的改善，均会在一定程度上减少因管理层过度自信而导致的公司不当行为。但对于不同类型的公司不当行为，哪种机制的影响更有效呢？考虑到管理层过度自信并不会引发领导人违规，因此本章着重探讨外部审计、股权制衡机制对信息披露违规和经营违规的影响。相应的估计结果如表 7.21 所示。

从表 7.21 的估计结果中发现，外部审计对经营违规的影响显著，而股权制衡机制对信息披露违规和经营违规均具有显著影响，但相比于信息披露违规，股权制衡机制对经营违规的影响更强。这可能是因为我国监管部门对信息披露违规行为的处罚较轻，违规公司通常仅仅受到警告和责令整改等处罚，处罚成本与不当行为收益的严重不对称导致利益输送和大股东合谋，一定程度上导致外部审计和股权制衡机制的失效。此外，随着机构投资者持股比例的提高，其收益与公司经营水平的关联性增强，机构投资者将会对担保和证券投资等经营行为更为重视，因此股权制衡机制对经营违规的影响更强。

表 7.21　外部审计和股权制衡机制对不同类型公司不当行为的影响

不当行为类型 自变量/因变量	（1）信息披露违规 fraud	（2）经营违规 fraud	（3）信息披露违规 fraud	（4）经营违规 fraud
confidence	0.1162***	0.1911***	0.2932***	0.3708***
	（0.0403）	（0.0122）	（0.0878）	（0.0334）
confidence × big4	0.0332	−0.1653***		
	（0.1017）	（0.0235）		

续表

不当行为类型 自变量/因变量	（1） 信息披露违规 fraud	（2） 经营违规 fraud	（3） 信息披露违规 fraud	（4） 经营违规 fraud
big4	0.0838 （0.2941）	0.2899*** （0.0951）		
confidence × institution			−0.0054*** （0.0017）	−0.0074*** （0.0008）
institution			0.0125** （0.0055）	0.0199*** （0.0021）
constant	0.5450 （1.7230）	−3.0957*** （0.5700）	−0.7172 （1.5648）	−1.4464** （0.6210）
控制变量	控制	控制	控制	控制
Wald chi^2	49.61***	514.78***	56.48***	587.69***
Log likelihood	−2594.310	−7961.532	−2191.7386	−6499.2361
N	708	2193	707	2192

注：①括号内提供的是稳健标准误。② *、** 和 *** 分别表示在 10%、5% 和 1% 的水平上显著。③第（1）至（4）列的估计结果均采用 IV-Probit 模型估计得到。

第五节 本章小结

本章以 2004—2019 年沪深两市 A 股上市公司数据为研究样本，对管理层过度自信与上市公司不当行为涉及的一系列问题展开探讨，得出的主要结论如下。首先，过度自信的管理层出于对自身能力的高估和对未来前景的过分乐观，会采取风险投资和延迟披露等一系列风险行为，增加公司不当行为发生的概率。进一步区分不当行为的类型发现，过度自信的管理层会引发信息披露违规和经营违规，而不会引发领导人违规。其次，通过中介效应模型验证了管理层过度自信与公司不当行为之间的传导路径。发现过度自信导致管理层对自身能力的高估，使其倾向于选择进攻型战略，进而导致公司不当行为的发生。而过度自信的管理层也会导致公司风险承担水平的提高，进而导致公司不当行为的发生。最后，具有较为规范的外部审计机制有助于削弱管理层过度自信对公司不当行为的引致效应；而股权制衡机制的完善，即机构投资者持股比例的上升以及股权分散度的提高，也会起到相同的削弱效应。考虑到监管部门对经营违规的处罚较重，规范的外部审计机制对缓解因管理层过度自信而引发的经营违规更为有效。而当机构投资者持股比例较低时，股权制衡机制对缓解信息披露违规更有效；当机构投资者持股比例较高时，股权制衡机制对缓解经营违规更有效。

基于研究结论，本章得出以下启示。首先，管理层并非完全理性的经济人，其认知偏差对公司经营和决策会产生负面影响。上市公司应加强人员培训和考核，健全公司的考核机制，并不断完善最优契约等激励机制，避免管理层出现过度自信的情况。其次，应根据管理层的过度自信水平调整外部审计力度。对于管理层过度自信水平较高的公司，应加大外部审计力度，多次稽查并建立有效的复核机制，尽可能地提高公司不当行为被发现的可能性。而对于管理层过度自信水平较低的公司，应合理分配审计资源以降低公司的审计费用。此外，要加快机构投资者市场的发展，在重视机构投资者规模的同时，提高其专业化水平，充分发挥机构投资者的监督功能。最后，监管部门应从管理层行为方面去甄别上市公司不当行为。在加快职业经理人市场建设的同时，监管部门应动态监控公司实施的一系列进攻型战略，防止公司因承担过高的风险而实施不当行为。

第八章　结论与研究展望

第一节　本书主要结论

一、上市公司不当行为的定义和类型

国内之所以缺乏直接以上市公司不当行为为研究对象的研究，主要是因为现存的法律法规缺乏对上市公司不当行为的明确定义，理论界也并未进行广泛的探讨。大部分相关文献均以财务舞弊、上市公司违规行为等作为研究对象。这些相关研究产生了丰富的研究成果，也给本书的研究提供了相当有价值的借鉴。但是，毕竟不能与上市公司不当行为直接等同。因此，为了开展后半部分的实证研究，本书首先对上市公司不当行为的定义进行探讨，并大胆给出了一个明确的定义：由与上市公司相关的行为主体实施，在公司信息披露或其他与公司经营有关的活动中，明知行为可能造成严重的后果，而以故意虚构、隐瞒、拖延等手段侵害外部投资者利益的行为。本书认为上市公司不当行为有以下构成要件，这也是与其他相关行为的主要区别：①行为人或实施主体存在主观上的故意性；②以广大外部（中小）投资者作为不当行为的客体；③行为造成的后果（与其他相关行为相比）更加严重。归根到底，由于上市公司的股份面向公众公开发行，股东构成分散，规模庞大，因此上市公司的规模、影响力都远远超过一般的非上市公司。上市公司不当行为造成的经济后果与社会影响更加恶劣，因此也成为媒体与广大业内外相关人士极其关注的社会与经济问题。在对上市公司不当行为进行明确的定义

后，本书对上市公司不当行为的范围进行了界定，并概括为四种主要的类型：虚假披露、隐瞒披露、延迟披露和违规交易。紧接着以国泰安上市公司违规行为数据库为基础，剔除掉几类典型的属于违规但不构成不当行为的行为，为国内研究该问题提供了数据库的构建方法。这些工作使得上市公司不当行为研究的样本更加准确，剔除掉了一些类似无理诉讼的干扰，使得研究结论更加贴合实际，为监管层的改革提供了更加有意义的借鉴。

二、经济政策不确定性与上市公司不当行为

宏观政策环境影响公司决策行为，当经济政策出现较大的不确定性时，公司是否会采取极端的不当行为加以应对？围绕这一问题，本研究重点关注经济政策不确定性冲击下的企业微观行为和动态调整，从公司不当行为的视角探讨了宏观经济政策不确定性引致的经济后果。研究发现，经济政策不确定性对公司不当行为既存在直接影响的效应，也存在通过中介变量间接影响的中介效应。经济政策不确定性的提高会增大公司实施不当行为的可能性，并且这种直接效应因企业的异质性而存在差异，具有较低风险承受能力和生产经营能力的公司受到影响的程度更大，具有更显著的不当行为动机。在影响传递机制方面，发现经济政策不确定性提高会增加企业并购重组活动、提高现金持有水平、加剧股价波动、降低机构投资者持股比例，进而增加公司不当行为发生的概率。

三、地方法治环境与上市公司不当行为

相比于许多发达国家，中国证券市场的法律条文更为严格，并且随着经济发展程度的提高，中国的法治环境也在不断改善，但中国上市公司不当行为仍屡有发生。这让我们不禁思考：法治环境的改善，是否能够切实有效地遏制上市公司的不当行为？本书以沪深两市 A 股上市公司为研究样本，探究地方法治环境对公司不当行为的影响。研究表明，地方法治环境的改善将显著抑制公司不当行为。进一步区分企业类型，发现地方法治环境改善对公司

不当行为的"抑制效应"在非国有企业和屡次不当行为公司中更为显著。本书进一步构建"稽查间隔"来衡量公司实施不当行为的成本，发现中国上市公司不当行为约在 1.835 年后被稽查出来，而中国上市公司约在 1.382 年后再次实施不当行为，这在一定程度上解释了中国上市公司同年反复实施不当行为的现象。本书从不当行为成本和公司透明度两方面分析了地方法治环境与公司不当行为之间的传导路径。此外，儒家文化越深厚的地区，发生公司不当行为事件的可能性越低。但这一影响仅在法治环境较好的地区显著，表明良好的法治环境（正式制度）能够在一定程度上为儒家文化（非正式制度）发挥社会治理作用保驾护航。最后，本书就地方法治环境与公司不当行为的关系这一问题给出了省份层面的经验证据。在考虑内生性后，本书的主要结论依然成立。本书在为深化依法治国战略提供参考的同时，也从公司不当行为角度拓展了"法与金融"方面的研究，对优化中国上市公司外部监管和打击资本市场违法犯罪行为具有一定启示。

四、社会责任报告披露与上市公司不当行为

社会责任报告披露将对不当行为发生这一过程产生影响，能够有效降低公司不当行为发生的可能性。对于我国资本市场中的公司不当行为问题而言，社会责任报告披露表现出显著的"抑制效应"而没有表现出"饰窗效应"，社会责任报告披露降低了公司不当行为发生的概率，同时减少了公司不当行为的类型，降低了不当行为的严重程度。

五、管理层过度自信与上市公司不当行为

过度自信是一种普遍存在的心理偏差，通常在管理者身上表现得更加明显。由于这种心理偏差会带来自我归因、错误校准和控制幻觉，往往会促使公司管理者在正常经营的过程中铤而走险，甚至不惜采取不当行为。本书以沪深两市 A 股上市公司为研究样本，探究管理层过度自信对公司不当行为的影响。研究表明，管理层过度自信会显著增加公司不当行为发生的可能

性。进一步区分不当行为类型，发现管理层过度自信会引致经营违规和信息披露违规，但对领导人违规并无显著影响。分析还发现，较为规范的外部审计有助于削弱管理层过度自信对公司不当行为的引致效应；股权制衡机制的改善，具体包括机构投资者持股比例的上升以及股权分散度的提高，也会削弱管理层过度自信对公司不当行为的引致效应。此外，本书从公司战略选择和公司风险承担两方面分析了管理层过度自信与公司不当行为之间的传导路径。在考虑内生性后，本书的主要结论依然成立。本书首次全面深入地探讨了管理层过度自信对公司不当行为的影响及二者之间的传导路径，在提供基于中国上市公司的经验证据的同时，为股东和监管部门提供了新的监管视角与现实依据，也对优化我国上市公司内部控制和外部治理具有一定启示。

第二节　有效防范上市公司不当行为的政策建议

一、明确上市公司不当行为的界定，加大对上市公司不当行为的惩罚力度

当前尚无任何法律法规有明确的上市公司不当行为罪的说法，各监管方主要依据相关法律法规以上市公司违规行为为标准进行监管。然而，上市公司不当行为与一般的公司违规相比，性质更加恶劣，造成的后果也更为严重。因此，相关法律法规有必要对上市公司不当行为和一般的违规行为予以区分，对于上市公司不当行为的处罚应当更重。当前，监管方主要以上市公司违规行为的标准对不当行为人进行处罚，处罚力度相对较轻。在本书的研究样本中，不当行为主体受到罚款处罚的仅291起，大部分均受到警告、谴责或要求内部整改等处罚，而因为不当行为受到刑罚处罚的个人少之又少。不当行为成本过低是多年来上市公司有恃无恐地实施不当行为的重要原因，因此本书认为相关法律法规需要对上市公司不当行为进行专门的界定，对上市公司不当行为的处罚措施应与一般的违规行为有明确的区分，以震慑意图

以上市公司为载体实施不当行为的行为人，这样才能有效地减少上市公司不当行为事件的发生。

二、降低信息不对称性，维护外部环境的稳定

1. 科学应对经济政策变动，提高企业自身的调节能力

对政府而言，在出台新政策的过程中，应加大宣传和普及力度，让市场充分了解政策走向，降低政府和企业之间的信息不对称性。在政策实施过程中，要加大政策的执行力度，针对政策受众落实政策目标。对企业而言，要准确理解和把握政策发展方向，尽可能把宏观政策不确定性可能引致的风险降到最低。同时要注重提高企业自身的风险承受能力和生产经营能力，降低债务杠杆，提高盈利能力，顺应经济发展趋势调整生产、变革技术、转变思路，做到未雨绸缪，有备无患。对监管机构而言，在宏观政策环境变动时，应密切关注公司的微观行为，重点监察经济发展缓慢地区以及垄断性行业内的公司，审查其并购重组事项、现金持有水平、股价波动以及机构投资者持股变动情况，对公司不当行为动机尽早发现、尽快遏制。

2. 加强法治环境建设，严厉惩处不当行为

现阶段，打击资本市场违规和不当行为已成为维护资本市场秩序的重要举措，国家依法治国战略在推进资本市场司法体系建设中发挥了重要作用。法治环境的改善、执法力度的加强，是遏制上市公司不当行为的有效手段。首先，推进依法治国战略以改善地方法治环境，扎实推进资本市场司法体系建设。及时发现并处罚实施不当行为的上市公司，依法从严打击上市公司不当行为，建立上市公司黑名单机制，加大对反复实施不当行为的上市公司的惩罚力度，并根据上市公司涉及的不同不当行为事件进行差异化惩罚。其次，增加当地律师团体和会计协会等外部执法队伍的力量，以提高地方政府的执法效率和司法独立性。强化地方属地责任，建立上市公司重大不当行为

事件内部通报机制，减少地方政府对本地上市公司不当行为的包庇行为，这对于与地方政府有千丝万缕关联的国有企业而言尤为重要。此外，充分考虑中国各地法治环境差异较大的现实，因地制宜地改善地方法治环境。对于法治环境较差且不当行为发生率较高的省份而言，应借鉴法治环境建设较好省份的经验，完善当地法治建设并加大对公司不当行为的稽查力度，以减少当地上市公司的不当行为；而对于法治环境较好且不当行为发生率较高的省份而言，应进一步加大对公司不当行为的惩罚力度，同时根据该省份的上市公司不当行为制定有针对性的政策，并加强跨省份的稽查合作，以进一步提高当地司法效率，改善地方法治环境。最后，加大对不当行为公司的实际控制人、董事和总经理等有关责任人的追责力度，遏止对参与实施公司不当行为的独立董事和总经理等高级管理人员的返聘行为。培养高级管理人员知法守法的理念，进一步优化中国上市公司的内部控制。

三、完善公司内部治理结构，提高公司不当行为的成本

1. 建立有效的激励和保护机制，激发市场揭露不当行为的潜能

本书的研究表明，由于绩效薪酬等激励机制，管理层可以通过实施不当行为获得巨大的个人收益。为防范上市公司高管实施不当行为，一方面，应当完善上市公司的激励机制。对与高管薪酬挂钩的公司绩效应当采取多元化的评价体系；股权激励计划的限售期或行权期应适当延长；对高管减持期限应进行延长，当前大部分上市公司高管辞职后半年可出售公司股票，而对于一些时间跨度较长的不当行为，高管在减持时可能不当行为还未被发现，使得高管可以在相对的高点减持，而最终买单的仍是广大外部中小投资者；应规定高管在一定期限内仅可享受分红权而不得享受股权增值收益等。另一方面，应当通过合理的机制设计，激发管理层的"对立面"——员工等角色揭露不当行为的潜能。在Dyck等（2010）的研究中发现，非传统类的市场监管者，如公司员工、做空交易者、媒体、行业的监管者等，比传统类的

市场监管者，如证监会、交易所、律师、分析师、审计师等，能更加有效地揭露上市公司的不当行为，尤其是公司雇员，由于获得公司内部信息的成本低廉，是最有效率的监管者，但是雇员揭露公司的不当行为会面临高昂的成本，如失业、离开所在城市、退出整个行业等。基于我国特殊的发展阶段及社会文化的影响，非传统类的市场监管者难以发挥出揭露公司不当行为的功能。以公司雇员为例，由于大量的上市公司为国有企业，在我国过去几十年的文化观念中，国有企业的工作是"铁饭碗"，因此很少有人愿意放弃在国有企业的工作岗位。再比如，由于传统观念及社会文化的影响，大部分人不愿意离开多年居住的城市和从事的行业。因此，本书建议政府对揭露上市公司不当行为的员工予以适当的激励和充足的保护，使个人不仅不会因此受到损失，反而因为对市场的贡献而获得私人收益。激发公司雇员揭露上市公司不当行为的潜能将使政府监管的成本大大降低。

2. 引导树立长期价值投资理念，积极发挥大股东的治理作用

本书研究指出，大股东对上市公司不当行为的影响十分复杂，同时表现出积极和消极的公司治理效应。本书认为，影响的差别主要来自大股东对私人收益的追求是依赖于公司长期价值还是短期价值。公司不当行为往往可以在短期使公司价值快速增长，但由于资源的期限错配，会损害公司的长期价值（Peng 和 Röell，2014）。从实践来看，一般秉承长期价值投资理念的公司也是不当行为事件发生较少的公司。因此，如果市场以长期价值投资理念为主导，不仅有利于降低公司不当行为事件发生的数量，保护中小投资者，实质上对大股东也是最优选择。监管方应当对这些公司治理良好的大企业予以合理的保护和正面的宣传，建立示范效应，从而引导大量中小企业也专注于企业实体的发展，走长期稳定发展的道路，着力打击短期投资行为。此外，从上市公司不当行为的角度看，当前我国股市的一些交易机制有待优化。比如当前的除权除息机制，股权登记日和除权除息日一般仅相隔一天，投资者只要在股权登记日买入股票皆可以享受分红，除权除息后股票价格均低于之

前。这种机制的后果是大量投资者根本不是为享有公司分红而持有公司股票，反而酝酿了大量的所谓"填权"行情。当前除权除息的机制设计无疑加重了市场的投机氛围，不利于市场推行长期价值投资理念和上市公司的健康发展。再比如，上市公司多年不分红的现象持续多年，市场和媒体一直呼吁解决但至今未有实质性的进展。建议对于盈利的上市公司应当尽快推行强制分红等措施。

总之，应当从多方面采取措施，激发市场主体揭露上市公司不当行为的潜在能量，使得对上市公司不当行为的监管不单单依赖于政府监管部门，而是依靠各个市场主体的监管合力，从而提升监管效率。

四、关注高管个体特征，发挥道德文化在公司治理中的作用

1. 完善企业社会责任报告发布机制，加强对社会责任报告真实性的审核

社会责任报告披露降低了公司不当行为发生的概率，同时减少了公司不当行为的类型，降低了不当行为的严重程度。首先，要强调社会责任报告对企业道德文化建设的重要性，扩大强制要求发布社会责任报告的行业范围，引导上市公司增强作为社会成员的责任意识，将自身发展与社会全面均衡发展相结合，在追求自身经济效益的同时，保护社会各利益相关者的权益。其次，要明确规范社会责任报告的内容和标准，要求上市公司根据所处行业及公司经营特点，形成符合本公司实际情况的社会责任战略规划及工作机制。要如实披露公司对股东、雇员、社会、环境等方面的非商业贡献，包括股东权益保障、员工职业发展、节约资源和保护环境的研发投入、社会发展资助等内容。再次，要加强对社会责任报告真实性的专业审核。真实有效的社会责任报告能够降低信息不对称性，缓解公司代理问题，所以对社会责任报告的真实有效性进行审核显得极为重要。要逐步形成对社会责任报告进行内部监管和外部监督的长效机制，规避公司不当行为风险，保持资本市场的平稳

健康发展。最后,要加强对无视企业社会责任,失信于社会的公司的监管和惩治力度。无论是欺诈发行、虚假披露、内幕操作等损害投资者利益的违规操作,还是侵害社会公众健康安全的违法行为,均是对企业道德的践踏和对社会责任的蔑视。政府和监管部门要采取零容忍的态度,净化市场环境,保障市场机制的良性运转,维护法律和制度的严肃性和权威性。

2. 关注高管的性格特征,甄别导致公司不当行为的因素

中国是一个儒家文化底蕴深厚的国家,中国企业的管理层通常拥有绝对权威,而管理层的性格特征和个人特质是影响企业经营管理、投融资决策以及信息披露质量的关键因素。与不存在过度自信的高管团队相比,存在过度自信的高管团队会显著增加公司实施不当行为的倾向,同时降低公司实施不当行为后被发现的概率。一位过度自信的高管通常具有如下行为特征:①高估自身的实际能力、控制力和私有信息的准确性;②对自身的预测抱有过度乐观的态度;③高估事件成功的概率且低估风险。由于过度自信的高管团队在进行盈利预测时会有过高的估计,所以可通过高管团队的行为决策判断其自信水平,从而甄别其是否可能存在不当行为倾向。

第三节 本书的局限性与研究展望

一、上市公司不当行为的界定需要进一步明确

为了使本书成为真正意义上的上市公司不当行为研究,与其他相关研究相区别,本书首先对上市公司不当行为进行了探讨,并尝试给出一个明确的定义。但由于上市公司不当行为涉及经济学、法学、心理学等多个领域,给出一个争议较少、受到广泛认同的定义,仅靠一家之言是远远不够的,需要学界进行更加广泛的探讨,这对于后续的相关研究至为重要。而在界定上市公司不当行为时,发现其与一般违规行为、盈余管理的界限往往是模糊的,

可能需要进一步的深入探讨。此外，可以预期的是，随着金融创新的不断发展，上市公司的活动形式会越来越纷繁复杂，一些意图中饱私囊的行为人可能会发明各种方式绕过监管，这些行为从表面上看是现有法律框架内合法合规的行为，但从后果和本质上看仍然是欺骗中小投资者的行为。为了尽量避免这种情形的大量出现，需要学界对资本市场出现的新情况不断进行及时、深入的探讨。

二、各因素对上市公司不当行为的影响机制研究需要更加细化

本书在部分章节根据研究问题的特征和研究目的，分别进行了中介效应和调节效应等机制检验。但是由于数据和样本获取的困难，对于个别因素具体影响机制的探讨仍不充分，未来需要进一步获取一手数据，进行更加细化的研究。

三、部分可观测问题仍待彻底解决

本书在部分章节使用的 Bivariate Probit 估计法，以及国外学者应用的样本筛除法、条件概率替代法等，是目前金融监管研究领域普遍使用的研究方法。然而这些方法都只能在一定程度上缓解部分可观测问题，并不能彻底解决。部分可观测问题对研究造成的干扰依旧存在，研究结论自然也难免存在偏差。因此，开拓更多创新方法，尝试彻底解决部分可观测问题依然是未来学界研究的重要课题。此外，金融监管研究可以借鉴其他领域和学科的应用方法。比如在系统工程领域，有大量学者应用马尔科夫决策过程应对部分可观测问题，马尔科夫链同样被运用于金融资产定价等问题的研究，但至今尚没有学者将其应用于金融监管研究。

四、需要从更多角度探讨上市公司不当行为问题

本书在国内首次构建了研究上市公司不当行为影响因素的逻辑，从社会环境层面、公司治理层面和高管特征层面进行了深入剖析，为后续研究提供

了统一的框架。但是限于篇幅和研究能力，未能穷尽所有的影响因素。并且上市公司不当行为的影响因素研究只是该领域研究的一部分，还有更多方面需要被探索。当前国外学界对上市公司不当行为的研究已经形成一个丰富而庞大的体系，而国内缺乏相应的借鉴和拓展。比如地区文化与上市公司不当行为（Bereskin等，2014），中国国土辽阔，各地区文化千差万别，这种文化差异是否会显著影响上市公司不当行为有待研究；比如公司总部的搬迁现象与上市公司不当行为（Paul等，2015），中国上市公司注册地变更现象十分普遍，这种现象是否与上市公司不当行为有显著关系有待探讨；再比如股权分置改革是否显著影响了上市公司不当行为，目前也尚无明确的结论。其他影响因素如公司经营政策、宗教信仰（Dyreng等，2012）、不同地区的监管强度（Kedia和Rajgopal，2011）等，国内对其也缺乏相应的研究。此外，以Dyck等（2010）和Karpoff等（2012）为代表，国外学者已经将对上市公司不当行为的研究拓展到不当行为的后果、不当行为的成本估算等多个方面，而国内主要还是局限于上市公司不当行为的原因或影响因素研究，本书也未摆脱这个局限。未来需要以上述研究为借鉴，对国内的上市公司开展类似的研究。

参考文献

[1] Agrawal A, Chadha S. Corporate governance and accounting scandals[J]. Journal of Law and Economics, 2005, 48(2): 371-406.

[2] Agrawal A, Cooper T. Accounting scandals in IPO firms: do underwriters and VCs help?[J]. Journal of Economics and Management Strategy, 2010, 19(4): 1117-1181.

[3] Agrawal A, Cooper T. Corporate governance consequences of accounting scandals: evidence from top management, CFO and auditor turnover[J]. Quarterly Journal of Finance, 2017, 7(1): 1-41.

[4] Agrawal A, Cooper T. Insider trading before accounting scandals[J]. Journal of Corporate Finance, 2015, 34(10): 169-190.

[5] Aguinis H, Glavas A. What we know and don't know about corporate social responsibility: a review and research agenda[J]. Journal of Management, 2012, 38(4): 932-968.

[6] Anderson E W, Ghysels E, Juergens J L. The impact of risk and uncertainty on expected returns[J]. Journal of Financial Economics, 2009, 94(2): 233-263.

[7] Anderson R, et al. Founders and financial misrepresentation[Z]. Working Paper, Temple University, 2015.

[8] Annis L V. Emergency helping and religious behavior[J]. Psychological Reports, 1976, 39(1): 151-158.

[9] Armstrong C S, Jagolinzer A D, Larcker D F. Chief executive officer equity

incentives and accounting irregularities [J]. Journal of Accounting Research, 2010, 48 (2): 225-271.

[10] Bae J, Choi W, Lim J. Corporate social responsibility, an umbrella or a puddle on a rainy day? Evidence surrounding corporate financial misconduct [J]. European Financial Management, 2020, 26 (1): 77-117.

[11] Baker S R, Bloom N, Davis S J. Measuring economic policy uncertainty [J]. The Quarterly Journal of Economics, 2016, 131 (4): 1593-1636.

[12] Baron R M, Kenny D A. The moderator-mediator variable distinction in social psychological research: conceptual, strategic, and statistical considerations [J]. Journal of Personality and Social Psychology, 1986, 51 (6): 1173-1182.

[13] Baumgartner R J. Managing corporate sustainability and CSR: a conceptual framework combining values, strategies and instruments contributing to sustainable development [J]. Corporate Social Responsibility and Environmental Management, 2014, 21 (5): 258-271.

[14] Beasley M S. An empirical analysis of the relation between the board of director composition and financial statement fraud [J]. The Accounting Review, 1996, 71 (4): 443-465.

[15] Becker G. Crime and punishment: an economic approach [J]. Journal of Political Economy, 1968, 76 (3): 169-217.

[16] Becker S O, Andrea I. Estimation of average treatment effects based on propensity scores [J]. The Stata Journal, 2002, 2 (4): 358-377.

[17] Beneish M D. The detection of earnings manipulation [J]. Financial Analyst Journal, 1999, 55 (5): 24-36.

[18] Benhabib J, Liu X, Wang P. Financial markets, the real economy, and self-fulfilling uncertainties [J]. The Journal of Finance, 2019, 74 (3): 1503-1557.

[19] Bereskin F L, Campbell T L, Kedia S. Philanthropy, corporate culture and misconduct[Z]. Working Paper, University of Delaware, 2014.

[20] Biggerstaff L, et al. Suspect CEOs, unethical culture, and corporate misbehavior[J]. Journal of Financial Economics, 2015, 117(1): 98–121.

[21] Bizjak J, et al. Option backdating and board interlocks[J]. The Review of Financial Studies, 2009, 22(11): 4821–4847.

[22] Bloom N. The impact of uncertainty shocks[J]. Econometrica, 2009, 77(3): 623–685.

[23] Bologna G J, Lindquist R J. Accountants handbook of fraud and commercial crime[M]. New York: John Wiley & Sons Inc., 1993(25): 110–115.

[24] Bologna G J, Lindquist R J. Fraud auditing and forensic accounting: new tools and techniques[M]. New York: John Wiley & Sons Inc., 1995: 140–143.

[25] Bonini S, Boraschi D. The causes and financial consequences of corporate frauds[M]//Entrepreneurship, Finance, Governance and Ethics. Berlin: Springer Science+Business Media, 2014(13): 295–314.

[26] Bordo M D, Duca J V, Koch C. Economic policy uncertainty and the credit channel: aggregate and bank level US evidence over several decades[J]. Journal of Financial Stability, 2016, 26: 90–106.

[27] Brown N C, et al. What are you saying? Using topic to detect financial misreporting[Z]. Working Paper, University of Delaware, 2018.

[28] Burns N, Kedia S. Executive option exercises and financial misreporting[J]. Journal of Banking and Finance, 2008, 32(5): 845–857.

[29] Burns N, Kedia S. The impact of performance-based compensation on misreporting[J]. Journal of Financial Economics, 2006, 79(1): 35–67.

[30] Caliendo M, Kopeinig S. Some practical guidance for the implementation of

propensity score matching [J]. Journal of Economic Surveys, 2008, 22 (1): 31-72.

[31] Call A, Kedia S, Rajgopal S. Hush money: the impact of rank and file stock options on employee whistleblowing [Z]. Working Paper, Emory University, 2012.

[32] Calluzzo P, Wang W, Wu S. Catch me if you can: financial misconduct around corporate headquarters relocation [Z]. Working Paper, Queen's University, 2015.

[33] Cao C, Li X, Liu G. Political uncertainty and cross-border acquisitions [J]. Review of Finance, 2017, 23 (2): 439-470.

[34] Carroll A. A three-dimensional conceptual model of corporate social performance [J]. Academy of Management Review, 1979, 4 (4): 497-505.

[35] Carroll A. The pyramid of corporate social responsibility: toward the moral management of organizational stakeholders [J]. Business Horizons, 1991, 34 (4): 39-48.

[36] Cecchini M, et al. Detecting management fraud in public companies [J]. Management Science, 2015, 56 (7): 1146-1160.

[37] Chen G, Firth M, Gao D N, et al. Ownership structure, corporate governance and fraud: evidence from China [J]. Journal of Corporate Finance, 2006, 12 (3): 424-448.

[38] Chen L, et al. The financial implications of corporate fraud [Z]. Working Paper, Chinese University of Hong Kong, 2012.

[39] Chidambaran N K, et al. CEO-director connections and corporate fraud [Z]. Working Paper, University of Maryland, 2010.

[40] Chiu P C, et al. Board interlocks and earnings management contagion [J]. The Accounting Review, 2012, 88 (3): 915-944.

［41］Choi J, Wang H. Stakeholder relations and the persistence of corporate financial performance［J］. Strategic Management Journal, 2009, 30（8）: 895-907.

［42］Claessens S, Djankov S, Fan J, et al. Disentangling the incentive and entrenchment effects of large shareholdings［J］. Journal of Finance, 2003, 57（6）: 2741-2772.

［43］Coffee J C. Understanding the plaintiffs attorney: the implications of economic theory for private enforcement of law through class and derivative actions［J］. Columbia Law Review, 1986, 86（4）: 669-727.

［44］Cornett M M, et al. Corporate governance and pay-for-performance: the impact of earnings management［Z］. Journal of Financial Economics, 2008, 87（2）: 357-373.

［45］Correia M. Political connections, SEC enforcement and accounting quality［Z］. Working Paper, London Business School, 2010.

［46］Cumming D, Johan S. Listing standards and fraud［J］. Managerial & Decision Economics, 2013, 34（7/8）: 451-470.

［47］Dam K W. China as a test case: is the rule of law essential for economic growth?［Z］. Working Paper, University of Chicago, 2006.

［48］Davidson R, et al. Executives' "off-the-job" behavior, corporate culture, and financial reporting risk［J］. Journal of Financial Economics, 2015, 117（1）: 5-28.

［49］Dechow P M, Ge W, Larson C R, et al. Predicting material accounting misstatements［J］. Contemporary Accounting Research, 2011, 28（1）: 17-82.

［50］DeFond M, Hung M. Investor protection and corporate governance: evidence from worldwide CEO turnover［J］. Journal of Accounting Research, 2004, 42（2）: 269-312.

[51] Denis D, et al. Is there a dark side to incentive compensation? [J]. Journal of Corporate Finance, 2006, 12 (3): 467-488.

[52] Desai H, et al. Earnings restatements and management turnover [J]. Accounting Review, 2011, 81 (1): 83-112.

[53] Djankov S, Qian Y Y, Roland G, et al. Entrepreneurship in China and Russia compared [J]. Journal of the European Economic Association, 2006, 4 (2): 352-365.

[54] Duchin R, Schmidt B. Riding the merger wave: uncertainty, reduced monitoring, and bad acquisitions [J]. Journal of Financial Economics, 2013, 107 (1): 69-88.

[55] Dyck A, Morse A, Zingales L. How pervasive is corporate fraud? [Z]. Working Paper, University of Chicago, 2013.

[56] Dyck A, Zingales L. Private benefits of control: an international comparison [J]. Journal of Finance, 2004, 59 (2): 537-600.

[57] Dyreng S D, Mayew W J, Williams C D. Religious social norms and corporate financial reporting [J]. Journal of Business Finance & Accounting, 2012, 39 (7/8): 845-875.

[58] Efendi J, Srivastava A, Swanson E P. Why do corporate managers misstate financial statements? The role of option compensation and other factors [J]. Journal of Financial Economics, 2007, 85 (3): 667-708.

[59] Eisenberg T, Macey J R. Was Arthur Andersen different? An empirical examination of major accounting firm audits of large clients [J]. Journal of Empirical Legal Studies, 2004, 1 (2): 263-300.

[60] Erickson M, Hanlon M, Maydew E. Is there a link between executive compensation and financial reporting fraud [J]. Journal of Accounting Research, 2006, 44 (1): 113-143.

[61] Erickson M, Heitzman S, Zhang X F. Accounting fraud and the market for

corporate control [Z]. Working Paper, University of Chicago, 2011.

［62］Fama E F. Contract costs and financing decisions [J]. Journal of Business, 1990, 63 (1): 71-91.

［63］Fama E, Jensen M. Separation of ownership and control [J]. Journal of Law and Economics, 1983, 26 (2): 301-325.

［64］Fernández-Villaverde J, Guerrón-Quintana P, Kuester K, et al. Fiscal volatility shocks and economic activity [J]. American Economic Review, 2015, 105 (11): 3352-3384.

［65］Fich E, Shivdasani A. Financial fraud, director reputation, and shareholder wealth [J]. Journal of Financial Economics, 2007, 86 (2): 306-336.

［66］Francis B, Hasan I, Zhu Y. The impact of political uncertainty on institutional ownership [R]. Bank of Finland Research Discussion Paper, 2014 (27).

［67］Francis J R. What do we know about audit quality? [J]. The British Accounting Review, 2004, 34 (4): 345-368.

［68］Fulmer S, Knill A. Political contributions and the severity of SEC enforcement [Z]. Working Paper, Florida State University, 2012.

［69］Gande A, Lewis C M. Shareholder-initiated class action lawsuits: shareholder wealth effects and industry spillovers [J]. Journal of Financial & Quantitative Analysis, 2009, 44 (4): 823-850.

［70］Gao F, Ling L L, Zhang I X. Commitment to social good and insider trading [J]. Journal of Accounting & Economics, 2014, 57 (2): 149-175.

［71］Garfinkel J A, Hankins K W. The role of risk management in mergers and merger waves [J]. Journal of Financial Economics, 2011, 101 (3): 515-532.

［72］Gelb D, Strawser J A. Corporate social responsibility and financial disclosures: an alternative explanation for increased disclosure [J]. Journal of Business Ethics, 2001, 31 (1): 1–13.

[73] Genest C M. Cultures, organizations and philanthropy [J]. Corporate Communications: An International Journal, 2005, 10 (4): 315–327.

[74] Gilchrist S, Zakrajšek E. Credit spreads and business cycle fluctuations [J]. American Economic Review, 2012, 102 (4): 1692–1720.

[75] Gilpatric S M. Cheating in contests [J]. Economic Inquiry, 2011, 49 (4): 1042–1053.

[76] Goldman E, Slezak S L. An equilibrium model of incentive contracts in the presence of information manipulation [J]. Journal of Financial Economics, 2006, 80 (3): 603–626.

[77] Graafland J, Bert V D V. Strategic and moral motivation for corporate social responsibility [J]. Journal of Corporate Citizenship, 2006 (22): 111–123.

[78] Graham J R, Li S, Qiu J. Corporate misreporting and bank loan contracting [J]. Journal of Financial Economics, 2008, 89 (1): 44–61.

[79] Hahn P R, et al. A Bayesian partial identification approach to inferring the prevalence of accounting misconduct [J]. Journal of the American Statistical Association, 2016, 111 (513): 14–26.

[80] Hambrick D C, Mason P A. Upper echelons: the organization as a reflection of its top managers [J]. Academy of Management Reviews, 1984, 9 (2): 193–207.

[81] Harjoto M A. Corporate social responsibility and corporate fraud [J]. Social Responsibility Journal, 2017, 13 (4): 762–779.

[82] Hass L H, Muller M A, Vergauwe S. Tournament incentives and corporate fraud [J]. Journal of Corporate Finance, 2015, 34 (7): 251–267.

[83] Hemingway C, Maclagan P. Managers personal values as drivers of corporate social responsibility [J]. Journal of Business Ethics, 2004, 50 (1): 33–44.

［84］Hertzberg A. Managerial incentives, misreporting, and the timing of social learning: a theory of slow booms and rapid recessions［Z］. Working Paper, Columbia University, 2005.

［85］Hicks R, Tingley D. Causal mediation analysis［J］. The Stata Journal, 2011, 11（4）: 605-619.

［86］Hoberg G, Lewis C. Do fraudulent firms produce abnormal disclosure?［J］. Journal of Corporate Finance, 2017, 43: 58-85.

［87］Hoi C K, Zhang H. Is corporate social responsibility（CSR）associated with tax avoidance? Evidence from irresponsible CSR activities［J］. Accounting Review, 2013, 88（6）: 2025-2059.

［88］Hwang H, Kim H D, Kim T. The blind power: power-led CEO overconfidence and M&A decision making［J］. North American Journal of Economics and Finance, 2020, 52（4）: 1-23.

［89］Imai K, Keele L, Tingley D A. General approach to causal mediation analysis［J］. Psychological Methods, 2010, 15（4）: 309-334.

［90］Jensen M C, Meckling W. Theory of the firm: managerial behavior, agency costs and ownership structure［J］. Journal of Financial Economics, 1976, 55（1）: 81-106.

［91］Jensen M C, Ruback R S. The market for corporate control: the scientific evidence［J］. Journal of Financial Economics, 1983, 11（1/4）: 5-50.

［92］Jensen M C. The takeover controversy: analysis and evidence［J］. Midland Corporate Finance Journal, 1986, 4（2）: 6-32.

［93］Jo H, Na H. Does CSR reduce firm risk? Evidence from controversial industry sectors［J］. Journal of Business Ethics, 2012, 110（4）: 441-456.

［94］Johnson D D, Flower J H. The evolution of overconfidence［J］. Nature, 2011, 477（7364）: 317-320.

［95］Johnson S A, Ryan H E, Tian Y S. Managerial incentives and corporate fraud: the sources of incentives matter [J]. Review of Finance, 2009, 13 (1): 115-145.

[96] Jones C, Weingram S. The determinants of 10b-5 litigation risk [Z]. Working Paper, Stanford Law School, 1996.

[97] Jones T M. Ethical decision making by individuals in organizations: an issue contingent model [J]. Academy of Management Review, 1991, 16 (2): 366-395.

[98] Judson C, Hanlon M. Dividend policy at firms accused of accounting fraud [J]. Contemporary Accounting Research, 2013, 30 (2): 818-850.

[99] Kaptein M. Understanding unethical behavior by unraveling ethical culture [J]. Human Relations, 2011, 64 (6): 843-869.

[100] Karpoff J M, Koester A, Lee D S, et al. A critical analysis of databases used in financial misconduct research [Z]. Working Paper, University of Washington, 2012.

[101] Karpoff J M, Koester A, Lee D S, et al. Proxies and databases in financial misconduct research [J]. The Accounting Review, 2017, 92 (6): 129-163.

[102] Karpoff J M, Lee D S, Martin G S. The consequences to managers for financial misrepresentation. [J]. Journal of Financial Economics, 2008b, 88 (2): 193-215.

[103] Karpoff J M, Lee D S, Martin G S. The costs to firms of cooking the books [J]. Journal of Financial and Quantitative Analysis, 2008a, 43 (3): 581-612.

[104] Karpoff J M, Lee D S, Vendrzyk V. Defense procurement fraud, penalties, and contractor influence [J]. Journal of Political Economy, 1999, 107 (4): 38-78.

[105] Karpoff J M, Lou X. Short sellers and financial misconduct [J]. Journal of

Finance, 2010, 65 (5): 1879-1913.

[106] Kedia S, Philippon T. The economics of fraudulent accounting [J]. Review of Financial Studies, 2009, 22 (6): 2169-2199.

[107] Kedia S, Rajgopal S. Do the SEC's enforcement preferences affect corporate misconduct? [J]. Journal of Accounting and Economics, 2011, 51 (3): 259-278.

[108] Khanna V, Kim E H, Lu Y. CEO connectedness and corporate fraud [J]. Journal of Finance, 2015, 70 (3): 1203-1252.

[109] Kim J B, Zhang L. Accounting conservatism and stock price crash risk: firm-level evidence [J]. Contemporary Accounting Research, 2016, 33 (1): 412-441.

[110] Kim Y, Park M S, Wier B. Is earnings quality associated with corporate social responsibility [J]. Social and Environmental Accountability Journal, 2012, 33 (3): 761-796.

[111] Klein A. Audit committee, board of director characteristics, and earnings management [J]. Journal of Accounting and Economics, 2002, 33 (3): 375-400.

[112] Knight F H. Risk, uncertainty and profit [M]. Lowa City: Houghton Mifflin Company, 1921.

[113] Koch-Bayram I F, Wernicke G. Drilled to obey? Ex-military CEOs and financial misconduct [J].Strategic Management Journal, 2018, 39 (11): 2943-2964.

[114] Kohlberg L. Stage and sequence: the cognitive-developmental approach to socialization [M] //Goslin D A.Handbook of socialization theory and research. Chicago: Rand McNally, 1969.

[115] Koo J H, Yang D. Managerial overconfidence, self-attribution bias, and downwardly sticky investment: evidence from Korea [J].Emerging

Markets Finance and Trade, 2018, 54 (1): 144-161.

[116] Kreps D M. Corporate culture and economic theory [M] //Alt J E, Shepsle K A.Perspectives on positive political economy.Cambridge: Cambridge University Press, 1990: 90-142.

[117] Krishnan J, Wen Y, Zhao W. Legal expertise on corporate audit committees and financial reporting quality [J]. The Accounting Review, 2017, 86(6): 2099-2130.

[118] Kuang Y F, Lee G. Corporate fraud and external social connectedness of independent directors [J]. Journal of Corporate Finance, 2017, 45 (8): 401-427.

[119] Kubick T R, Lockhart G B. Overconfidence, CEO awards, and corporate tax aggressiveness [J]. Journal of Business & Accounting, 2017: 44(5/6): 728-754.

[120] Kumar P, Langberg N. Corporate fraud and investment distortions in efficient capital markets [J]. The RAND Journal of Economics, 2009, 40 (1): 144-172.

[121] Lahlou I, Viviani J L, Navatte P. Business ethics: from corporate social responsibility to financial fraud [R]. Working Paper, 2017.

[122] Larcker D F, Zakolyukina A A. Detecting deceptive discussions in conference calls [J]. Journal of Accounting Research, 2012, 50 (2): 495-540.

[123] Li M, Makaew T, Winton A. Bank monitoring and corporate fraud: evidence from a natural experiment [R]. SSRN Working Paper, No. 2521151, 2018.

[124] Li M, Makaew T, Winton A. Cheating in China: corporate fraud and the roles of financial markets.[Z]. Working Paper, Tsinghua University, 2015.

[125] Li S. Corporate financial fraud: an application of detection controlled

estimation[Z]. Working Paper, Wilfrid Laurier University, 2010.

[126] Lin Y, Hu S, Chen M. Managerial optimism and corporate investment: some empirical evidence from Taiwan [J]. Pacific Basin Finance Journal, 2005, 13 (5): 523-546.

[127] Liu X. Corruption culture and corporate misconduct [J]. Journal of Financial Economics, 2016, 122 (2): 307-327.

[128] Lizzeri A. Information revelation and certification intermediaries [J]. The RAND Journal of Economics, 1999, 30 (2): 214-231.

[129] Lo K, Ramos F, Rogo R. Earnings management and annual report readability [J]. Journal of Accounting and Economics, 2017, 63(1): 1-25.

[130] Malmendier U, Tate G. Who makes acquisitions? CEO overconfidence and the market's reaction [J]. Journal of Financial Economics, 2008, 89 (1): 20-43.

[131] Merle E, Shane H, Zhang X. Accounting fraud and the market for corporate control[Z]. Working Paper, University of Chicago, 2011.

[132] Miller G S. The press as a watchdog for accounting fraud [J]. Journal of Accounting Research, 2006, 44 (5): 1001-1033.

[133] Mood C. Logistic regression: why we cannot do what we think we can do, and what we can do about it [J]. European Sociological Review, 2010, 26 (1): 67-82.

[134] Murphy D L, Shrieves R E, Tibbs S L. Understanding the penalties associated with corporate misconduct: an empirical examination of earnings and risk [J]. Journal of Financial and Quantitative Analysis, 2009, 44(1): 55-83.

[135] O'Connor J P, et al. Do CEO stock options prevent or promote fraudulent financial reporting[J]. Academy of Management Journal, 2006, 49 (3): 483-500.

[136] Palmrose Z V, Richardson V J, Scholz S. Determinants of market reactions to restatement announcements [J]. Journal of Accounting and Economics, 2004, 37 (1): 59-89.

[137] Parsons C A, Suaeman J, Titman S. The geography of financial misconduct [J]. Journal of Finance, 2018, 73 (5): 2087-2137.

[138] Pastor L, Veronesi P. Political uncertainty and risk premia [J]. Journal of Financial Economics, 2013, 110 (3): 520-545.

[139] Pastor L, Veronesi P. Uncertainty about government policy and stock prices [J]. The Journal of Finance, 2012, 67 (4): 1219-1264.

[140] Peng L, Röell A. Managerial incentives and stock price manipulation [J]. Journal of Finance, 2014, 69 (2): 487-526.

[141] Peng L, Röell A. Manipulation and equity-based compensation [J]. American Economic Review, 2008, 98 (2): 285-290.

[142] Poirier D J. Partial observability in bivariate probit models [J]. Journal of Econometrics, 1980, 12 (2): 209-217.

[143] Porta R L, Lopez-De-Silanes F, Shleifer A. What works in securities laws? [J]. Journal of Finance, 2006, 61 (1): 1-32.

[144] Povel P, Singh R, Winton A. Booms, busts, and fraud [J]. Review of Financial Studies, 2007, 20 (4): 1219-1254.

[145] Prior D, Surroca J, Tribo J. Are socially responsible managers really ethical? Exploring the relationship between earnings management and corporate social responsibility [J]. Corporate Governance, 2008, 16 (3): 160-177.

[146] Richardson S A, et al. The implications of accounting distortions and growth for accruals and profitability [J]. The Accounting Review, 2006, 81 (3): 713-743.

[147] Rijsenbilt A, Commandeur H. Narcissus enters the courtroom: CEO

narcissism and fraud［J］. Journal of Business Ethics，2013，117（2）：413-429.

［148］Rockness H，Rockness J. Legislated ethics：from Enron to Sarbanes-Oxley，the impact on corporate America［J］. Journal of Business Ethics，2005，57（1）：31-54.

［149］Rodgers W，Soderbom A，Guiral A. Corporate social responsibility enhanced control systems reducing the likelihood of fraud［J］. Journal of Business Ethics，2015，131（4）：871-882.

［150］Rosenbaum P R，Rubin D B. The central role of the propensity score in observational studies for causal effects［J］. Biometrika，1983，70（1）：41-55.

［151］Schrand C M，Zechman S L. Executive overconfidence and the slippery slope to financial misreporting［J］. Journal of Accounting and Economics，2012，53（1）：311-329.

［152］Shi W，et al. External corporate governance and financial fraud：cognitive evaluation theory insights on agency theory prescriptions［J］. Strategic Management Journal，2017，38（6）：1268-1286.

［153］Shleifer A，Vishny R W. A survey of corporate governance［J］. The Journal of Finance，1997，52（2）：737-783.

［154］Srinivasan S. Consequences of financial reporting failure for outside directors：evidence from accounting restatements［J］. Journal of Accounting Research，2005，43（2）：291-334.

［155］Stein J C. Efficient capital markets，inefficient firms：a model of myopic corporate behavior［J］. Quarterly Journal of Economics，1989，104（4）：655-669.

［156］Sun P，Wong T，Zhang Y. Is there penalty for crime：corporate scandal and management turnover in China［J］. Working Paper，Peking

University, 2006.

[157] Trevino L K. A cultural perspective on changing and developing organizational ethics [J].Research in Organizational Change and Development, 1990 (4): 195-230.

[158] Troy C, et al. CEO demographics and accounting fraud: who is more likely to rationalize illegal acts? [J]. Strategic Organization, 2011, 9 (4): 259-282.

[159] Uzun H, Szewczyk S H, Varma R. Board composition and corporate fraud [J]. Financial Analysts Journal, 2004, 60 (3): 33-43.

[160] Valencia F. Aggregate uncertainty and the supply of credit [J]. Journal of Banking & Finance, 2017, 81: 150-165.

[161] Von Hippel P T, Workman J. From kindergarten through second grade, U.S. children's obesity prevalence grows only during summer vacations [J]. Obesity, 2016, 24 (11): 2296-2300.

[162] Wang T Y. Corporate securities fraud: insights from a new empirical framework [J]. Journal of Law Economics and Organization, 2013, 29(3): 535-568.

[163] Wang T Y. Securities fraud: an economic analysis [Z]. Working Paper, University of Minnesota, 2006.

[164] Wang T Y, Winton A. Competition and corporate fraud waves [Z]. Working Paper, University of Minnesota, 2012.

[165] Wang T Y, Winton A, Yu X. Corporate fraud and business conditions: evidence from IPOs [J]. The Journal of Finance, 2013, 65 (6): 2255-2292.

[166] Wang Y, Ashton J K, Jaafar A. Money shouts! How effective are punishments for accounting fraud? [J]. The British Accounting Review, 2019, 51 (5): 1-18.

[167] Wilde J H. The deterrent effect of employee whistleblowing on firms' financial

misreporting and tax aggressiveness[J]. The Accounting Review, 2017, 92(5): 247-280.

[168] Williamson O E. The new institutional economics: taking stock, looking ahead[J]. Journal of Economic Literature, 2000, 38(3): 595-613.

[169] Xu X, Wang Y. Ownership structure, corporate governance, and corporate performance: the case of Chinese stock companies[Z]. Policy Research Working Paper, The World Bank, Economic Development Institute, 1997.

[170] Yu F. Analyst coverage and earnings management[J]. Journal of Financial Economics, 2008, 88(2): 245-271.

[171] Yu F, Yu X. Corporate lobbying and fraud detection[J]. Journal of Financial and Quantitative Analysis, 2011, 46(6): 1865-1891.

[172] Yu X. Securities fraud and corporate finance: recent developments[J]. Managerial and Decision Economics, 2013, 34(7/8): 439-450.

[173] Zahra S A, Priem R L, Rasheed A A. The antecedents and consequences of top management fraud[J]. Journal of Management, 2016, 31(6): 803-828.

[174] Zakolyukina A A. How common are intentional GAAP violations? Estimates from a dynamic model[J]. Journal of Accounting Research, 2018, 56(1): 5-44.

[175] Zhang J. Public governance and corporate fraud: evidence from the recent anti-corruption campaign in China[J]. Journal of Business Ethics, 2016, 148(2): 375-396.

[176] 曹春方, 陈露兰, 张婷婷. "法律的名义": 司法独立性提升与公司违规[J]. 金融研究, 2017(5): 191-206.

[177] 陈德球, 陈运森. 政策不确定性与上市公司盈余管理[J]. 经济研究, 2018(6): 97-111.

[178] 陈德球, 魏刚, 肖泽忠. 法律制度效率、金融深化与家族控制权偏好

[J].经济研究,2013,48(10):55-68.

[179] 陈冬华,胡晓莉,梁上坤,等.宗教传统与公司治理[J].经济研究,2013,48(9):71-84.

[180] 陈刚.法官异地交流与司法效率——来自高院院长的经验证据[J].经济学(季刊),2012,11(4):1171-1192.

[181] 陈刚,李树.司法独立与市场分割——以法官异地交流为实验的研究[J].经济研究,2013,48(9):30-42,70.

[182] 陈刚,邱丹琪.儒家文化与企业家精神——一项流行病学研究[J].财经研究,2021,47(3):95-109.

[183] 陈国辉,关旭,王军.企业社会责任能抑制盈余管理吗？——基于应规披露与自愿披露的经验研究[J].会计研究,2018(3):19-26.

[184] 程博,熊婷,林敏华.儒家传统文化与公司违规行为——基于中国家族上市公司的分析[J].经济理论与经济管理,2018(10):72-86.

[185] 淦未宇,徐细雄,刘曼.儒家传统与员工雇佣保障：文化的力量[J].上海财经大学学报,2020,22(1):66-84.

[186] 高雷,宋顺林.公司治理与公司透明度[J].金融研究,2007(11):28-44.

[187] 高勇强,陈亚静,张云均."红领巾"还是"绿领巾"：民营企业慈善捐赠动机研究[J].管理世界,2012(8):106-114,146.

[188] 顾夏铭,陈勇民,潘士远.经济政策不确定性与创新——基于我国上市公司的实证分析[J].经济研究,2018(2):109-123.

[189] 古志辉.全球化情境中的儒家伦理与代理成本[J].管理世界,2015(3):113-123.

[190] 何平林,孙雨龙,宁静,等.高管特质、法治环境与信息披露质量[J].中国软科学,2019(10):112-128.

[191] 胡海峰,马奔,王爱萍.什么样的股权结构更容易导致公司欺诈？[J].北京师范大学学报(社会科学版),2019(5):148-160.

[192] 姜付秀, 张敏, 陆正飞, 等. 管理层过度自信、企业扩张与财务困境[J]. 经济研究, 2009, 44(1): 131-143.

[193] 金智, 徐慧, 马永强. 儒家文化与公司风险承担[J]. 世界经济, 2017, 40(11): 170-192.

[194] 雷宇, 张宁. 法律背景、公司违规与高管变更[J]. 广东财经大学学报, 2019, 34(5): 50-61, 112.

[195] 李春涛, 胡宏兵, 谭亮. 中国上市银行透明度研究——分析师盈利预测和市场同步性的证据[J]. 金融研究, 2013(6): 118-132.

[196] 李世刚, 尹恒. 政府-企业间人才配置与经济增长——基于中国地级市数据的经验研究[J]. 经济研究, 2017, 52(4): 78-91.

[197] 李文贵, 余明桂. 所有权性质、市场化进程与企业风险承担[J]. 中国工业经济, 2012(12): 115-127.

[198] 李钻, 刘琪, 周艳丽. 基于社会责任与盈余管理关系的企业社会责任动机分析[J]. 统计与决策, 2017(10): 174-178.

[199] 梁杰, 王璇, 李进中. 现代公司治理结构与会计舞弊关系的实证研究[J]. 南开管理评论, 2004(6): 47-51.

[200] 梁上坤. 管理者过度自信、债务约束与成本粘性[J]. 南开管理评论, 2015, 18(3): 122-131.

[201] 刘柏, 卢家锐. "好公民"还是"好演员": 企业社会责任行为异象研究——基于企业业绩预告视角[J]. 财经研究, 2018(5): 97-108.

[202] 刘慧, 张俊瑞, 周键. 诉讼风险、法律环境与企业债务融资成本[J]. 南开管理评论, 2016, 19(5): 16-27.

[203] 柳士顺, 凌文辁. 多重中介模型及其应用[J]. 心理科学, 2009, 32(2): 433-435.

[204] 陆瑶, 朱玉杰, 胡晓元. 机构投资者持股与上市公司违规行为的实证研究[J]. 南开管理评论, 2012(1): 13-23.

[205] 吕荣杰, 郝力晓, 吴超. 法律背景独立董事: 监督还是包庇?[J]. 上

海对外经贸大学学报，2017，24（6）：64-74.

[206] 马奔，杨耀武. 视而不见？证券分析师与上市公司欺诈关系研究：基于考虑部分可观测的 Bivariate Probit 估计［J］. 南开经济研究，2020（2）：92-113.

[207] 孟庆斌，李昕宇，蔡欣园. 公司战略影响公司违规行为吗［J］. 南开管理评论，2018，21（3）：116-129，151.

[208] 孟庆斌，邹洋，侯德帅. 卖空机制能抑制上市公司违规吗？［J］. 经济研究，2019，54（6）：89-105.

[209] 潘越，潘健平，戴亦一. 公司诉讼风险、司法地方保护主义与企业创新［J］. 经济研究，2015，50（3）：131-145.

[210] 彭俞超，韩珣，李建军. 经济政策不确定性与企业金融化［J］. 中国工业经济，2018（1）：137-155.

[211] 饶品贵，徐子慧. 经济政策不确定性影响了企业高管变更吗？［J］. 管理世界，2017（1）：145-157.

[212] 饶品贵，岳衡，姜国华. 经济政策不确定性与企业投资行为研究［J］. 世界经济，2017，40（2）：27-51.

[213] 宋献中，胡珺，李四海. 社会责任信息披露与股价崩盘风险——基于信息效应与声誉保险效应的路径分析［J］. 金融研究，2017（4）：161-175.

[214] 宋岩，滕萍萍，秦昌才. 企业社会责任与盈余管理：基于中国沪深股市 A 股制造业上市公司的实证研究［J］. 中国管理科学，2017（5）：187-196.

[215] 孙光国，赵健宇. 产权性质差异、管理层过度自信与会计稳健性［J］. 会计研究，2014，35（5）：52-58，95.

[216] 滕飞，辛宇，顾小龙. 产品市场竞争与上市公司违规［J］. 会计研究，2016（9）：32-40.

[217] 田利辉，王可第. 社会责任信息披露的"掩饰效应"和上市公司崩盘

风险——来自中国股票市场的 DID-PSM 分析［J］.管理世界，2017（11）：146-157.

［218］万良勇，邓路，郑小玲.网络位置、独立董事治理与公司违规——基于部分可观测 Bivariate Probit 模型［J］.系统工程理论与实践，2014，34（12）：3091-3102.

［219］王珏，骆力前，郭琦.地方政府干预是否损害信贷配置效率？［J］.金融研究，2015（4）：99-114.

［220］王义中，宋敏.宏观经济不确定性、资金需求与公司投资［J］.经济研究，2014（2）：4-17.

［221］王玉涛，王彦超.业绩预告信息对分析师预测行为有影响吗［J］.金融研究，2012（6）：193-206.

［222］温忠麟，叶宝娟.中介效应分析：方法和模型发展［J］.心理科学进展，2014，22（5）：731-745.

［223］伍德里奇.计量经济学导论［M］.4版.费剑平，译.北京：中国人民大学出版社，2010.

［224］伍德里奇.计量经济学导论［M］.5版.张成思，李红，张步昙，译.北京：中国人民大学出版社，2015.

［225］吴芃，杨小凡，巴娟娟，等.高管过度自信、竞争战略和财务报告舞弊：来自中国 A 股市场的证据［J］.东南大学学报（哲学社会科学版），2016（1）：52-64，144.

［226］辛清泉，孔东民，郝颖.公司透明度与股价波动性［J］.金融研究，2014（10）：193-206.

［227］许年行，江轩宇，伊志宏，等.分析师利益冲突、乐观偏差与股价崩盘风险［J］.经济研究，2012（7）：127-140.

［228］许年行，江轩宇，伊志宏，等.政治关联影响投资者法律保护的执法效率吗？［J］.经济学（季刊），2013，12（2）：373-406.

［229］徐尧，刘峰，王亚.法治环境、政治关联与违规查处——来自 A 股市

场的经验证据［J］.当代财经，2017（8）：79-88.

［230］杨清香，俞麟，陈娜.董事会特征与财务舞弊——来自中国上市公司的经验证据［J］.会计研究，2009（7）：64-70，96.

［231］曾爱民，傅元略，魏志华.金融危机冲击、财务柔性储备和企业融资行为——来自中国上市公司的经验证据［J］.金融研究，2011（10）：155-169.

［232］张明，陈伟宏，蓝海林，等.管理者过度自信与公司避税行为研究［J］.管理学报，2020，17（9）：1298-1307.

［233］张翼，马光.法律、公司治理与公司丑闻［J］.管理世界，2005（10）：113-122，161.

［234］周美华，曹健，左锐.股权结构、法制环境和公司诉讼——基于中国上市公司的实证研究［J］.会计与经济研究，2015，29（6）：43-57.

［235］朱松.企业社会责任、市场评价与盈余信息含量［J］.会计研究，2011（11）：27-34，92.